討論する歴史の授業 ⑤
シナリオ・プリント・方法

田中 龍彦

地歴社

一斉発言と「問題プリント」について
＊この巻の「問題プリント」は地歴社のホームページで見ることができます。
http://chirekisha.jp/index.html

　一斉発言とは、教師の発問に対し、生徒全員が一斉にその答えを発言する方法である。生徒に一斉発言をさせるには、全員の生徒が発言する内容（つまり発問に対する答え）を知っていなければならない。全員の生徒が答えを知っている発問とは、前時までの学習内容の復習となる発問か、または宿題として授業前に生徒が教科書を読んで調べてきて、その答えの確認ができている内容に対する発問になる。

　この２つの発問のうち、１つ目については、授業を続けて受けている生徒は一度学んだ内容を訊ねられているわけだから、発言できなければならない（もし発言できない生徒がいたら、つまり知らない、あるいは忘れたなどと生徒が答えた場合には、教師がおさらいをして、再度発問すればよい）。

　２つ目についても、生徒は宿題で「問題プリント」を解いてきているため、その答えの確認をおこなっていれば、生徒は答え（発言内容）を確実に知っている状態になる（宿題忘れの生徒がいた場合でも、学級全体で宿題の答えの確認をおこなえば、全員の生徒が発言内容を知ることになる）。だからこの場合でも、生徒は教師の発問に対して答えを発言できる。

　以上のようなことから、授業案に書いている生徒の発言のうち、「⇨」の記号で書きあらわしている一斉発言が授業案通りに生徒から出てくる。もし出てこなければ、生徒全員に一斉に発言することを要求し、一斉発言をさせる指導をくり返しくり返しおこなっていけばよい。特に授業の初期段階（＝学年の初めの時期）には、そうした指導を徹底しておくことが大事になる。それは、この一斉発言が生徒の発言方法の基本となる発言だからである。

　なお、「→」の記号で書きあらわしている自由発言は、授業案の通りに生徒から出てくる場合もあるが、出てこない場合もある。それは、この自由発言は、授業案をつくるときに生徒から出てくるであろう発言を「予想」として書いているだけだからである。あくまで「予想」なので外れる場合もあるが、外れた場合には授業案を書き直して次の授業に臨むようにすればよいだけである。そうした書き直しの積み重ねが、生徒の発言を引き出す発問づくりにもつながっていく。だから、授業案をつくるときに、できるだけ的確な予想が立てられるようになるためには（生徒の考えを予想できるようになるためには）、授業中の生徒の発言やつぶやき・反応などを記録しておけばよい。

[目次]

一斉発言と「問題プリント」について・・・2
まえがき・・・3

第1部　授業シナリオ

1　15年戦争

[80] 独裁者登場・・・8
[81] なかみのないお弁当・・・16
[82] 満州へ行け！・・・23
[83] 問答無用・・・30
[84] 中国の日本軍(その1)・・・36
[85] 中国の日本軍(その2)・・・41
[86] ぜいたくは敵だ！・・・51
[87] エーデルワイスの歌・・・58
[88] 鬼畜米英・・・67
[89] アウシュビッツと731・・・75
[90] 赤紙のきた家・・・84
[91] 町は火の海・・・92
[92] 鉄の暴風・・・101
[93] にんげんをかえせ・・・109
[94] 日本の敗戦・・・118
[95] 二度とくり返すな・・・126

2　戦後

[96] もう戦争はしない・・・134
[97] 冷たい戦争・・・145
[98] 火を噴く38度線・・・153
[99] 講和と安保・・・159
[100] 経済大国日本・・・167
[101] ベトナムと沖縄・・・174

第2部　授業方法──授業方法再考・・・181

あとがき・・・190

まえがき

歴史の授業の総まとめとして位置づける

　15年戦争の単元は、ここまでの歴史の授業のまとめとして位置づけている。この場合の「まとめ」とは、今までの学習内容を踏まえての歴史学習のまとめという意味だけでなく、これまでの話し合い活動で身に付けたであろうはなしあいや討論の力を発揮して、歴史の見方や考え方を深めていくことのまとめの意味も含んでいる。つまり、授業内容と授業方法（話し合い活動）の両方のまとめとして位置づけている。そのため、話し合い活動の場面も、これまでの単元より多く設定している。特にこの単元の授業内容は現在につながるものが多く、討論の論題も切実なものが多い。そのため、活発に意見を交わせるような授業づくりを心がけている。

被害の事実・加害の事実を取り上げる

　15年戦争の単元では、被害の事実だけでなく加害の事実も取り上げ、日本のおこなってきたことを正面からとらえさせ、そして考えさせるように授業づくりを進めた。そのときに留意したのは、単なる「戦争反対」というレベルの意見にとどまってしまわないようにすることだった。
　そのため、当時の国民の様子や考えをもとに、話し合い活動を数多く実施することを心がけた。そしてその際、授業内容に切実さを持たせ、共感できる事実を取り入れて物語ることで、生徒を授業に引き込むようにした。

単元全体で歴史の事実を物語り、考えさせる

　歴史の事実を物語るとは、1時間毎の授業だけでなく、単元全体としても起・承・転・結を意識した構成にしていることを意味している。だから、この単元の授業では日本が戦争を起こし、アジア諸国に対して侵略行為を進めていくところから始めている。ところが途中でこの状況が逆転していく。つまり、日本がアジア諸国に対してやってきたことを、今度は日本がやられる立場になっていくのである。そして最終的には、日本は自ら始めた戦争に敗れることになる。この流れを単元全体として大きくとらえると、起・承・転・結の構成として考えることができる。そのため、事実を物語れるような形で取り上げていくことができる。
　こうした学習の中で、「どうして日本は満州への侵略を始めたのか」「果たして日本の行為は正しかったのか」「その後、どんなことを日本はおこなっていったのか」「日本がやっていたことを、どう見るのか」。そして、「形勢が逆転していく中で日本が攻撃を受けるようになるが、それは仕方ないのか」「負け続ける状況にありながら、日本が戦争をやめなかったのはなぜなのか」「この戦争の結果は、どんなことになったのか」「この戦争の責任は一体誰にあるのか」「この15年戦争の単元、更に近現代史の単元全体を振り返ると、日本はどこで、どんなことで間違ったのか」などを生徒に考えさせるように授業づくりを進めている。そしてここでも、明治政府への評価につながる学習ができるのではないかと考えている。そのことをつなげるのが、前単元（現代の始まり）の最後に討論させた「今後の日本の取るべき道は、大日本主義なのか、それとも小日本主義なのか」で生徒に考えさせた内容なのである。
　以上の学習がきちんとできていけば、生徒の学習を「いまを生き、これからの未来を生きる私たちは、何を考え、何をおこなわなければならないのか」へと発展させていけるのではないだろうか。その意味でも、日本の加害・被害の事実は、両方をきちんと教える必要がある。

15時間で構成する15年戦争の単元

 その加害と被害の事実を結びつける内容としては、形勢が逆転していく事態の中で、どう考えるのかを重視してみた。だから、「この戦争でアジア諸国に対して先に日本がやったことであれば、それを日本がやられることは仕方がないのか」と投げかけている。このことは、加害と被害の両方の事実を理解していないと答えは出てこない（あるいは、答えは出ないかもしれない）内容である。この問いかけに、本当にどうなのかと悩む生徒もいれば、意外とあっさりと仕方ないと考える生徒もいる。だからこそ、時間をかけて授業をおこなう必要がある。そのため15年戦争の単元は15時間で計画をしている（ただ、1時間で計画している授業を2時間かける場合も出てくるため、実際は15時間で終わらないこともある）。

「どうして、日本はこんな戦争をやったのか」

 さらに生徒の考え方を見ていると、「当時の日本の状況から考えて、どうして戦争をやめなかったのか」も重要な問いかけになるようだ。それは、「日本は、もう戦争をやめるべきではないのか」との発問に対して、「あと少し」「ここで戦争をやめたら意味がない」「これまで手に入れてきたものがなくなる」「これまでの犠牲が無駄になる」「これまで日本がやってきたことを考えると仕返しをされる」と考えて、ずるずると戦争を止める機会を判断できない生徒が多いからだ。当時も、その判断は難しかったと思うが、歴史学習においては、当時よりも判断ができるようでなければならない。そのためにも、なおさら「どうして、日本はこんな戦争をやったのか」という基本的な問いかけが大事になってくる。

揺れ動く生徒の判断

 単元全体に授業時間の余裕があるときには、「どの時点で日本は、その進むべき道を間違ってしまったのか」を論題に、討論会のような授業を1時間設けて実施していたこともあった。その授業での生徒の答えは、「満州事変」がいつも1番多かった。最近は授業時間の関係でこうした授業は実施したことがないが、もし実施するとしたら、「日本が間違ってしまった1番の出来事が『満州事変』だとして（その満州事変の前後で）、2番目の時点は、いつの、どんな出来事だったのか？」を論題にして討論をさせたいと考えている。そうすることで、単純に「満州事変がいけなかった」だけではない見方や考え方を生徒から引き出していけるのではないかと考えているからだ。

 もちろん、授業では何度となく「日本は、このまま突き進んでいいのか」と問いかける場面を設定している。この問いかけに対しては、日本が戦争へと突き進んでいくことに、賛成・反対の両方の意見が出てくる。それは、生徒の考えも両者の間で揺れ動いているからである。そんな中で、話し合い活動を続けていくことが深く考えることになっていく。だから、その話し合い活動の時間を確保するためにも、授業では全体の流れを重視して、教師の指導言に勢いがつくようにしている。

中学生にどこまで教えるのか

 授業では、戦争の事実を取り上げるのだが、中学生の授業として適切なのかどうかを悩む事実もある。たとえば、中国での日本軍の蛮行やナチスドイツの強制収容所や731部隊での人体実験などの事実である。これらは、中学生にとっては、内容が衝撃的過ぎるのではないかとも思えるからである。また、授業内容が記憶に残りやすいように映画（の場面）を見せることもある。しかし、映画は制作者の意図が入り込んでいるため、その点を理解した上で使用しないと、かえって逆効果のときもある。そこで、授業で映画を使用する場合、どこを見せるのか、またどこまで見せるのかについて考えることになる。しかし、中学生は、こうした自分たちが知らなかった事実とか視覚に訴えてくる映像には食いついてくる。

つまり、授業への参加度が高まる。だからこそ、授業でどこまでを教えるのか悩むことになる。

ただ一方では、「こうした事実を、小・中・高校のどこで学ぶことになるのか」を考えると、やはり中学校で教えておかなければならないとも思う。小学校では内容が衝撃的すぎるし、かと言って高校の授業を参観した印象では、そこまでの事実は扱っていないように感じるからだ。

だから、迷うようであれば、中学校で教えておこうと思ってしまう。そして、もし高校で教えてもらうことがあったとしても、そのときは中学生とは違った受け止め方をするに違いないという思いもある。むしろ中学校で学んでいた方が、そうした事実に対する考えを深めることができるのではないだろうかと考える。

2年生で実施できなければ3年生で

実は2年生の歴史の授業において、戦後の単元まで進むことは少なかった（その意味でも、15年戦争の単元を歴史学習のまとめと考えていた面がある）。15年戦争までは何とか進めるのだが、戦後まで授業をするのは難しいのが現状だった。だからと言って、戦後の授業をやっていなかったわけではない。2年生で実施できなかった場合には、3年生の公民の最初か最後の単元（「現代社会」か「国際社会」）で、戦後の歴史を振り返る形として授業をおこなってきた（そのためには、当然のことながら公民の授業内容を精選して、戦後の歴史ができるように工夫しなければならなかった）。

ところが、2012年度の新課程からは、確実に3年生の授業として戦後の単元が実施できるようになった。現行の教育課程での授業時数は、3年間を見通すと多少変形ではある。ただそのことを肯定的に見ると、15年戦争の反省を活かして戦後の授業、そして公民での憲法学習へとつなげられる利点となっているとも考えられる。そこで、そのことを意識して3年生の授業をおこなっていくことで、いまを生き、これからを生きる生徒の思考を発展させていけるのではないだろうか。

公民の授業で

公民の授業で「今後、自衛隊はどうあるべきか？」について討論をおこなった。A：縮小・廃止に　B：現状維持で　C：増強・拡大を　D：国防軍に　の4つの選択肢の中から結論を選び、意見を出し合う形での討論をおこなった。このとき（2013年）、新たに「D：国防軍にする」を選択肢として設けた。それは、ある雑誌の表紙に内閣総理大臣の顔写真とともに、この主張が載せてあったため、「これは資料として使える」と感じたからだった。結論は学級により違っていたが、BやAが多かった。また、尖閣諸島や竹島などの領土問題が話題になっていた時期でもあったためCの意見もあった。しかしDだけは、どの学級からも出てこなかった。「先生、（領土問題もあるけど）いくら何でも軍隊はダメやろう」という声が聞かれた。これは15年戦争の授業の中で、「日本軍が、どんなことをしてきたのか」「軍隊とは、どんなものなのか」を学び、「軍隊だけは今の日本には必要ない」という生徒の考えのあらわれだったようだ。

また、選挙制度や政党について学んだ後、「どうして現政権の政党に投票する人が多いんですか？」との質問を受けた。それは、政党名を伏せて各政党の主張（集団的自衛権など）を示し、どこを支持するのかで話し合ったときに、現政権担当の政党を支持する生徒が一番少なかったからだった。つまり、「日本の安全についての自分たちの考えと、なぜ現実は違うのか？」という素朴な疑問だったようだ。

これらの生徒の声は、15年戦争の授業での討論を通じて学んだことが、こうした形で生徒の心の中に残り、そして活かされていることを感じさせられた場面であった。また、討論をおこないながら学んでいく授業の大切さを感じさせられた場面でもあった。

授業シナリオ
1　15年戦争

- 01　独裁者登場
- 02　なかみのないお弁当
- 03　満州へ行け！
- 04　問答無用
- 05　中国の日本軍（その1）
- 　　中国の日本軍（その2）
- 06　ぜいたくは敵だ
- 07　エーデルワイスの歌
- 08　鬼畜米英
- 09　アウシュビッツと731
- 10　赤紙のきた家
- 11　町は火の海
- 12　鉄の暴風
- 13　にんげんをかえせ
- 14　日本の敗戦
- 15　二度とくり返すな

[80] 独裁者登場

◎世界恐慌の様子について、失業を中心に紹介する。そして、そんな状況でヒトラーが呼びかけたことに対し、「ドイツ国民は賛成するのかどうか？」を考えさせ、どのように独裁者が登場したのかをとらえさせる。

1．プラカードをさげた人は、何者なのか？

①・これ（拡大コピー＆【資料：1】）は、イギリス・ロンドンの街角のようす。こんなプラカードを背中につけて歩く人がいた。
　・さて、（このプラカードには）何と書いてあるのか？
→・・・

②・ TRADES は取引、つまり商売の意味。 LANGUAGE は言葉。
　・この人は、何ヵ国語を話せるということ？
→3ヵ国語

③・ FOUGHT は、FIGHT の過去形。つまり、3年間も戦争に行っていたわけだ。
　・[これは]何（という）戦争？
→第1次世界大戦

④・国のため戦争に行って戦った。しかし、今は3ヶ月間も働いていない。最後の JOB は仕事。
　・ところで、この（人のさげている）プラカードに書かれている文章は、6つにわかれる！
※・ここで、6つにわかれる部分を示すか、読み上げる。

⑤・では、この人が、「いちばん言いたい」のは、何番目の文章なのか？
　・1番目だと思う人 [挙手]！　　※「6番目」とすぐ発言があれば、1つずつ確認する必要はない。
▷以下、同じ要領で「2番目だと思う人」「3番目だと・・・」・・・

⑥・つまり、この人は何なのか？
→失業者・・・

⑦・1930年代になると、こうした「失業者」が街に急に増えてきた。
　・でも、なぜこんなことになっていったのか？[こんな状態が続くと、どんなことが起きてくるのか？]
→（この発問は、投げかけのみ）

2．アメリカで、そして世界中で何が起きたのか？

①・第1次世界大戦後、世界一の経済力を持つ国となり繁栄したのは、どこだった？
⇨アメリカ

②・それまで世界一の経済大国だったイギリスに、アメリカが取って代わった。ところが、そんなアメリカでさえ失業者が1200万人も出た。アメリカで、「何か」が起こった。
　・1929年10月、ニューヨークで株価が、どうなったのか？
⇨大暴落した

③・「どのくらい暴落したのか」、ちょっとこの表を見てみよう！
▷（右のフリップを提示するが、網掛け部分ははじめ隠しておく）

G・E（電　機）	：396ドル→	168ドル
G・M（自動車）	：72ドル→	36ドル
ラジオ社	：101ドル→	28ドル

　・ものすごい値下がりだ（半分以下の落ち込みだ）。
　・「株が暴落する」のは、株を「売りたい人が多い」ためなのか？　「買いたい人が多い」ためなのか？
→売りたい人が多いため・・・

④・[売りに出す人が多い]ということは、この頃の会社や銀行の経営状態は、どうなっていたのか？[うまくいっていたのか？　いなかったのか？]
→うまくいってなかった・悪化していた・・・

⑤・その結果、街には何があふれるようになった？
⇨失業者

⑥・「失業者が1200万人」というのは、そういう状況だからこそ出てきた。
　・しかしそうなると、国民の暮らしは、どうなっていたのか？
→（投げかけのみ）

- 8 -

⑦・【資料：2】の文章を見てみよう（その様子が出ている）！
　　▷【資料：2】
⑧・これは、すごい状態だ。しかしこれは、何もアメリカだけのことではない。他の国でも同様なことが起こり、工業生産は半分近くに下がってしまった。
　　・つまり、それは何主義の経済の国々だったのか [わかる]？
　→ 資本主義
⑨・すると、これはもう世界中と見ていい。
　　・1929年10月、ニューヨークの株価が大暴落して、アメリカの不景気がヨーロッパにも広がった世界的事件を何と言うのか？
　⇨ 世界恐慌
⑩・しかし、世界でただ1ヵ国だけ、この「恐慌」が起きなかった国がある。
　　・さて、その国とは？ [恐慌が起きたのが「資本主義」の国々なわけだから・・・？]
　→ ソ連・ソビエト連邦・ 社会主義
⑪・でも、どうして「資本主義」だと「恐慌」が起きるのか？
　→（ この発問は、投げかけのみ ）

3. なぜ、資本主義の国では、恐慌が起こるのか？
①・資本主義の国では、工業を起こし商品を売って、何を得ようとする？
　→利潤・利益・もうけ・・・
②・「利潤を求める」、これが資本主義の一番の目的だ。
　・すると、利潤を求めるわけだから、各企業とも生産は・・・増える？（ 減る？ ）
　→増えていく
③・各企業は、競争してでも生産を増やしていく。
　・で、それを止めることはできるのか？
　→できない・できる・・・
④・これは、できない。資本主義のもとでは「利潤の追求の自由」があるから、生産も自由に、それぞれの企業に任されている。
　・でもそうすると、例えば生産される自動車の台数は、どうなる？
　→増えていく・増加する・多くなる・・・
⑤・そうやって生産量を増やし続けていくと、最終的にはどんな状態に陥ることになるのか？
　→・・・
⑥・「利潤を求めて」「自由に生産」し、生産量をドンドン増やしていくと、つくり過ぎてしまって「生産したモノが『売れない』時期」が必ずやってくる。そうなると、工場を動かすことはできなくなり、首切り [つまり失業] が強行されていく。そして最悪の場合には、企業そのものが倒産する。
　・こうした動きが急激に、極端に現れてくる現象を 恐慌 と言う。
　→恐慌（ 一斉発言で確認 ）

4. 世界経済の復興のためにアメリカは、どの国への援助を優先すればいいのか？
①・そんな恐慌が起こる以前の第1次世界大戦後の世界を知るために、 イギリス ・ フランス ・ アメリカ ・ ドイツ の4か国について見てみる。
　・この中で、第1次世界大戦で勝った国は、どこ（の国）？
　→イギリス・フランス・アメリカ・・・
②・では、[第1次世界大戦で]負けた国は [どこ]？
　→ドイツ・・・
③・つまり第1次世界大戦後、経済的に1番苦しい状況に置かれた国は、どこだったのか？
　→ドイツ・・・
④・それは、ドイツがイギリスやフランス等から何の支払を要求されたからでもあるのか？
　→賠償金

⑤・ドイツは、支払いが不可能な金額の賠償金を要求された［200億マルクで、現在の日本でいうと1,500兆円にもなる、とんでもない金額だった］。それは、イギリスやフランスが第１次世界大戦で莫大なお金を軍事費として使い、経済的に苦しい状況に置かれていたからだ。もっともそんな苦しい状況は、ドイツも同じことだった。ところが、アメリカは、逆に（第１次世界大戦後には）経済的に大変発展していった。その理由は、大きく２つある。
・１つは、アメリカが第１次世界大戦で何にならなかったからなのか？
⇨戦場
⑥・もう１つは、第１次世界大戦中にアメリカはイギリスやフランスなどの連合国に何をしていたからなのか？
⇨物資を輸出した
⑦・だから、第１次世界大戦後の世界の立て直しには、アメリカの役割が大変重要だった。
・では、第１次世界大戦後の世界の立て直しのためには、アメリカとしては、どの国への支援に力を入れるべきなのか？
・Ａ：当然、イギリスやフランスなどの連合国側への経済援助だと思う人［挙手］！
▷（挙手による人数の確認）
・Ｂ：いや、ドイツなどの同盟国側への経済援助を優先すべきだと思う人［挙手］！
▷（挙手による人数の確認）
・では、グループでのはなしあい［１分間］！
▷グループでのはなしあい
※・ここから班内のグループでのはなしあい　→　班毎の発表へとつなげる
※・この授業は３年生最初となるため、班やグループの役割を説明し、実際に話し合い活動を経験させる必要がある。そのため、ここまでを授業開きの２時間目の授業とする。そして、この後の授業案の内容については次の時間に取り扱い、この授業案は２時間（内容的には1.5時間）扱いとする。

※２時間目の授業は提言５・６・７の３つと少なくなるため、授業の取り決めや１時間目の授業内容の復習などを織り交ぜながらおこなう。ただし、授業をする学級が持ち上がりの学年で、特に話し合い活動の経験をさせる必要がない場合には、この提言４は省いて構わない。

5. アメリカは、どんな国内政策をおこなったのか？

①・ところが、肝心のそのアメリカから世界恐慌が始まってしまった。つまり、アメリカには外国に対して経済援助をしている余裕がなくなってしまった。
・そこで、この恐慌を乗り切るため、アメリカでは何という大統領が登場したのか？

⇨ローズベルト大統領（コピーの提示！）
②・ローズベルト大統領は、恐慌を乗り切るために、何という政策をおこなった？
⇨ニューディール（新規まきなおし）政策
③・このニューディール政策では、何を買い上げた？
⇨農産物　※正確には補償金を与えて作付制限をした。
④・また、テネシー川流域の総合開発などの何を起こした？
⇨公共事業
⑤・ニューディール政策では、公共事業をおこないながら、何も引き上げた？
⇨労働者の賃金
⑥・企業の自由競争に任せるのではなく、社会保障制度を設けるなど国家として取り組まなければ、恐慌による混乱を乗り切ることができない状態にまでなっていた。しかしそれも第１次世界大戦に勝って、世界一の経済力を持ったアメリカだからできたこと。
・ということは、敗戦国のドイツは、一体どうなっていたのか？
→（この発問は、投げかけのみ）

6. ドイツでは、どんなことが起きたのか？

① ・ドイツは、第1次世界大戦の「敗戦国」だった。ベルサイユ条約によって賠償金を取られ軍備も領土も制限され、苦しい状態だった。
　・例えば、ハガキ1枚いくらだった？
　→ 1億マルク

② ・パンを買いにいくのにも、どうやっていた？
　→ 札束をリヤカーに乗せて・・・

③ ・そんな苦しい状態のところへ、世界恐慌の波が押し寄せてきた。仕事についている人は1928年で85％だったが、4年後の1932年には、わずか33％にまで下がってしまった。大量の失業者が、あふれ出た。
　・つまり、職に就いているのは10人のうちの何人ということ？
　→ 3人・4人・・・

④ ・【資料：2】の下に、1931年から1932年の1年間の失業者数を記入する欄がある。
　・そこに、今から説明する数字を書き入れなさい！
　　アメリカは、先に説明したように 1200万人。ドイツは 800万人。全世界では、何と 5000万人にもなった。
　▷ 学習プリントに数字を記入

⑤ ・そんな状況で、企業の倒産も相次いだ。こんなとき、恐慌に襲われたドイツを救う人物が登場した。
　・ナチス政権を率いた、その人物とは、誰？
　⇨ ヒトラー

⑥ ・ナチス率いるヒトラーは、1933年に政権を握ると国際連盟から脱退した。
　・更にベルサイユ条約を無視して、何を進めた？
　⇨ 再軍備

⑦ ・つまり、ドイツでは軍備拡大によって恐慌を切り抜けようとした。
　・この軍国主義的な独裁をおこなう政治を何と言うのか？
　⇨ ファシズム

⑧ ・イタリアでも、同じやり方を取っていくことになるが、その政党は何だった？
　⇨ ファシスト党

⑨ ・そのファシスト党を率いた人物は、誰だった？
　⇨ ムッソリーニ

7. ドイツ国民は、ヒトラーを支持すべきなのか？

① ・ところで、「ファシズム」とは、恐慌を乗り切るために何をすることなのか？
　→ 軍備拡大・戦争・侵略・・・ ※発言がなければ教師が説明をする

② ・それは、戦争と侵略だ。「世界中が恐慌で大変な不況なのだから、兵器産業を起こして失業者を雇ったり、失業者を兵隊にして戦争を起こし侵略を進めないとドイツはどうしようもない」というわけだ。ヒトラーは、そうしたファシズム体制の上に、さらにゲルマン民族の優秀さを強調した。
　・そして、その考えを国民に意識させるために、どの民族を迫害したのか？
　⇨ ユダヤ人

③ ・そんなヒトラーの考えは、【資料：3】を見るとよくわかる！
　▷【資料：3】

④ ・こうしてヒトラーは失業者問題を解決し、恐慌を乗り切ろうと考えた。アメリカは、第1次大戦後に世界一の経済力を持ち繁栄したからニューディール政策もできた。ところが、敗戦国のドイツは、賠償金を払わされ領土も取られていたから、「戦争と侵略でもしないと恐慌を乗り切れない」というわけだ。しかし、ドイツは、すでに第1次世界大戦を経験し敗れ、戦争がいけないことも体験している。
　・では、ヒトラーのこういうやり方に対し、ドイツ国民は、どうすべきなのか？
　・A：それは、支持すべきだと思う人［ 挙手 ］！
　▷（ 挙手による人数の確認 ）
　・B：いや、反対すべきだと思う人［ 挙手 ］！

▷（ 挙手による人数の確認 ）
・では、班ではなしあい［ 3分間 ］！
▷班内でのはなしあい
※・ここから班内のはなしあい → 学級全体の討論へとつなげる
⑤・実際は、ヒトラーは圧倒的な支持を受けた。「強力なドイツをつくれ」と。だから、ヒトラーは政権を握ると、独裁政治を始めファシズムの体制を進めていった。イタリアでも同じような政治がおこなわれていくことになる。でも、こうした動きが「世界に対して、どんなことを引き起こすのか」は、この後の授業で見ていこう。

<参考文献>
安井俊夫『学びあう歴史の授業』青木書店
安井俊夫「独裁者登場」『歴史の授業108時間 下』地歴社
関根秋雄「世界恐慌はなぜ起こったのか？」『世界史授業シナリオ』地歴社

<板書例>

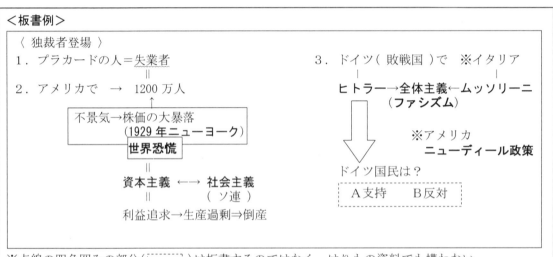

※点線の四角囲みの部分（ ▭ ）は板書するのではなく、はりもの資料でも構わない。
※板書例では黒色1色で書いているが、実際の板書は、次のような色分けをしている。
・ＭＳ明朝の文字＝白色のチョークで板書（ 基本語句 ）　　　　　※白色＝基本色
・**ゴシック太字の文字**＝赤色のチョークで板書（ 最重要語句 ）
・ゴシックの文字＝黄色のチョークで板書（ 重要語句 ）

★授業〈 独裁者登場 〉について
　この授業は、3年生で最初の歴史の授業となる。ただし「最初」とは言っても、この授業の前には1時間の授業開きをおこなっている。その授業開きでは、教科担任の自己紹介や授業についての取り決めなどをおこなっている（ 授業開きについては第①巻を参照 ）。
　3年生での実質2時間目に当たるこの授業では、1時間目におこなった授業開きでの取り決めを再確認したり、問題プリントの答え合わせや話し合い活動を体験させる中で（ 代表 ）ガイドの仕事を覚えさせたり、授業での学び方を具体的に学ばせたりしている。そうした事情により、これまでは2年生で実施していた15年戦争の授業案をそのまま使用して3年生で授業をおこなうことには無理が生じることになった。そこで、これまでの授業案に指導言を増やして、2時間扱いの授業へと変更した。もっとも2時間扱いにすると言っても、内容を大幅に変更したわけではなく、1つの授業案を前半と後半の2つに分けることで、2時間で授業ができるように変更したに過ぎない。しかし、元の授業案では提言は6つあり、話し合い活動（ 討論 ）は提言6の最後にしか設定していなかった。つまり、元の授業案を単純に

前後2つに分けるだけでは、前半の1時間目の授業においては話し合い活動が体験できないことになる。そこで新たに話し合い活動を入れた提言4（世界の立て直しのためにアメリカは、どの国への援助を優先すべきか）を立てることで、2時間扱いの1時間目にもグループでのはなしあいができる授業案に変更した。その結果、提言1～4までを前半、提言5～7までを後半の2時間扱いの授業として、1時間目にグループのはなしあい、2時間目に班でのはなしあい→学級での討論ができる授業案になった。こうして2時間扱いの授業にしたため、後半の授業では提言は3つとなり、指導言の数が少なくなっている。しかし、指導言が少なくなったとは言っても、2時間目の授業では、前時の授業内容のおさらいやグループでのはなしあいの結果についての助言、あるいは第1次世界大戦後のドイツの様子についての少し詳しい説明などをすることで授業内容を膨らませていけば、1時間の授業として実践することはできる。あるいは、提言7での話し合い活動に時間を割いて、はなしあい→学級での討論のやり方を理解させる時間に充てることもできる。どちらの内容で授業をおこなうのかは、そのときの様子を見て決められるように準備をしておけばよい。

　なお、3年生が持ち上がりの学年である場合には、授業開きとしての時間はほとんど設けていない（そのため実質的に、この〈独裁者登場〉の授業が3年生での1時間目の歴史の授業となる）。その場合には、2年生までの授業の学び方を踏まえて、3年生は高校入試や面接試験もあるため、話し合い活動の必要性が更に高まっていること（切実な問題となってきていること）を説明し、自分の意見を短時間にまとめ表現できるようにしていこうと呼びかける程度の授業開きで終わっている。そうした簡単な授業開きをした後、すぐに〈独裁者登場〉の授業をおこなっている。ただしその場合には、提言4は省いて授業をおこなうことになる。それは、提言4を入れてしまうと、今度は指導言の数が多くなり過ぎて、1時間では終わり切れなくなるからだ。あるいは1時間で終わろうとしたら、かなり急いで進めることになってしまうからだ。

　1年間の最初の授業が途中で終わったり、あまりにも慌ただしく進められたりしたら、生徒も授業に対して好い印象は持たないし、また授業の学び方を理解しないまま1年間の授業をスタートさせてしまうことにもなりかねない。そのため、最初の授業は余裕を持って進めたい。

　この授業案では、提言1（プラカードをさげた人は何者なのか）の英語の読み取りで時間がかかってしまう場合がある。しかし、ここはあまりこだわらず（時間をかけず）に先に進むようにする。そうしないと授業の後半で時間不足になってしまう可能性が高くなる。そうした時間不足の事態に陥らないように、提言3（なぜ資本主義の国では恐慌が起こるのか）での資本主義経済で起こる恐慌についての説明は多少不足していると思うが、あえて詳しく扱っていない。授業案の前半の提言は4つだが、この授業は授業開きの一環でもあるため、授業内容にばかり時間がかけられないという事情があるからだ。

　また資本主義経済については、公民的分野の経済単元で詳しく学ぶことを予定していることも詳しく扱っていない理由である。そうした理由で、生徒には知識が不足していることはわかった上で状況を説明により理解させて、恐慌時のアメリカの対応やドイツの状況を考えさせている。

　そして最後に、第1次世界大戦後のドイツの様子を思い出させながら、「ヒトラーのやり方に対して、ドイツ国民はどうすべきなのか」を討論させることで考えさせている。

　なお、授業案の後半にある討論を受けての提言7の助言⑤については、次の時間の初めに紹介することが多い（つまり、この授業時間内には触れない）。それは、助言の数を減らすことで討論の時間を確保することと、「どうすべきなのか」ではなく、歴史の事実として「実際はどうだったのか」を次の時間の初めに紹介することで、授業内容をつなげていくようにしているからである。討論の後の助言については授業案には書いていても、実際には次の授業の初めの場面に扱うことはよくある。特に、この単元ではほとんどの授業においてそのような取り扱いをしている。

歴史 学習プリント 〈15年戦争：1〉

■大変な独裁者が現れた！ どんな時に、どうやって独裁者になったのか？ 独裁者になると、どんなことを始めたのか？ このころの世界は、どう動いていたのか？

1：【 町にあふれる失業者 】

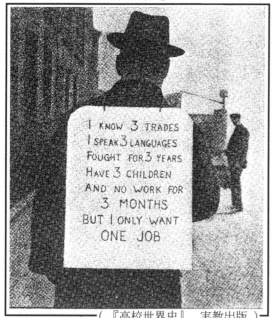

（『高校世界史』 実教出版 ）

2：【 アメリカでは・・・ 】

台所から出るゴミをはじめ、その他さまざまなクズをおろしているトラックのまわりを、およそ50人ほどの男や女や子どもたちが取り巻いていた。

トラックが去るや否や、みんな、棒で（ゴミを）起こしながら、食べ物や野菜のかけらを引っかき回し始めた。中には、素手で掘っている連中もいる。

――（『アメリカ人民の歴史 下』岩波新書 ）―

※ 当時の失業者数：1931年　⇒　1932年

	1931年	⇒	1932年
アメリカ：	７００万人	⇒	万人
ドイツ：	５００万人	⇒	万人
世界全体：			万人

3：【 ヒトラーはさけぶ!! 】　　　　　　　　　　　　　　ドイツ国民を救おう！

　ドイツの失業者問題を解決するには、４つの方法がある。
１つは、「産児制限」。第２は、「国内開発」。３つ目は、「産業と貿易をさかんにすること」。そして、第４は、「過剰人口数百万人を移住させるための"新しい土地"を手に入れること」だ。
　どの方法が一番良いか。もちろん、「"新しい領土を手に入れる"ことだ！」 それは、ドイツに、はかり知れない利益をもたらす。もし、平和主義者が言う寝言に従っていたら、我々は、今の領土の３分の１も持てなかっただろう。

　私の教育法は、厳しいものだ。弱さなどと言うものは、ムチでたたき出さねばならない。私の学校では、世界を恐れさせるような青年が育つだろう。
　青年は、尊大で、恐れを知らず、残酷であって欲しい。すべての青年は、そうあらねばならぬ。その上、苦痛に耐え、いかなる弱さや優しさも持ってはならない。
　その上、自由で、堂々たる野獣のような光りが目の中に輝いていなくてはならない。
　もっとも苛酷な試練の中で、死の恐怖に打ち勝つことを学んで欲しい。
　英雄的な青年は、そういうところから生まれる。
　このような青年の中から、世界の中心となる自由な人間が生まれてくる。
　―― （『フランスⅣ』世界の歴史教科書シリーズ 帝国書院　『わが闘争１』黎明書房 ）―

歴史 意見プリント 15年戦争：01 〈独裁者登場〉

3年　　組　　号（　）班：名前

■次の質問に対して、自分の考えを書いてみよう！

1. 質問
■第1次世界大戦の敗戦国ドイツでは、特に世界恐慌の影響は大きかった。そこにヒトラーが登場し、ドイツ民族が他の民族を支配する権利を持つことを主張し、ユダヤ人迫害などを始めた。ではドイツ国民は、このやり方を支持すべきなのか？それとも、反対すべきなのか？

2. 結論

A：ヒトラーのやり方には反対すべきだと思う

I（これまでの授業内容）　第1次世界大戦　ベルサイユ条約　敗戦国　賠償金　インフレーション　国際協調　民族自決　国際連盟　軍備縮小

B：いや、むしろ国民は賛成すべきだと思う

II（今回の授業内容）　アメリカ　株価の大暴落　失業者　世界恐慌　社会主義　利潤追求　ニューディール政策　公共事業　ヒトラー　再軍備　ファシズム　ムッソリーニ　軍備拡大　戦争　侵略　失業者対策　首切り　倒産

※「自分の考え」には、結論を出した根拠となる歴史的事実を上のI・IIから最低1つ以上を選び○でかこみ、必ず下の文章に書き入れること

3. どうして、そのような結論を出したのか？（「自分の考え」）

_____
_____
_____
_____
_____
_____
_____

〈 授業方法・内容について質問・意見・考え・感想などあったら自由にどうぞ！ 〉

[81] なかみのないお弁当

> ◎昭和初期の状況を紹介して、日本での恐慌の様子を具体的にとらえさせる。そして、そうした中、政府や財閥が取った方法の是非について考えさせる。

1.「船頭小唄」の流行った時代は、どんな時代なのか？

① ・今日は、初めに昭和初期に流行った歌謡曲を聞いてもらおう。
　・当時の流行歌だが、「どんな感じなのか」良く聞いてみよう！
　▷（『船頭小唄（枯れすすき）』の曲を聞かせる）

② ・この［昭和の初め頃流行った］『船頭小唄』を聞いていると、どんな感じがする？
　・明るく楽しい感じ？　それとも、暗くさびしい感じ？
　→暗く、寂しい感じ・・・

③ ・「歌は世につれ、世は歌につれ」と言う表現があるように、流行する歌はその時代の反映でもある。
　・とすると、この『船頭小唄』の流行った「昭和初期」は、どんな時代だったのか（想像できる）？
　→暗く、寂しい時代

④ ・本当に［昭和初期は］「暗く寂しい時代」だったのかどうか、調べてみよう。
　※『船頭小唄』は大正時代の曲だが、歌の一節は昭和になっても流行語になっていた。

2．新聞記事から昭和の初期の頃の都会の様子を調べてみよう！

① ・昭和初期の世相を【資料：1】にある1930年9月の新聞記事から見てみよう！
　▷【資料：1】

② ・写真が載っているけど、それは、昼？　それとも、夜？
　→夜

③ ・この写真は、お寺の境内で「野宿」をしているところ。
　・新聞の見出しを見るとわかるが、この野宿をしながら故郷へ向かっている人たちは、どんな人たち？
　→失業者（たち）

④ ・でも、どうして故郷に帰るのに、わざわざ「歩いて」帰っているのか？
　→汽車賃がないから・近くだから・・・

⑤ ・都会に働きに出ていたが、生活が苦しく大変になってきた。そこで、故郷に帰ることにした。ところが、帰るための汽車賃や宿賃さえないような状態だった。
　・でも、都会での生活は、そんなに苦しかったのだろうか？
　→（ここでは発言がなくてもかまわない）

⑥ ・日本では、第1次世界大戦後、成金が登場するなど経済は急成長していた。
　・ところが、しだいに輸出が減ったために、何に見舞われていたのか？
　⇨不景気

⑦ ・でも、どうして、この時期に輸出が減っていたのか？
　→（答えは後でわかる）

⑧ ・そんな不景気に見舞われていた日本経済は、更に何によって大きな打撃を受けた？
　⇨世界恐慌

⑨ ・企業の経営が悪化して、日本でもアメリカ同様に株価が暴落した。
　・例えば、こんな様子だった！
　▷（株価の暴落を書いたフリップを見せて説明をする）

日本石油	69円	⇨	20円
東京電灯	55円	⇨	15円
日魯漁業	109円	⇨	15円

⑩ ・この結果、日本でも他の資本主義国と同様に、会社や工場がつぶれ、何が街にあふれたのか？
　⇨失業者

⑪ ・何と「250万人もの失業者が出た」と言われている。　大学は出たけれど・・・　という流行語まで生まれた。
　・「出たけれど・・・」、何だと言うのか？［後に続く言葉は？］
　→就職がない・仕事がない・・・

⑫ ・それで、都会の労働者の中には「故郷に帰る者」がたくさん出てきた。

- 16 -

・でも、失業者たちが帰っていく先の故郷、つまり農村部などの田舎には恐慌の影響はなかったのか？
　→（ ここでは、投げかけのみ ）
⑬・たくさんの失業者を受け入れることが、果たしてできたのか？
　→（ ここでは、投げかけのみ ）

3．新聞記事から昭和の初期の頃の農村の様子を調べよう！

①・今度は、【資料：2】の新聞記事の見出しを見ると、「弁当」のことが書かれている。
　・さて、弁当の中身は[何]？
　→何もない・空っぽ・・・
②・どうして、弁当の「中身」がないんだと思う？
　→貧乏だから・貧しいから・・・
③・中に入れる食べ物がないのなら、わざわざ「弁当箱だけ」を学校に持ってくることもないのに。中身はなくても、弁当箱だけを学校に持ってきていたなんて不憫な話だ。当時は、欠食児童などという言葉がよく新聞に登場した。
　・新聞記事じゃないけど、当時は【資料：3】のようなポスターまで登場した！
　▷（【資料：3】＆拡大コピーの提示）
④・これは、何のポスター？
　→娘身売りのポスター
⑤・「娘を売る」・・・誰の娘を[売るのか]？
　→自分の娘
⑥・でも、農民も自分の娘を売るくらいだったら、家の中には他に売るモノがあるはず。
　・たとえば[どんなモノがあるのか]？
　→カマ・タンス・着物・・・
⑦・にもかかわらず、「自分の娘を売らなければならない」ということは、生活が・・・かなり、追い詰められていたわけだ。そこで、「相談」ということになる。
　・でも、どんなことを「相談」しようというのか[考えられることは（ どんなこと ）]？
　→どこに売るか？・いくらで売るか？・・・
※・上のような発言が出てくる可能性が高いが、そんな場合には、「それとは違った内容の相談は考えられない？」等の発問をするか、あるいは「『何とか身売りしないでもすむ方法はないか？』という相談も考えられるね」と説明をする。
⑧・でも、いずれにしても、農民が「そこまで考えなければならない程[生活が]追い詰められていた」状況には変わりがない。
　・いったい農村は、どうなっていたのか？
　→・・・
⑨・当時「あるもの」の価格の暴落で不景気になり、農民の生活を苦しめていた。
　・農村では、何が不景気になっていた？
　⇨養蚕
⑩・養蚕、つまり「生糸」の価格が暴落して不景気になっていた。当時、生糸は米とともに農民にとって現金収入につながる大切な農産物だった。生糸は外国へ輸出してお金（ 外貨 ）を稼いでいたからだ。
　・そんな生糸の最大の輸出先は、どこの国だった？
　⇨アメリカ
⑪・そのアメリカだけど、当時日本からの生糸の輸入量は、増加していたのか？　減少していたのか？
　→減少していた
⑫・それは、アメリカが、何に襲われていたから？
　→（ 世界 ）恐慌

4．村での生活は、どうなるのだろうか？

①・やはり農村部でも、都会と同じように世界恐慌の影響が出ていた。
　・その様子が、【資料：4】だ！

- 17 -

▷【資料：４】
② ・農民が、一番なげいていることは何？
　→農作物の価格が安すぎること・もうけが少ないこと・・・
③ ・農民は「肥料代を除いて、一体いくら残るのだろう」と言っている。当時の肥料代や農機具［といっても、リヤカーとか脱穀機なのだが］などにかかる生産費は、米１石（約150kg）作るのに（27円　～　）28円。しかし販売価格は、同じ米１石で、わずか16円。
・これでは、１石毎に、いくらの損になる？
　→（11　～　）12円の損
④ ・こうなると、作って売れば売るだけ農家の「損」になってしまう。
・では、損しないように農家は、どうすればいいのか？［肥料代がかかり過ぎるようだから？］
　→肥料を使わない
⑤ ・「肥料を使わない」か、あるいは「使う量を減らす」か、だろう。
・でも、そんなことをしたら、来年の収穫量が・・・？
　→減ってしまう・少なくなる・・・
⑥ ・では、もう１つの方法としては・・・「借金」。
・しかし借金しても、返せる場合にはいいけど、返せない場合は・・・？
　→夜逃げ・一家心中・・・
⑦ ・そこで、「娘の身売り」などという事態も出てきたわけだ。
・当時の農村の様子をあらわした、こんな写真も残っている！
▷「だいこんをかじっている子どもたち」の拡大コピー

⑧ ・何をかじっているのかわかる？
　→だいこん
⑨ ・大根を、こんなふうにかじって食べたことのある人？
　→（これは、誰もいないと思われる）
⑩ ・うまいんだろうか？
・ところで、この大根は、おやつ？　それとも、御飯？
　→御飯・・・
⑪ ・米をつくっている村で、大根を［米のかわりに］食べなければならない程の状態だったとすると、農村での生活も、かなり大変だったことがわかる。
・それなのに、ここに都市からの失業者たちがドッと帰ってくるわけだから、一体どうなるのか？
　→（ここでは投げかけのみ）

５．財閥のやり方を、どうみるのか？
① ・都市でも村でも、かなり苦しい生活を強いられていた中に、一人だけぬくぬくと利益をあげて大きくなっていったものがいた。
・不景気の中、市場を独占していたのは、何だったのか？
　⇨財閥
② ・財閥は、どうやって市場を独占したのか？
　→（資本力の弱い銀行や会社を合併し、諸産業を独占）・・・
③ ・財閥とは、資本力の弱い銀行や会社を合併し、諸産業を独占して大きくなっていった企業。そんな財閥の日本全国での会社資本における割合は、約60％もあった。つまり、三井・三菱・住友・安田というわずか４つの財閥が、日本経済の半分以上を支えていた。でも、財閥は、どうして合併によって大きくなることができたのか？
　→・・・
④ ・合併される企業は、簡単に合併に応じたのか？
　→応じた・応じなかった・・・
⑤ ・恐慌による不景気だから、「倒産しなくて済むならば・・・」「合併することで生き残ることができるならば・・・」という会社もあったのかもしれない。つまり、もともと大きな資本を持っていた財閥にとって、合併して大きくなっていきやすい状況になっていた。その上、財閥には「力強い味方」も

いた。
　・でも、その強い味方とは、何だったのか（わかる）？
　　→政府
⑥・でも、政府って、本来はどんなものなのか？
　　→・・・
⑦・たとえば、アメリカ政府は恐慌を乗り切るため、何という政策をおこなった？
　　→ニューディール政策（一斉発言で確認）
⑧・ニューディール政策では、積極的に、何を起こした？
　　→公共事業（一斉発言で確認）
⑨・なぜ、政府自身が事業をおこなったのか？
　　→・・・
⑩・それは、企業の自由に任せていては、恐慌から抜け出せなかったからだ。
　・なぜなら、企業の目的が何だから？
　　→利潤の追求
⑪・企業は、儲ける（＝利潤の追求）ためには、自由に何でもおこなう。だから世界恐慌が起きた。これでは企業には任せられない。だから、政府が国の責任として国民の生活を守るため恐慌を乗り切る政策をおこなった。でも日本のように、政府が「財閥の味方についた」ということは、昭和の恐慌の大変な状況の中「政府は財閥という『企業』と結びつき、つながりを強めた」ことを意味する。
　・でも、政府を味方につけた財閥のこうしたやり方は、どうなのか？
　・Ａ：（上手くて）じょうずなやり方だと思う人［挙手］！
　　▷（挙手により人数の確認）
　・Ｂ：（汚くて）卑怯なやり方だと思う人［挙手］！
　　▷（挙手により人数の確認）
⑫・これを政府の側から見たら、どうなのか？［上手なやり方なのか？　そんなことは言えないのか？］
　　→・・・
⑬・全ての会社が、「倒産」してしまったら、日本の経済はどうしようもない。そこで政府の方も、財閥を中心にしてでも企業が生き残るようにし、経済の立て直しをしようと考えたのではないだろうか。
　・では、日本の経済を立て直していくべき「政府」として、こうしたやり方は、Ａ：仕方のないことだったのか？　それとも、Ｂ：そんなことは言えないのか？
　・Ａ：やはり、仕方ないことだったと思う人［挙手］！
　　▷（挙手により人数の確認）
　・Ｂ：いや、そんなことは言えないと思う人［挙手］！
　　▷（挙手により人数の確認）
　・では、ＡかＢか、班内ではなしあい［３分間］！
　　▷班内でのはなしあい
※・ここから班内でのはなしあい　→　学級全体での討論へとつなげていく
⑭・どっちかということは、これからの授業の中に出てくるので注意しておこう。ところで、この財閥は、次第にとんでもないことにまで力を及ぼすようになっていく。
　・それは、何にだったのか、わかる？
　　→政治
⑮・利益を求める企業である財閥が、「政治に力を及ぼすようになる」と、一体どんなことになっていくのか？
　　→・・・
※・ここでは、次時以降の問題提起という形で終わる。

＜参考文献＞

安井俊夫「満州へ行け」『歴史の授業108時間』地歴社
安井俊夫『学びあう歴史の授業』青木書店

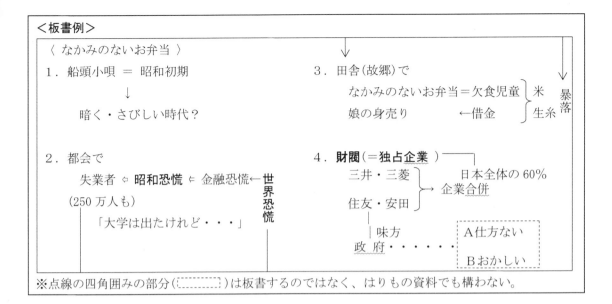

★授業〈 なかみのないお弁当 〉について

　この授業案の提言1（「船頭小唄」が流行った頃は、どんな時代なのか）の『船頭小唄』は、曲を流しながら教師が感情を込めて歌うと、なぜかわからないが生徒は喜ぶことが多い。そうして生徒を引き込んでおいて、その後に新聞記事や写真のコピーを使って、当時の世の中の様子を具体的に見ていく。

　特に提言3（新聞記事から昭和初期の頃の村の様子を調べよう）の助言⑦（娘を売るのに何を相談しようというのか）は、場合によってはグループでのはなしあいをさせることで、生徒に切実な問題として考えさせることができる。また、この授業案ではグループによる話し合い活動が設定されていないこともあり、生徒の集中が続きにくいと判断した場合には、「自分の娘を売る事態になったとき、一体どんなことを相談しようというのか？　グループではなしあってみよう！」と投げかけることもある。すると、そのはなしあいの中で、当時の追い詰められている生活状況がわかってくる。

　そうした苦しい状況に陥っているからこそ、提言5（財閥のやり方をどう見るのか）の助言⑩（政府を味方につけた財閥のやり方は、上手いのか卑怯なのか）の財閥のやり方について「上手いやり方」と「卑怯なやり方」の両方の意見が出てくる。そして、授業最後の場面の提言5の助言⑫（政府として財閥と結び付くのは、仕方のないことだったのか、そんなことは言えないのか）の政府の対応についても両方の意見が出てくることになる。

　なお、最後の提言5の助言⑭以降の指導言は、〈 独裁者登場 〉の授業と同様に、次時の授業の導入場面で取り扱っている。その場合、生徒の提出した意見プリントをまとめて通信プリントとして作り、その通信プリントを生徒に配り、学級の意見分布状況などを解説した上で助言⑭以降を打って、授業と授業をつなげていくようにしている。

　授業をおこなっている教師は、授業と授業のつながりを考えているが、授業を受けている生徒は、教師ほど授業のつながりを意識しているわけではない。学校では社会科以外の教科の勉強があり、部活や友人関係など考えなければならないことはたくさんある。だから、前の授業とのつながりを意図的につくる必要がある。

歴史 学習プリント 〈15年戦争：2〉

■世界恐慌の波は、日本にも押し寄せてきた。昭和になって国民の暮らしは、どうなっていったのだろうか？ 日本は、どんな方向へ進んでいこうとしていたのだろうか？

1：【 昭和の初めの頃の新聞記事から① 】

東京朝日新聞　昭和五年九月三日（水曜日）

海道筋をとぼくと　郷里へ歸る失業者群
妻や子等の手を引きつれて　到るところに哀れな情景

毎夜、卅人づつも　寺の境内に野宿
遊行寺の麥飯一杯の振舞も　悲鳴をあげる繁昌

都落ちの野宿者

2：【 新聞記事から② 】

先生も泣かされる　兒童のカラのお辨當
吹きまくる寒風……不景氣風！
霜枯月に泣く細民のこの頃

↑（『日本の歴史6』ほるぷ出版）

※敷島・バットは、当時のタバコの名前
敷島（左）
バット（右）

3：【 娘身売りの相談 】

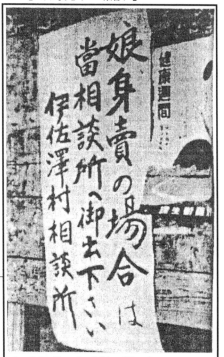

娘身賣の場合は　當相談所へ御出下さい　伊佐澤村相談所

健康週間

↑ 山形県のある村の掲示板

4：【 農民のなげき 】

実際、今日、私ども農民の生活は、「生きるか死ぬか」、「助けるか殺すか」の別れ道に立っています。実に涙のにじむ苦難の時代です。

汗水流して作ったキャベツは、50個で敷島（タバコ）1箱（＝18銭）にしかならず、カブは100葉でバット（タバコ）1箱（＝7銭）にもなりません。

これでは、肥料代を除いて、いったい何が残りますか？

－農林省に訴えにきた農民の話より－

歴史 意見プリント　15年戦争：02　〈なかみのないお弁当〉

3年　　組　　号（　）班：名前＿＿＿＿＿＿＿＿＿＿

■次の質問に対して、自分の考えを書いてみよう！

1. 質問
■都市でも農村でも、日本中が恐慌の不景気で苦しい生活を送っていた。そんな中に一人だけ利益を上げて大きくなっていった財閥。その財閥と手を結んで恐慌を乗り切ろうとした政府。この政府のやり方は、しかたがなかったのか？おかしいのか？

2. 結論

　　A：政府としては仕方がなかったと思う　　B：いや、政府のやり方はおかしいと思う。

I (三年生の授業内容)	アメリカ　株価の大暴落　失業者　世界恐慌　社会主義　利潤追求　ニューディール政策　公共事業　ヒトラー　再軍備　ファシズム　ムッソリーニ　戦争　侵略　首切り　倒産

II (小山の授業内容)	不景気　世界恐慌　失業者　就職難　欠食児童　娘の身売り　養蚕　生糸　アメリカ　米価の下落　大根をかじる少年　大凶作　公共事業　利潤追求　財閥　日本経済の立て直し

※「自分の考え」には、結論を出した根拠となる**歴史的事実**を上のⅠ・Ⅱから最低1つ以上を選び○でかこみ、必ず下の文章に書き入れること

3. どうして、そのよう結論を出したのか？（「自分の考え」）

＿＿＿＿＿＿＿＿＿＿＿＿＿＿＿＿＿＿＿＿＿＿＿＿＿＿＿＿＿＿＿＿
＿＿＿＿＿＿＿＿＿＿＿＿＿＿＿＿＿＿＿＿＿＿＿＿＿＿＿＿＿＿＿＿
＿＿＿＿＿＿＿＿＿＿＿＿＿＿＿＿＿＿＿＿＿＿＿＿＿＿＿＿＿＿＿＿
＿＿＿＿＿＿＿＿＿＿＿＿＿＿＿＿＿＿＿＿＿＿＿＿＿＿＿＿＿＿＿＿
＿＿＿＿＿＿＿＿＿＿＿＿＿＿＿＿＿＿＿＿＿＿＿＿＿＿＿＿＿＿＿＿
＿＿＿＿＿＿＿＿＿＿＿＿＿＿＿＿＿＿＿＿＿＿＿＿＿＿＿＿＿＿＿＿
＿＿＿＿＿＿＿＿＿＿＿＿＿＿＿＿＿＿＿＿＿＿＿＿＿＿＿＿＿＿＿＿

〈 授業方法・内容について質問・意見・考え・感想などあったら自由にどうぞ！ 〉

[82] 満州へ行け！

◎日本の昭和初期の恐慌の様子を受け、「満州は日本の生命線だ」「満州へ行け」と言う呼びかけに対し、「日本国民は、どうすべきなのか？」を考えさせる。さらに「日本は国際連盟の勧告通りに、満州から撤退すべきなのかどうか？」についても考えさせる。

1. 中国での動きに、日本はどうすべきなのか？

① ・日本国内が「世界恐慌」の影響で大変な不景気となっている頃、そんな日本の財閥や軍部の、気にさわるような「出来事」が、中国で起きた。
　・その頃、中国で孫文のあとを継ぎ、国民政府の主席になった人物は誰だった［ か覚えている ］？
　→蔣介石（一斉発言で確認）

② ・その蔣介石は中国国民党を率いて、「中国人（の手）による、中国の統一」に乗り出した。
※・下線部は、特に強調して説明する。
　・これまでヨーロッパ列強や日本から「植民地」のような扱いを受けてきた中国の人々が、「このままではダメだ」と気づき、「自分たちの国は、自分たちの手でまとめなければならない」と動き始めた。
　・しかし、なぜそのことが、日本の財閥や軍部にとって「気にさわるようなこと」だったのか？
　→日本の利益にならない・・・

③ ・中国がそんなことを始めたら、日本が困る。
　・それは当時、日本がどんな状態にあったから？
　→恐慌

④ ・政府は、日本の恐慌の解決に中国へと目を向けていた。

2. 日本の「満州へ行こう！」という考えはどうなのか？

① ・日本政府は「あること」を宣伝し、日本の国民の関心を大陸へと向けさせた。
　・その「あること」とは、【資料：1】に書いてある！
　▷【資料：1】日本政府の呼びかけの柱の文に線引き

② ・政府は、どこへ行こうと呼びかけている？
　→満州

③ ・満州へ行くと、「何が解決する」と言っているのか？
　→貧しさ（が解決する）

④ ・しかし、「満州」という土地は、どこの国の領土？
　→中国

⑤ ・［ 中国の領土である ］にもかかわらず、日本では恐慌解決のために「満州へ行こう」ということが強く主張されていく。
　・では、日本の国民は、この考えに賛成して、A：「そうだ、満州へ行こう」となるのか？　それとも反対に、B：「いや、そんなことはやめた方がいい」となるのか？
　・A：「そうだ、満州へ行こう」となると思う人［ 挙手 ］！
　▷（挙手による人数の確認）
　・B：「いや、そんなことはやめた方がいい」となると思う人［ 挙手 ］！
　▷（挙手による人数の確認）
　・どっちだったのか、（班内の）グループで討論してみよう［ 1分間 ］！
　▷班内のA・B各グループで討論
※・この後、グループでの討論 → 指名発言による意見発表をおこなう

⑥ ・どっちも意見があるようだけど、どうなのか？
　・ただ、今の日本の状態を見捨てておいていいのだろうか？
　→・・・

⑦ ・ドイツでは、ヒトラーは「ファシズム」で、恐慌を乗り切ろうとした。
　・しかし、この「ファシズム」とは、どんなことによって恐慌を乗り切ろうというものだった？
　→軍備拡大・戦争・侵略

- 23 -

⑧・戦争と侵略により新しい領土を手に入れないと、「とてもこの恐慌は乗り切れない」というのだった。
当時は日本全体でも、「満州へ行こう」という空気が強くなっていっていた［「それで良かったのかどうか？」については、後でまた考えてみよう］。

3．満州事変は、どうやって起こったのか？

①・そんな状況の中、1931年の9月［ 18日 ］、中国の奉天付近で何が起こされた？
　⇨爆破事件
②・この南満州鉄道の爆破事件を、何と言う？
　⇨柳条湖事件（リュウジョウコ）
③・柳条湖事件は、誰が引き起こしたのか？
　⇨「満州」にいた日本軍（関東軍）
④・この事件は、日本の「軍部」によって引き起こされた事件だった。そのため、日本の「政府」から、柳条湖事件についての声明が出された。
　・【資料：2】に載せてある！
　▷【資料：2】
⑤・しかし、この声明文には、おかしなところが2点ある。
　・さて、それは、どんなことなのか？（おかしな点を見つけて、線引きをしよう！）
　▷【資料：2】への線引き
⑥・さて、どこがおかしいのか？
　→中国の軍隊が爆破した・満州を日本の領土にしようなどという欲望はまったく持っていない
⑦・では、そんな日本のやり方に対して、中国側はどう出たのか？［ 反撃したのか？　しなかったのか？ ］
　・【資料：3】に出ているので、見てみると・・・！
　▷【資料：3】
⑧・中国側は、［ 柳条湖事件に対しては ］「どんな態度でいかなければならない」と言っている？
　→絶対に抵抗してはならない。
⑨・日本と中国、明らかに「悪い」のはどっち？
　→日本
⑩・「日本」の軍部が引き起こした事件だから（明らかに）、悪いのは日本だ。
　・であれば、当時の日本の「政府」である若槻（わかつき）内閣は、事件を引き起こした軍部の行動を、A：強く非難すべきなのか？　それとも、B：黙って知らんぷり（黙認）しておくべきなのか？
　・A：強く非難すべきだと思う人［ 挙手 ］！
　▷（ 挙手による人数の確認 ）
　・B：黙って知らんぷり（黙認）しておくべきだと思う人［ 挙手 ］！
　▷（ 挙手による人数の確認 ）
　・（ 班内の ）グループではなしあい［ 1分間 ］！
　▷班内のA・B各グループでのはなしあい
※・この後、グループでのはなしあい　→　班毎の意見発表と進める
⑪・［ いろいろ意見があるが ］日本政府が取った態度は、どっちだったのかというと・・・、Bだった。
　・しかし、これでは一体この後、どうなっていくのか？
　→（ ここでは、問題の投げかけのみ ）

4．日本は、本当に「領土的欲望なし」だったのか？

①・柳条湖事件を機に、日本の軍事行動が開始され、満州全体が占領された。
　・このときの「事変」を何と言うのか？
　⇨満州事変
②・そして日本は、1932年［ 3月 ］に何を建国した？
　⇨満州国
③・つまり、日本は柳条湖事件を口実に「悪いのは中国だ」として、満州を中国から切り離し、とうとう「満州国」という国までつくってしまった。ただ日本国民には、こうした事実と違い「満州事変は中

国側から仕かけられた」と伝えられていた。このことにより日本は、この後15年間にも及ぶ長く悲惨な戦争を始めることとなった。
- ところで、その日本の侵略に対し、中国は反撃して、きたのか？［ こなかったのか？ ］
→していない・反撃した・・・

④・中国は反撃するのではなく、話し合いによる解決を進めた。そのため、ある「国際機関」に日本の行動を訴えた。
- その「国際機関」とは［ 何 ］？
⇨国際連盟

⑤・中国は何と言って、国際連盟に訴えたのか？
⇨日本の武力侵略

⑥・国際連盟はリットン調査団を満州へ派遣し、中国からの訴えが「真実かどうか」を調査した。そして調査の結果、ある「勧告」が日本に対して出された。
- その内容は、どんなことだった？
⇨軍隊の駐屯地への引き上げ

⑦・リットン調査団の報告内容は、【資料：5】に載せてあるが、この報告書では、「満州は日本のもの」と認められている？（ 認められて ）いない？
→（ 認められて ）いない・・・

⑧・さらに、「日本軍の軍事行動は、正当な防衛とは認められない」とまで書いてある。
- ということは、世界は日本の行為を、認めて・・・？
→（ 認めて ）いない

⑨・では、日本としては、Ａ：満州国を中国に返すべきなのか？ それとも、Ｂ：このまま（満州国として）支配を続けるべきなのか？
- Ａ：満州国は中国に返すべきだと思う人［ 挙手 ］！
▷（ 挙手による人数の確認 ）
- Ｂ：満州国として支配を続けるべきだと思う人［ 挙手 ］！
▷（ 挙手による人数の確認 ）
- 班内で、はなしあい［ 3分間 ］！
▷班内でのはなしあい

※・ここから班内のはなしあい → 学級全体の討論へとつなげる

⑩・Ａの意見［ 中国に返す ］を取ったら、今の日本の不況は解決できない。しかし、Ｂの意見［ 支配を続ける ］を取ったら、世界の中で日本は孤立してしまう。「いったい、どっちの道を選ぶべきなのか」ということは、大きな問題だ。では日本は、どっちの道を選んだのか、というと・・・、「Ｂ」だった。1933年2月24日、国際連盟は総会で、先のリットン調査団の報告書の賛否をめぐって採決をおこなった。結果は、［ リットン報告書を ］「認める［ 採択する ］」という国が42ヵ国。「認めない［ 採択しない ］」という国が、1。
- この「1」というのは、もちろん・・・？
→日本

⑪・だから、翌月、日本は国際連盟に対して、どんなことをした？
⇨国際連盟を脱退した

⑫・でも、これでは日本は、どうなっていくのだろう？
- 世界の中で「孤立」していくことになるのか？ それとも、これを機会に勢力を広げていくことになるのか。さて、どっちなのか・・・？
→・・・

※・ここは問題の投げかけのみとする。

<参考文献>
安井俊夫『学びあう歴史の授業』青木書店
安井俊夫『歴史の授業108時間』地歴社

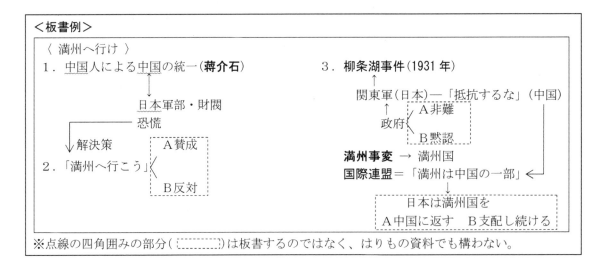

★授業〈 満州へ行け！ 〉について

　この授業案では、3回の話し合い活動がある。話し合い活動の場面は、どうすべきかの判断を迫っているため、テンポよく授業を進めていけば学習も深まる。まず1回目の提言2（日本の「満州へ行こう」という考えはどうなのか）の助言⑤（「満州へ行こう」との主張に対し、日本国民は、そうなるのか、ならないのか）のグループでの討論では、「満州へ行こう」を支持する意見も出てくる。

　ここでは「討論」としているため、支持と反対の両方の意見が出てくるが、これを「はなしあい」にしても、やはり支持する意見は出てくる。それは当時の状況からしても、当然あり得ることだからだ。むしろ支持する意見が多ければ、その後の学習に役立つ。ただ両方の意見を知ってもらいたいため、ここでは、はなしあいではなく討論にしている。それでも支持する意見が出にくいようであれば、〈 大日本主義か小日本主義か 〉の通信プリントから大日本主義を支持する意見を紹介して討論させればよい。

　2回目の話し合い活動での提言3（満州事変はどうやって起こったのか）の助言⑩（若槻(わかつき)内閣は軍部の行動を非難すべきか、黙認か）は、グループでのはなしあいにしている。提言2の助言⑤はグループでの討論にしていたのは、政府の呼びかけ（＝満州へ行け）に賛成・反対両方の立場を考えつかませるためだった。その討論の結果を踏まえた上で、軍部の行動に対してどんな態度を取るべきなのかで意見を出し合わせるために、提言3の助言⑩はグループでのはなしあいにしている。

　こうして話し合い活動をおこなっているが、歴史の事実についての論題なので、どんな意見が出ようと当然結果はある。結果がわかっているのであれば、話し合っても意味がないようにも思えるが、そうではない。話し合い活動の後に結果を聞いた生徒の反応が、「えっどうして？」「本当にそれでいいの？」となるか、「あぁやっぱり」「自分の判断は正しかった」となるのかでは大きく違ってくる。そして、その結果が更にどんなことにつながっていったかを知ることにより、また次の反応が生まれてくる。話し合う中身が切実であればある程、そうした傾向は強く、生徒は話し合い活動に乗り出してくる。そこでテンポよく授業を進めていけば授業に活気が生まれ、興味・関心や思考力・判断力を高めていける。

　そして最後の3回目の話し合い活動は、学級での討論にしている。今日の学習内容を受けて、「日本はどうすべきなのか」となる。ここで大切なのは、「どうしたのか」ではなく、「どうすべきなのか」である。ここで判断を迫られるから、討論が盛り上がっていく。それは、単に結果を説明するだけとは違い、生徒が自分の頭で考えたことに対して、結果を知ることになるからだ。

　なお、提言3の助言⑪（日本政府は黙認するが、その後どうなっていくのか）以降も、次の授業での取り扱いになる。だから、生徒が結果を知るのは次の授業の導入場面となる。

　学習プリント〈 15年戦争：3－2 〉は討論の状況により参考資料として生徒に配ることもある。

歴史 学習プリント 〈15年戦争：3-1〉

■恐慌の波の中、「満州は、日本の生命線だ！」という宣伝が始まった。さて、日本国民はこの宣伝をどう見たのか？ また、日本政府は、どんなことを始めたのか？

1：【 満州は、日本の生命線だ！ 】

　日本が貧しいのは、狭い土地に7000万人もの人口が、うようよといるからである。満州を"日本の権益地"にすれば、それは、一挙に解決する。あの広大な土地には、何千万という日本人が住んでも、まだ余るくらいだ。満州は、いわば「日本の生命線」なのだ！

　明治大帝より、今上陛下のこの昭和時代にいたるまで、日本は、満州のため3度も国の運命をかけてきた。いや、一貫して国と国民の命をかけてきた。守り育ててきたはずである！ 満州こそは、われら日本の聖なる大地だ！

— 松岡洋右 —

2：【 中国軍が、鉄道を爆破した!? 】

　9月18日の夜半、奉天付近で、中国の軍隊の一部が南満州鉄道を爆破した。わが守備隊も襲撃され、中国軍と衝突した。鉄道沿線を守備する日本軍の兵力は1万400人。しかるに、その周辺には22万人の中国軍がいる。この地方に居住する100万人にもおよぶ日本帝国臣民も、大変不安を訴えている。このため、わが軍は「機先を制し、危険を取り除く必要あり」と考え、すみやかに行動を開始した。

　日本政府が「満州を、日本の領土にしよう」などと言う欲望は、まったく持っていないことは言うまでもない。ただ、帝国臣民が安心して、この地（=奉天）で平和的な事業ができるように資金と労力を出して、この地方の開発に参加したいという願いだけである。

— 1931年9月24日・日本政府の声明 —

（ 外務省 『日本外交年表主要文書 下』 原書房 ）

3：【 日本軍の挑発行為にのるな!! 】

　日本軍のこの行動は、よくある挑発行為に過ぎないから、事件の拡大を避けるために、絶対に抵抗してはならない。
国際公理の判決を待て!!

— 中国の蒋介石のことば —

4：【 リットン調査団 】 鉄道爆破について国際連盟からの調査

5：【 リットン調査団の報告内容 】

① 満州は中国の一部であって、別のものではない。
② 9月18日の日本軍の軍事行動は、正当な防衛とは認められない。
③ 「満州国」は、純粋で自発的な独立運動の結果で生まれたものとは考えられない。
④ 中国人は、一般に「満州国」政府を支持せず、日本の手先と見ている。
⑤ 日本が満州に持っている経済的権益は認める。それを確保するため、新たな条約を結べ。
⑥ 日本を主とする国際的な共同管理のもとに満州に自治政府をつくる。

歴史 学習プリント〈15年戦争：3－2〉

■1920年代の中国政策には、3つの異なった意見があった。それは、A・B＝「強行進出論」とC＝「消極論」、そして、D＝「放棄論」だった。では、この3つの意見に対し、どの意見を支持するべきなのか？

6－A：【 松岡洋右氏の意見＝「満蒙はわが国の生命線である」 】

今日の満蒙（＝満州と内蒙古）の地位は、わが国（＝日本）にとっては単に防衛上重大であるだけでなく、（日本）国民の経済的存在になくてはならないものになっている。表現を変えると、現実問題として見るとき、満蒙は日本の防衛上だけではなく、経済的に見ても「日本の生命線」とも言うべきものとなっているのである。言うまでもなく、多数の在留同胞（＝満州で仕事をしている日本人）と巨額の投資（＝満州に進出するために使った資本）に対して血を持って彩られた歴史的関係を思うとき、ますます日本の生命線である点において、満蒙をしっかり確保し死守するについて、どこの国どこの人にも遠慮する必要のないことは明らかである。

―（『動く満蒙』 先進社 より）―

6－B：【 田中義一氏の意見＝「貧国日本を富国日本にするべき唯一の方法は、支那の資源を利用することにある」 】

満州のために日本人が20億の国家の財産を費やし、満州に進出するための戦争で23万人の日本兵が鮮血を流したことを忘れてはいけない。日本国内の資源は、すでに限りがあり、今後どのように生産力の増産を計っても、工業のほか発展の余地がない。しかし、南満州には、・・・（中略）・・・現在の開発程度においてさえ、大変に有望な数字を示している。将来、進んでこれを開拓すれば、（日本）帝国のため大変な利益を上げることができることは明らかである。・・・（中略）・・・この貧しい国日本を富める国日本にできる唯一の方法は、支那（＝中国）にある資源を利用することである。日本の勢力圏にして未開の宝庫である満蒙を開発することなのである。

―（「滞満所感」 より）―

6－C：【 幣原喜重郎氏の意見＝「東三省は、あくまで中国の主権に属する中国の領土である」 】

およそ国際間の不和は、一国が他国の当然あるべき立場を無視して、偏狭な利己的見地に執着するところから発生するのである。これに反して、我々の主張するのは、共存共栄の考え方にある。今や世界の人心は、一般にこの共存共栄の考え方の方向に向かって覚醒する徴候を示している。国際連盟の制度なども、この人心の覚醒に大本があることは疑いない。

みなさんは「満蒙における権益、権益」とよく言われるし、ある人などは「日本の特殊な地位」などとも言われるが、そんなものありはしない。東三省（＝奉天省・吉林省・黒龍江省）は、あくまで中国の主権に属する中国の領土であって、日本の権益とは、満州鉄道とそれに属するものに限られている。これは条約で正当に認められている。

―（1924年第49回 帝国議会演説 より）―

6－D：【 石橋湛山の意見＝「満蒙を放棄せよ」 】

朝鮮・台湾・満州を捨てる。支那（＝中国）から手を引く、樺太もシベリアもいらない（つまり、植民地を全て放棄せよ）。ただ平和主義により、国民の全力を学問技術の研究と産業の進歩とに注ぐことである。兵舎の代わりに学校を建て、軍艦の代わりに工場を設ける。大日本主義を棄てることは・・・（中略）・・・大いなる利益を我々に与えることになることを断言する。・・・（中略）・・・

一・二の国がどんなに巨大な軍備を持ったとしても、日本としては、自由解放の世界的な盟主として、その背後に東洋ないし全世界の心からの支持を（持ってあたればよいのである）。

―（『石橋湛山評論集』 岩波文庫 より）―

歴史 意見プリント 15年戦争：03 〈満州へ行け！〉

３年　　　組　　　号（　）班：名前＿＿＿＿＿＿＿＿＿＿＿＿＿＿

■次の質問に対して、自分の考えを書いてみよう！

1. 質問
■日本は、昭和の恐慌を乗り切るため「満州は日本の生命線だ」との宣伝をおこない、満州への侵略を進め、「満州国」を建国した。しかし、国際連盟の調査団は日本に対し「満州国は認められない」という勧告をしてきた。では、日本としては、どうすべきなのか？

2. 結論

A：勧告に従い満洲国は中国に返すべきだ

I（これまでの授業内容）	失業者　世界恐慌　ニューディール政策　ヒトラー　再軍備　ファシズム　ムッソリーニ　戦争　昭和恐慌　不景気　欠食児童　娘身売り　大根をかじる少年　大凶作　財閥　政府

B：勧告を無視して満洲国の支配を続けるべきだ

II（今回の授業内容）	中国　中国国民党　蒋介石　植民地　満州　侵略　柳条湖事件　関東軍　若槻内閣　非難　黙認　満州事変　満州国　反撃　国際連盟　日本の武力侵略　リットン調査団　報告書　勧告

※「自分の考え」には、結論を出した根拠となる歴史的事実を上のI・IIから最低1つ以上を選び○でかこみ、必ず下の文章に書き入れること

3. どうして、そのような結論を出したのか？（「自分の考え」）

＿＿＿＿＿＿＿＿＿＿＿＿＿＿＿＿＿＿＿＿＿＿＿＿＿＿＿＿＿＿＿＿
＿＿＿＿＿＿＿＿＿＿＿＿＿＿＿＿＿＿＿＿＿＿＿＿＿＿＿＿＿＿＿＿
＿＿＿＿＿＿＿＿＿＿＿＿＿＿＿＿＿＿＿＿＿＿＿＿＿＿＿＿＿＿＿＿
＿＿＿＿＿＿＿＿＿＿＿＿＿＿＿＿＿＿＿＿＿＿＿＿＿＿＿＿＿＿＿＿
＿＿＿＿＿＿＿＿＿＿＿＿＿＿＿＿＿＿＿＿＿＿＿＿＿＿＿＿＿＿＿＿
＿＿＿＿＿＿＿＿＿＿＿＿＿＿＿＿＿＿＿＿＿＿＿＿＿＿＿＿＿＿＿＿
＿＿＿＿＿＿＿＿＿＿＿＿＿＿＿＿＿＿＿＿＿＿＿＿＿＿＿＿＿＿＿＿

〈 授業方法・内容について質問・意見・考え・感想などあったら自由にどうぞ！ 〉

[83] 問答無用

◎満州事変後の日本の国際的な孤立の状況をつかませて、五・一五事件のときの将校たちの言葉である「問答無用」の意味を考えさせる。そして、五・一五事件以降の政府の対応の仕方について考えさせ、国内で軍国主義が強くなっていくことをつかませる。

1. 日本は、今後どう動いていくのだろうか？

① ・昭和恐慌から満州事変、そして国際連盟脱退と、ここまでの日本の動きを振り返ってみる。
・すると、日本はこの後、A：戦争拡大の動きと、B：戦争防止の動きの、どちらが強くなっていくと考えられる？
・Aの「戦争を『拡大』していこうとする動き」だと思う人［ 挙手 ］！
▷（ 挙手による人数の確認のみ ）
・Bの「戦争を『防止』しようとする動き」だと思う人［ 挙手 ］！
▷（ 挙手による人数の確認のみ ）

② ・日本は［ 国際的には ］国際連盟を脱退して、さらに海軍軍縮条約も破棄していた。ということは、日本が「戦争への道」を歩んでいることは、誰の眼にも明らかだった。
・しかし、果たしてそれで大丈夫なのか・・・？
→・・・

③ ・こうした動きの中、日本国内で、大変な事件が起こった。

2. 政府は、五・一五事件の事後処理はどうすべきなのか？

① ・その事件とは・・・、1932年の5月15日に起こった。
・だから、この事件を何と言うのか？
⇨ 五・一五事件

② ・引き起こしたのは、どんな人たち？
⇨ 海軍の青年将校ら

③ ・海軍の青年将校たちは、誰を暗殺したのか？
⇨ 犬養毅首相（ コピーの提示 ）

④ ・［「日本政府の首相を暗殺する」という、とんでもない事件を、海軍の青年将校たちが引き起こした ］
・ところで、首相というのは、日本の政治におけるどんな存在？
→ 中心・最高責任者・偉い・・・

⑤ ・ということは、この五・一五事件は、政府に対して「軍部が対抗してきた」ことを意味している。
・でも、日本の「政治」をおこなっているのは、政府？ 軍部？
→ 政府

⑥ ・政府だ。だから軍部も「政府の方針」に従って動かなければならない。
・それがなぜ、軍部が「政府に対抗するような動き」を取るようになったのか？
→・・・

⑦ ・それは、五・一五事件を、もう少し詳しく調べてみるとわかる。5月15日の海軍将校たちの行動については、その中の一人が、犬養首相を暗殺したときのことを詳しく日記に書き残している。
・【資料：1】にある！
▷【資料：1】

⑧ ・この日記の中には、暗殺者たち（＝海軍将校たち）の考えを示している「言葉」が出ている。
・さて、それは、どの言葉？
→「問答無用」

※・「問答無用」の答えが出てこない場合には、すぐに答えを説明する。

⑨ ・暗殺者の海軍将校たちは、「問答無用」と言っている。ということは、「問答」つまり「話し合い」など「無用」だ、「必要ない」と考えていたわけだ。
・ちょうど、それと反対の「言葉」を犬養首相が言っているけど、それは？
→「話せばわかる」

⑩・「話せばわかる」。しかし、海軍将校たちは「話し合う必要はない」と言っている。
　　・つまり、海軍将校たちは何についての「問答＝話し合いは必要ない」と言いたいのだと思う？
　　→日本の政治・今後の日本の方向
⑪・日本の政治のことは「話し合いなどせず、誰が決める」というのか？［ 政府では、ないのなら？ ］
　　→軍部・海軍・・・
※・助言⑪の発問が、子どもに難しいと判断される場合には、あっさりと答えを言う。
⑫・でも、日本の政治を、軍部がおこなうようになったら、いったい日本はどうなってしまうのか？
　　→（ ここでは、問題の投げかけのみ ）
⑬・では、［ そうした危険性をも考えてみると ］政府としては、この五・一五事件を引き起こした軍部への処分は、どうすべきなのか？
　　・Ａ：当然、処分は、重くすべきだと思う人［ 挙手 ］！
　▷（ 挙手による人数の確認 ）
　　・Ｂ：いや、処分は、軽くすませておくべきだと思う人［ 挙手 ］！
　▷（ 挙手による人数の確認 ）
　　・（ 班内の ）グループではなしあい［ １分間 ］！
　▷班内のＡ・Ｂ各グループでのはなしあい
※・この後、グループでのはなしあい　→　班毎の意見発表と進める
⑭・当時、「政府は、どうしたのか・・・」というと・・・、「Ｂ」の方針を取った。
　　・しかし、それだと、どんな危険性が出てくる？
　　→政府が軍部の言いなりになる・軍部の力が強まる・・・
⑮・何と、そんな事件が、実際に起こってしまった。
　　　４年後に、更に大きな事件、それも日本の軍隊史上「最大の反乱事件」が起こされた。

３．政府は、二・二六事件後の軍事予算をどうすべきなのか？

①・その事件は、1936年２月26日に起こったので、何と呼ばれている？
　　⇨二・二六事件
②・引き起こしたのは、どんな者たち［ だった ］？
　　⇨（ 陸軍部隊をひきいた ）青年将校
③・また、「軍部」の者たちによる事件だ。このとき、青年将校たちは軍事政権をつくって政治を改革しようとしていた。ところが、この二・二六事件は、まもなく鎮圧されてしまったために、その［ 軍事政権をつくる ］ことは、実現されなかったわけだが・・・。しかし、この二・二六事件をきっかけにして、日本の政治や世の中の動きは変わっていった。
　　・特に、次の３点が目立ってきた！

　　　Ａ：軍部の政治への発言力が強まった。
　　　Ｂ：軍国主義に反対する思想の取り締まりが激しくなった。
　　　Ｃ：軍部のやり方を支持する人々が増えてきた。

※・以上Ａ～Ｃを板書するか、カードに書いておき、子どもに提示する。
※・Ａ・Ｂ・Ｃは似ているようだが、Ａは軍部を、Ｂは政府を、Ｃは国民を中心に考えていて、微妙に違っている。
④・さて、このＡ・Ｂ・Ｃの中で、１番注意しておかなければならないことは、どれだと思う？
　　・（ 班内の ）グループではなしあい［ １分間 ］！
　▷班内のＡ・Ｂ各グループでのはなしあい
※・この後、グループでのはなしあい　→　班毎の意見発表と進める
※・また時間があれば、Ｂについては、次のような助言をうちこんだ方がよい。
　　・この取り締まりを進めたのが、『普通選挙法』と同時に成立した法律だった。
　　・それは、何と言う法律だった？
　　→治安維持法
　　・この『治安維持法』が、軍国主義に反対する全ての人々を取り締まっていくものとなっていった。

⑤・しかし、いずれにしても「軍部の力」が強くなっていることはわかる。軍部が力を伸ばし過ぎると、

再び満州事変のようなことが起きる可能性も高くなってくる。つまり「戦争へと突き進んでいく」可能性が非常に大きくなってくる。そんなとき、当時の広田内閣は国の方針を決定することになった。
- これまでの状況から考えてみると、日本の政治をおこなう政府としては、軍部に関する予算、つまり軍事予算については、どうすべきなのか？
  A：増額せざるを得ないのか？　それとも、B：減額しないといけないのか？
- A：当然、増額せざるを得ないと思う人［ 挙手 ］！
▷（ 挙手による人数の確認 ）
- B：いや、減額しないといけないと思う人［ 挙手 ］！
▷（ 挙手による人数の確認 ）
- さて、どうすべきなのか？
- 班内でのはなしあい［ ３分間 ］！
▷班内でのはなしあい
※・ここから班での話し合い　→　学級全体の討論へとつなげる。
⑥・両方とも「もっともだ」と思える意見だ。しかし、このことは慎重に考えておかないと、日本の将来が左右されてしまうほど重要な問題だ。
- 個人的に意見があったら、どうぞ！
  →・・・
※・助言⑥は、省いてもよい。
⑦・実際に、広田内閣は「どんな決定をしたのか・・・」というと・・・、一挙に「増額」した。
- 「軍事費を大幅に増やす」ということは、何を意味するのか？
  →戦争をする・軍部の力が大きくなる・・・
※・あるいは、「軍事費を増やして、何に使おうと考えているんだろうか？」という発問でもよい。
⑧・そのことを考えると、このまま行くと、日本は大変なことになりかねない状況になってしまっている。
- いったい日本は何を考えていたのか？　また、そんな日本を世界の国々は、どう見ていたのか？
  →（ ここでは、問題の投げかけのみ ）

```
           ＜参考文献＞
安井俊夫「問答無用」『歴史の授業108時間　下』地歴社
安井俊夫『学びあう歴史の授業』青木書店
```

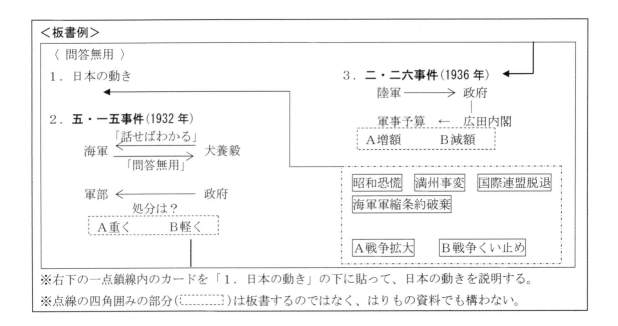

※右下の一点鎖線内のカードを「１．日本の動き」の下に貼って、日本の動きを説明する。
※点線の四角囲みの部分（┌┈┈┈┈┐）は板書するのではなく、はりもの資料でも構わない。

★授業〈 問答無用 〉について

　この授業では、授業案には書いていないが、前時の授業で最後に討論したことについての歴史的事実の紹介から始めている。そして、ここまでの日本の動きをおさらいした上で、本当にそれで大丈夫なのかを投げかけている。

　この授業案は、提言が3つと少ないので、少し余裕を持って授業を進めることができる。提言1（日本は今後どう動いていくのか）の助言①（日本はこの後、戦争拡大と戦争食い止めのどちらが強くなっていくと考えられるのか）は、単に挙手による確認で終わっているが、ここまではなしあいをさせると話し合い活動の場面は、全部で4回設けることができる。ただし、五・一五事件の海軍将校たちの考えを資料から読み取らせる作業に時間がかかることが多いため、話し合い活動は3回にしている。

　1回目は提言2（政府は五・一五事件の事後処理はどうすべきなのか）の助言⑬（政府は五・一五事件を引き起こした軍部への処分は、重くすべきか軽く済ませるべきか）で、軍部への処分について。これはグループでの「討論」でもよいのだろうが、「はなしあい」にしている。前時で一度軍部への対応については、はなしあいをしているため、ここでは討論としている。

　2回目は提言3（政府は二・二六事件後の軍事予算をどうすべきなのか）の助言③（二・二六事件をきっかけに日本の政治や世の中の動きの変化で特に注目すべきは、A：軍部の政治への発言力が強まったこと　B：軍国主義に反対する思想の取り締まりが激しくなったこと　C：軍部のやり方を支持する人々が増えてきたこと）。この選択肢ではA～C、いずれも重要なのだが、生徒が特にどの動きを注目しているのかを知りたいことと、どの動きを注目しておくべきかを考えさせるために、はなしあいとしている。

　3回目は、ここまでの内容を受けて、提言3の助言⑥での討論となる。「果たして軍事予算を増額すべきか、減額すべきか」、つまり軍部の力を削ぐべきかどうかについての話し合い活動をおこなっている。これには国内外の情勢がからんでくるので、判断には悩むところであり、簡単には判断できない場面である。ところが、ときどき生徒はあまり悩まずに、どちらかの意見に偏ってしまうこともある。しかし、そうした場合には、教師から「あえて反論」を出すなどして、考えることを簡単に終わらせないようにしている。そうすることにより、生徒は別の見方や意味について知ることになる。

　このように、この授業案は前時の「満州へ行け」の授業に引き続き、比較的意見が出しやすい論題になっている。また提言が3つしかないため、しっかりと話し合い活動に取り組ませる時間が取れる授業案になっている。

　また、この授業案で取り扱う軍部の動き、政府の対応、国民の変化は、後の方の授業で15年戦争をふり返るときの大事な内容となっているため、じっくりと話し合い活動に取り組ませることができるようにしている面もある。

　実際、この授業くらいから討論も活発になっていく。

歴史 学習プリント 〈15年戦争：４〉

■満州事変の後、日本では「戦争を広げようという動き」と「戦争をくい止めようとする動き」のどちらが強くなっていったのか？ そんな中、1932年5月15日に大事件が起きた！！

１：【 犬養毅首相の最期（1932年5月15日）】　　　暗殺者の語る　"暗い日曜日"の夕方

　このとき、今まで無言でいた総理が、あの小さなヤギのような目とヒゲを突き出すように前かがみになって、「話せばわかるじゃないか」と言いながら、手を上げて歩み寄ってきた。

　私が『話はない』と言うと、「座敷に行こう。話せばわかる。話せばわかる」と、くり返して訴える。

　ここで私は「愚劣をこえた老首相の最後の一言を、進んで聞き届けてやりたい」と決心し、総理の肩に手をあてて応接間へ案内した。応接間は15畳ほどの日本間で、紫檀のテーブルのまわりに座蒲団が4枚敷いてある。総理は、ここまでくると一人で床の間を背にして、正面の座蒲団に座った。9人の同志は、軍靴のままで総理を囲んで立つ。

　総理が、一同を見回して最初に言った言葉（これが、最後の言葉となった）は、「靴ぐらい脱いだらどうか？」である。みな黙っている。

私は言った。『靴のご心配は、後でよろしい。我々が何のために参上したかは、おわかりでしょう。我々は、国家のために、あなたの一命を申し受ける』

『最後に、ただ一言「言い残しておきたいこと」をお言いなさい。それで全てが終わり、全てが始まる』

　総理は、うなづいてテーブルの上の敷島（タバコ）を１本取り上げ、マッチをすろうとして中止し、少し上体を乗り出して何ごとか語ろうとした。このとき飛び込んできたのが、山岸中尉と黒岩少尉である。山岸中尉は、昨年来、井上日召から犬養毅のことをよく聞かされている。

　『犬養とは決して話をするな。ヤツはタヌキおやじだから、話をすれば負ける。会ったら、即座に始末せよ！』と言う日召の言葉が、彼の頭にある。飛び込んできた山岸中尉が大声一番、『問答無用！ 撃て！』とさけんだのと、直情の黒岩少尉が引き金を引いたのと、ほとんど同時。

　私は、この瞬間を見て、『よし、もうよい。終わった』と独語し、黒岩少尉の発射音を聞くと同時に、総理の右こめかみをねらって引き金を押した。

ねらった箇所に、ポツンと小さな点（穴）ができたかと思うと、そこから血潮が一筋、総理のほほを伝って流れる。

　総理は、そのままガクンと前のめりになって、テーブルに打ち伏す。右手は、敷島のタバコを持ったままである。実に落ち着いた、静かな最期であった。

―――（ 三上卓「五・一五の作戦本部」『文芸春秋－読本現代史』 ）―――

← 五・一五事件を伝える新聞

↑ 五・一五事件から４年後の事件

歴史 意見プリント 15年戦争：04 〈問答無用〉

3年　　組　　号（　）班：名前　　　　　　　　　

■次の質問に対して、自分の考えを書いてみよう！

1. 質問　■五・一五事件では政府の首相が暗殺され、二・二六事件では、ますます軍部の力が増大してきた。このままでは、さらに大きな戦争へと発展する可能性は大きい。こんな状況になって政治をおこなう政府は、軍事予算をどうすべきなのか？

2. 結論

A：当然、予算は増額せざるを得ないと思う　　### B：いや、予算は減額しないといけないと思う

| I（これまでの授業内容） | 世界恐慌　ファシズム　昭和恐慌　不景気　財閥　政府　中国　満州　侵略　柳条湖事件　関東軍　黙認　満州事変　満州国　国際連盟　日本の武力侵略　リットン調査団　調査書　勧告 | II（今回の授業内容） | 国際連盟の脱退　戦争拡大　戦争くい止め　海軍軍縮条約の破棄　五・一五事件　海軍　青年将校　首相　犬養毅暗殺　政府　二・二六事件　軍部　軍国主義　治安維持法　軍部の発言力 |

※「自分の考え」には、結論を出した根拠となる**歴史的事実**を上のⅠ・Ⅱから最低1つ以上を選び○でかこみ、必ず下の文章に書き入れること

3. どうして、そのような結論を出したのか？（「自分の考え」）

_____

_____

_____

_____

_____

_____

_____

〈 授業方法・内容について質問・意見・考え・感想などあったら自由にどうぞ！ 〉

[84] 中国の日本軍 (その1)

◎日中全面戦争の開始から、南京大虐殺までの経過を紹介して、中国が、それに対して、「どのように抵抗するのか？」 日本としては、それに対して、「どうすべきなのか？」を考えさせる。その上で、日本のやった戦争について、更に考えさせる。

1. 日本の侵略に対して、中国ではどんな動きが出てきたのか？

① [1932年の] 5・15事件や2・26事件によって日本国内の情勢が変わってきた頃、日本は、中国国民党に「ある国」の建国を認めさせた。
  ・その「ある国」とは、何という国だった？
  →満州国

② ・しかしこれでは、中国の国民にも、「日本が侵略した『満州』を『日本のもの』として認めさせた」ことになる。そんな中国国民党に対抗して、1921年、中国共産党が結成されていた。
  ・だから、中国国民党と中国共産党は対立し、何が続いていたのか？
  ⇨内戦

③ ・ところが、そんな内戦状況にあった中国国民党と中国共産党が対立を一時やめ、共同で「あるもの」をつくった。
  ・その「あるもの」とは、何だった？
  ⇨抗日民族統一戦線

④ ・この「抗日民族統一戦線」とは、どんなことをおこなう組織だったのか？
  ⇨日本に共同して戦う (組織)

⑤ ・こうした事態になったのは、「中国は、いま一つにまとまらないと、とんでもないことになってしまう」事件を、日本が引き起こしたからだった。

2. 日中の全面戦争は、なぜ起こったのか？

① ・それは1937年7月(7日)に、北京郊外で日中両軍が衝突した事件が始まりだった。
  ・この事件を、何と言った？
  ⇨盧溝橋事件

② ・ところが、この盧溝橋事件には、おかしな点がある。
  ・【資料：1】にあるが、「どこが、おかしいのか」を考えながら聞いておくこと！
  ▷【資料：1】への線引き (少なくとも以下のうち2点)

③ ・さて、盧溝橋事件、どこがおかしかった？
  →中国の反対を無視して駐兵させている・「兵1名、行方不明」・中国側からの攻撃

④ ・日本軍のやっていることは変だ。
  ・にもかかわらず、当時日本で出された新聞には、このようになっていた！
  ▷ (新聞のコピーを提示)
※・「中国軍が不意打ちを仕掛けてきた」とあり、「中国側が挑発した」ように書かれている。

⑤ ・(思い返すと) 日本は、中国に対して、以前にも同じようなことをやった。
  ・それは、何事件のときだった (か、覚えている)？
  →柳条湖事件

⑥ ・では、このような日本の言いがかりに対して、中国側は反撃を、したのか？ しなかったのか？
  →した・しなかった・・・

⑦ ・中国は、日本軍との武力対決を「避けた」。その上、7月11日には日本軍からの要求を受け入れ、(盧溝橋付近から中国軍を撤退させる)停戦協定に調印までした。中国は、日本との「全面戦争」を回避した。にもかかわらず、日本政府は中国軍幹部の謝罪などの追加要求をした。そのため2週間後には再び両国が衝突する事態となった。
  ・ここまで強引にやった日本政府としては、その後の方針は、どうすべきなのか？
  ・A：更に、戦争拡大の方針を取るべきなのか？ それとも、B：もうここで、戦争不拡大の方針を取るべきなのか？

・Ａ：やはり、戦争拡大の方針を取るべきだと思う人[挙手]！
▷(挙手による人数の確認)
・Ｂ：もうここで、戦争不拡大の方針を取るべきだと思う人[挙手]！
▷(挙手による人数の確認)
・(班内の)グループではなしあい[１分間]！
▷班内のＡ・Ｂ各グループでのはなしあい
※・この後、グループでのはなしあい → 班毎の意見発表と進める
⑧・「実際は、どっちだったのか」というと、日本政府は「不拡大方針」を唱えた[つまりＢだった]。しかし[その方針を唱えたのと]同時に、日本政府は中国に対して「陸軍３個師団の派遣」を決定していた。「もう戦争はしない」と言いながら、「軍隊を派遣」する。
・これでは、「言っていること」と「やっていること」が・・・？
→矛盾している・ちがっている
⑨・日本軍は、再び中国への攻撃を開始した。これには、今まで「全面戦争だけは回避しよう」としてきた中国も、とうとう本気で戦う方針を決めた。その結果、日本と中国は全面戦争に突入することになってしまった。
・この(７月の盧溝橋事件をきっかけに始まった)戦争を、何戦争と言った？
⇨日中戦争
⑩・でも、ついに本気を出して戦争を仕掛けてきた中国軍に対して、日本軍は果たして勝てるのか？
・Ａ：それは、「当然、勝てる」と思う人[挙手]！
▷(挙手による人数の確認)
・Ｂ：いや、「勝つことはムリだ」と思う人[挙手]！
▷(挙手による人数の確認)
・(班内の)グループではなしあい[１分間]！
▷班内のＡ・Ｂ各グループでのはなしあい
※・この後、グループでのはなしあい → 班毎の意見発表と進める

３．日中戦争を、日本軍は、どう考えていたのか？
①・日本は、中国との戦争をどう考えていたのか。
・当時、日本の軍部は、[中国との戦争に]勝てると考えて、いたのか？ いなかったのか？
→勝てると考えていた・・・
②・実際、天皇に対しても、日本の軍部は「中国には勝てる」と約束をしていた。
・では軍部は、どれくらいの期間で中国に「勝てる」と考えていたのか？
→１年・５年・７年・・・
③・そのことは、【資料：２】に載っている！
▷【資料：２】
④・さて、どれくらいだと言っている？
→２ヵ月
⑤・たったの「２ヵ月」。ところが実際は、それから８年間にも及ぶ長い戦争になってしまった。
・どうして、そんなことになってしまったのか？
→・・・
⑥・日本軍と中国軍の戦いについて調べてみよう。

４．日中戦争で、日本軍は中国に対してどんなことをやったのか？
①・(北京郊外の)盧溝橋以外では、日本軍は、どこからも中国に侵攻したのか？
⇨(中国の)南部
②・たとえば、プリントの右下の【地図】を見てみよう！
▷【地図】(プリント＆コピー)
③・[地図では]日本軍は、１年間で、かなり侵略地域を広げていることがわかる。
・また、この地図からわかるように、日中戦争で「戦場」となっている国はどこ？

- 37 -

→中国
④・日本ではなく「中国」だ。
　・［ 日本と中国との戦争なのに ］どうして、戦場は日本ではなく「中国だけ」なのか？
　　→・・・日本が中国を侵略しているから・・・
⑤・つまり、攻め込まれている国が、中国。
　・そして、攻め込んでいる国が・・・？
　　→日本
⑥・ということは、この日中戦争とは、どんな戦争だったのか？［ 日本の・・・？ ］
　　→日本の侵略戦争・・・
※・この助言⑤・⑥は、助言④の発問で「日本の侵略戦争」という意見が出てくれば、省いてよい。
⑦・特に12月になって、日本軍が占領した都市では悲惨なこととなった。
　・日本軍は、どんな都市を占領した？
　⇨上海や当時首都であった南京
⑧・首都の南京では、日本軍は多数の中国人を殺害し、諸外国から「日本軍の蛮行」と非難される事件まで引き起こした。
　・諸外国からも非難された、この事件は、何と言われているのか？
　⇨南京大虐殺
⑨・このとき、日本軍に殺された犠牲者の数は約20万人と言われている。
　・どうして「それ程までの数になったのか」というと、(兵士だけでなく)多くのどんな人までが殺害されたからなのか？
　⇨女性や子ども(を含む多くの中国人)
⑩・これは(「戦闘をしている兵士」ではない)「一般市民」だ。女性や子ども・老人、つまり「抵抗をしない」「できないような」人たちまでも、日本軍は殺害していった。この南京大虐殺は外国でも大きく報道され、日本は世界中から厳しく非難された。
　・それは、何と言って？
　⇨「日本軍の蛮行」
⑪・では、「日本国民」は、この南京大虐殺の事実を、どう受け取っていたのか？
　　→非難した・喜んだ・・・
⑫・(祝賀の様子のコピーを提示して)実は、喜んでいる。
　・でも、世界中から非難される虐殺事件を、どうして喜べたのか？
　　→・・・
⑬・実は、当時日本国民には、この［ 南京大虐殺の ］事実については知らされていなかった。日本国民が南京大虐殺について知らされたのは、日本が戦争に負け、日本の戦争責任について裁かれた東京裁判のときだった。しかし、最も重要なのは、中国の人たちが、この大虐殺をどう見ているかだ。
　・大虐殺から70年以上もたった現在、中国の中学生たちは歴史の授業で、どのように学んでいるのか？
　　→・
⑭・ここに中国の歴史の教科書を日本語に訳したものがあるので、「どのように書かれているのか」を紹介しよう（『世界の教科書＝歴史　中国』P194〜195）。「射撃練習の的にされ、刀で切られ、石油で焼き殺され、生き埋めにされ、はては心臓をえぐり取られる者もあった」。最後に「敵の凶悪さ残虐さは、全国人民のたとえようのない憤怒を激しくよび起こしたのであった」と締めくくってある。今の中国の人たちは、この「大虐殺」について、このような事実を学んでいる。日本の教科書とは、かなり違っている。この事実は、日本人としては、知っておかなければならないだろう。
　・なぜなら、きちんとした証拠も残っているからだ！
　▷(コピーを提示)
※・『写真記録・日本の侵略　中国　朝鮮』の中の写真を拡大コピーしたものに、解説を加えながら見せていく。

5．中国は、日本の侵略行為に対してどう立ち向かっていったのか？

①・ところで中国の人たちは、このような侵略に対して、Ａ：もう、とても抵抗できないという感じになると思う？　それとも、Ｂ：その逆になると思う？
　・Ａ：これでは、もう、とても抵抗できないとなると思う人［挙手］！
　▷（挙手による人数の確認）
　・Ｂ：いや、逆に、激しく抵抗するようになると思う人［挙手］！
　▷（挙手による人数の確認）

②・中国の教科書にもあったけど、「憤怒を激しくよび起こしました」と。だから初めに説明したように、対立していた中国国民党と中国共産党でさえ、日本に抵抗するために国共合作をおこない、抗日民族統一戦線をつくったわけだ。

③・学習プリントの最後にある【２枚の写真】を見てみよう！
　▷資料の【写真２枚】

④・左側の写真には、何と書いてある？
　→打倒日本帝国主義

⑤・この写真には、駆逐日匪と書かれている。意味は、「日本の強盗を追い払え」という感じだ。しかし、何も中国ばかりじゃない。満州では遊撃隊が作られ、朝鮮でも日本からの独立の戦いが続いていた。にも関わらず、日本は、このあとも大量の兵士を中国へと送り込んでいった。
　・資料の右の写真を見ると、日本人は、どんな気持ちで兵士を中国へ送り出していたと考えられる？
　→喜んで・・・

⑥・そんな光景が、日常的になってくる。
　・この写真なんかもそうだ！
　▷（出征祝の拡大コピーの提示）

⑦・でもどうして、日本は、そんなに大量の兵士を送り込むのか？
　→中国に勝つため

⑧・だが、いくら「中国に勝つため」とはいえ、本当にここまでやる必要があるのか。
　・もう、ここらへんで止めるべきではないのか？
　・Ａ：すでに、ここまでやったのだから、［中国との戦争は］もう止めるべきだと思う人［挙手］！
　▷（挙手による人数の確認）
　・Ｂ：いや、そんなことない。ここまでやったのだから今さら止めるべきではないと思う人［挙手］！
　▷（挙手による人数の確認）
　・さあ、どうなのか？
　・班内で、はなしあい［３分間］！
　▷班内でのはなしあい

※・ここから、班内でのはなしあい　→　学級全体での討論へとつなげていく
※・意見プリントに自分の考えをまとめさせるという形で授業を終わり、次の授業へとつなげる。

※・あるいは、ここまでの時間が取れなければ、次のようなまとめ方にする。
⑧・では、最後に、ここまで勉強してきて、日本のやっている戦争について感じたことや考えたことを、意見プリントに書いてもらおう！
　▷意見プリントに記入

<参考文献>

安井俊夫『学びあう歴史の授業』青木書店

安井俊夫「中国の日本軍・Ⅰ」『歴史の授業108時間　下』地歴社

『世界の教科書＝歴史　中国』ほるぷ出版

『写真記録・日本の侵略　中国　朝鮮』ほるぷ出版

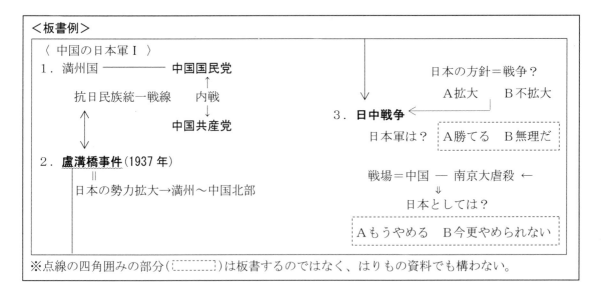

★授業〈 中国の日本軍Ⅰ 〉について

　この授業案でも、話し合い活動を3回設定している。しかし、指導言の数が多いためにテンポよく流していかないと、授業最後の提言5（中国は日本の侵略行為に対して、どう立ち向かっていったのか）の助言⑧（いくら中国に勝つためとはいえ、もう止めるべきではないのか）の討論が中途半端になってしまう可能性がある。中途半端で終わるようであれば、この場合には討論するよりは意見プリントに個人で意見を書かせて終わらせるようにしている（2つ目の助言⑧）。それは、この授業が内容的には2時間続きの1時間目の授業に相当するため、次の時間につなげることを考えてのことである。

　2つの助言⑧の違いは、1つ目が結論を選びその理由を書くもの、2つ目は授業内容の感想を書くものということである。どちらがより良い方法なのかと言えば、1つ目のやり方である。それは感想を書くよりも生徒には書きやすいということと、単なる感想よりも「やめるかどうか」という明確な視点で考えさせていた方が、単元終盤の授業で15年戦争をふり返らせる場合に考えさせやすいからだ。

　なお、提言4の助言⑮で見せる虐殺の写真に対する生徒の反応では、「ひどい」「考えられない」「はじめて知った」「気持ち悪い」などの声が聞かれる。にもかかわらず、「今更やめられない」の意見も多い。こうした意見が生徒から出てくるのは、写真に写されている事実が戦争により引き起こされているという事実に結びついていないからのように感じる。また「日本軍はひどいことをやっている。しかし戦争は今更やめられない」との意見が出て来るのは、「自分たちがやるのは、かまわない」という感覚を持っているからではないかと感じている。だからこそ、単元の後半で、「では、同じことを自分たちがやられることはどうなのか」と立場を逆転させて考えさえることの必要性を感じる。

　こうして、この〈 中国の日本軍 〉の授業は15年戦争の単元における1つ目の山場になっている。

[85] 中国の日本軍（その２）

◎平頂山事件を具体的に紹介して、そこに現れた日本軍の戦争のやり方と、他方で、このことに対する中国の抵抗の方法をつかませる。

1．大量の人骨が、なぜ出てくるのか？

① ・前の授業に続き、「日本軍が、中国でどのように戦ったのか」を見ていく。
　・まず、【資料：４】の写真を見てみよう！
　▷【資料：４】

② ・そこにあるのは「人骨」。
　・この人骨は、「埋葬されたもの」に見える？（見えない？）
　→見えない・・・

③ ・大量に、しかも雑然と、人骨が散在している。
　・ここにも同じような写真があるが、とても「埋葬した」とは思えない！
　▷（コピーの提示）

④ ・朝日新聞の記者だった本多勝一という人が、1971年に中国を訪ねたとき、「平頂山」で「日本軍による大虐殺がおこなわれた」と聞いて、取材に行った。案内の中国人が現地を掘ると、いきなり、この写真のような人骨が現れた。
　・一体ここで、どんなことがおこなわれたのか？
　→（この発問は、投げかけのみ）

⑤ ・日本が1932年３月に建国した国は、何と言う国だった？
　→満州国

⑥ ・その満州国の建国に反対する中国のゲリラ隊約1,000人が、1932年９月に南満州鉄道が経営する撫順炭鉱を襲撃した。日本の関東軍は、そのゲリラをかくまったとして平頂山の住民を虐殺した。その事件が 平頂山事件 と言われる。

2．平頂山で、日本軍は何をおこなったのか？

① ・この本［『中国の旅』］には、本多記者が見たこと聞いたことが書かれている。日本軍が、「平頂山で、どんなことをやったのか」が、具体的に出てくる。
　・今から紹介するので、静かに聞いておくように！
　▷（教師による読み聞かせ）
※・以下、要点だけを記すが、詳しくは『中国の旅』を、実際に読んで聞かせる。

> ・日本軍の３台のトラックがやってきて、住民を家から追い出し崖際に集める。集められた住民の数は約3000人。奇跡的に生き残った３人のうち、夏さんも住民のさけび声・泣き声の中を崖際まで追い立てられる。さらに、もう３台トラックがやってくると、機関銃を取り出し、日本軍は住民へ一斉射撃をおこなう。兄は頭をぶち抜かれ、夏さんも腕を撃ち抜かれたが、凹地を利用して畑の方へ逃れた。
>
> ・韓（ハン）さんは、一斉射撃で殺される住民たちの真っただ中にいた。まわりは血だらけの死体で、その中に埋まっていた。始めは、そばの父もまだ生きていたが、日本軍は生存者がいないかを確かめ始め、そのとき日本軍の剣が父を突き差した。
> まだ子どもだった韓さんは、ジッと動かずにいて目こぼしになって助かった。
>
> ・趙（チャオ）さんも、虐殺されている人々の中にいた。趙さんは母の下になっていた。その母に銃弾が当たり、その血が趙さんの首に落ちてくる。
> 趙さんは大声で泣くが、母は「泣かないで！　殺される！」とさけび、趙さんを黙らせる。
> ・日本軍の検査が始まり、まだ生きていた母に銃剣が貫通した。しかし、その下になっていた趙さんは身体を震わせながらも、黙って耐えていた。
> ・日本軍は、こうして3000人の住民を皆殺しにしたあと、死体を石油で焼いた。そして、さらにダイナマイトで崖をくずして、これらの死体を埋めてしまった。

※・教師が感情を込めて（もっとも込めざるを得ないが）、しっかりと読んでやるほど、内容が良く伝わる。
② ・この写真は、このときの遺体の一部だ。
　　・何人かに、日本軍のやったことを聞いていての感想を言ってもらおう！
　　→・・・
※・挙手発言がなかったら、指名して３～４人に指名発言として発表させる。
③・これは「人間のやるようなことじゃない」「日本軍は、狂っている」としか言いようがない。「日本軍は、中国人を同じ人間としては見ていない」
　　・日本軍は、なぜ、こんなやり方をするのか？　日本軍が、考えそうなことは何だろうか？
　→みせしめ・自分たちがやられる・・・
④・「中国人の抵抗が強いので、全員殺してしまえ」となった。早く降伏しないと、住民を全て殺すぞと中国軍をおどす。なかなか中国軍に勝てないというあせりが出てきた。中国人は普通の人も抵抗をするので、皆殺しにするしかないと考えた。こういう考え方が、日中戦争では常に日本軍の中にあったと見ていいのではないだろうか。前回の授業の「南京大虐殺」でも同じような残虐な行為があった。そんな作戦を考える日本軍の上層部の人は、もともと軍人で戦争を専門にしている。しかし、実際の戦場でたくさんの中国人を虐殺した日本兵は、徴兵令で集められた一般の国民に過ぎなかった。
　　・元々は、そんな普通の国民に過ぎない日本兵は、こうした大虐殺をやることをどう思っていたのか？
　→（まずは投げかけのみ）
⑤・こうした戦いが、Ａ：本当に日本のためになると信じてやったのか？　あるいは、Ｂ：上からの命令でやっていたのか？　それとも、Ｃ：それ以外に、「何か」理由があってやっていたのか？
　　・班内ではなしあい［　３分間　］！
　▷班内でのはなしあい
※・ここから班内のはなしあい　→　学級全体の討論へとつなげる
　　　ただし、時間がなかったら、意見プリントに真っ直ぐ自分の考えを書かせる。
⑥・では、いま出た意見を参考にして、自分の意見を書いてみよう！
　▷意見プリントへの記入

3. 中国の国土に対して、日本は、どんな攻撃をおこなったのか？
①・果たして、どうだったのか。
　　・前の授業で出てきた上海や南京での日本軍の様子から、もう一度考えてみよう！
　▷ビデオ『日中戦争』から「上海空爆・南京での虐殺」を８分程度（22:11 ～ 29:32）視聴する
②・こうした攻撃で、殺されていったのは、中国のどんな人たち？
　→一般の人たち・子ども・女性・老人・・・
③・日本兵は、どんなことを考えて、このような［　兵士でない　］一般の人たちを大勢殺す攻撃（無差別爆撃）をおこなったのか？
　→（投げかけのみ）
④・こうした攻撃は、Ａ：戦争なんだから当然なのか？　Ｂ：仕方ない攻撃なのか？　Ｃ：いくら戦争とは言え、すべきではないのか？
　▷（挙手による確認のみをおこなう）
※・このビデオでの空爆の場面に関する助言は、後に日本がアメリカから攻撃されることを取り扱う授業（〈町は火の海〉）での布石とするので、そのための助言としてうっている。

4. 中国人は、どのような抵抗の方法を取ったのか？
①・日本のこのような攻撃に対して、中国側は、どうしたのか？
　→（この発問は、投げかけのみ）
②・【資料：６】に出ているので、見てみよう！
　▷【資料：６】
③・ここには、中国共産党のリーダー毛沢東が、「日本と、どのように戦うのか」が書かれている。
　　・毛沢東は、「この戦争で、中国が最後には勝利する」と言っているけど、どうだろうか？　Ａ：そんなことにはならないと思う？　それとも、Ｂ：いや、そのとおり、中国の勝利になると思う？　どっ

ちだと思う？
　　　・（班内の）グループではなしあい［ 1分間 ］！
　　▷班内のＡ・Ｂ各グループでのはなしあい
※・この後、グループでのはなしあい　→　班毎の意見発表と進める
※・時間の都合では、挙手による人数の確認のみにとどめる
④・確かに、両方考えられる。また毛沢東は、「中国が勝利できる」という点を、具体的に、いくつかあ
　　げている。果たしてそれらのことは、正しいのかどうか。
　　・「日本の戦争は不正義で野蛮だ」というのは、正しいのか？　間違っているのか？
　　→正しい・・・
⑤・「中国の戦争は『正義の戦争』だから、人民の団結を呼びおこし、世界各国の援助を勝ち取る」
　　・これは正しいのか？　間違っているのか？
　　→正しい・・・
⑥・では実際に、「中国を援助する国」は、あったのか？
　　→あった・・・
⑦・中国を援助する国、それは、どこだったのか？
　　→アメリカ・イギリス・フランス・ソ連
⑧・「戦争が長引けば長引く程、中国は有利だ」というのは、正しいのか？　間違っているのか？
　　→正しい・間違っている・・・
⑨・「日本の戦い方」と、「中国の抵抗の仕方」の両方をザッと見たけど、この戦争が毛沢東の言う通りに
　　なるのかどうか。その点からも、このあとの授業をしっかりとやっていこう。
※・この授業を2時間扱いとして「提言3」から始めた場合には、最後に意見プリントを書かせて終る（ただし、でき
　　るだけ1時間の授業で終わるようにする）。
⑩・最後に、ここまでを学習してきて、日本のやっている戦争について、感じたこと・考えたことなどを
　　意見プリントに書いて終わりにしよう！
　　▷意見プリントへの記入

＜参考文献＞

安井俊夫「中国の日本軍・Ⅱ」『歴史の授業108時間　下』地歴社
安井俊夫『学びあう歴史の授業』青木書店
本多勝一『中国の旅』朝日新聞社
『写真記録・日本の侵略　中国・朝鮮』ほるぷ出版

＜板書例＞

〈 中国の日本軍Ⅱ 〉

４．平頂山事件　　　　　　　　　　　　５．無差別爆撃・南京虐殺
　　　日本軍の蛮行　　　　　　　　　　　　　Ａ当然　Ｂ仕方ない　Ｃすべきでない
　　　Ａ信じて　Ｂ命令で　Ｃその他
　　　　　　　　　　　　　　　　　　　６．中国の反応

※点線の四角囲みの部分（□□□□）は板書するのではなく、はりもの資料でも構わない。

★授業〈 中国の日本軍Ⅱ 〉について

　この授業案では提言は4つだが、指導言は少ない授業案になっている。それは、教師の読み語りがあるからだ。その読み語りを受けて、提言2（平頂山で日本軍は何をおこなったのか）の助言⑤（こうした戦いが本当に日本のためになると信じてやったのか、上からの命令でやっていたのか、それ以外に何か理由があってやっていたのか）での討論としている。ただ、ここではもう少し工夫が必要である。
　たとえば、選択肢Ｃの内容を、もう少し適切なもの（具体的なもの）に変えるか、あるいは選択肢Ａ

・Bの内容を、「自らの意志でおこなったのか」「命令でやらされたのか」「いつの間にかおこなうようになっていたのか」などに変えることを考えている。ただ、そのような考えがあるにもかかわらず、未だに変更をしていないのは、以下の理由による。

　徴兵により兵隊とされたのは、それまで普通に生活をしていた人であり、職業軍人ではない。そんな人たちが虐殺をおこなっている。ということは、そう変わって行く過程を取り扱わなければならない。戦場へ行くまで、あるいは戦場での軍隊の訓練や生活について詳しくわからないと、「なぜ普通に生活していた人が、戦場で虐殺をするようになっていったのか」を考えて判断することは難しい（考える根拠となる事実がないからだ）。しかし一方では、「軍隊での訓練や生活までを、授業で詳しく学ばせる必要があるのか」という疑問もあり、また「現実的に、そうした内容を取り扱うための時間が取れない」という事情もあることから、助言⑤を変更できずにいる。

　この授業案で計画しているビデオは『日中戦争』だが、中国での日本軍の様子がわかる内容のものであれば、その他のビデオでもよい。なぜなら『日中戦争』はアメリカで製作された映画なので、全体的には内容に偏りが感じられる場面があるからだ（そうした場面は視聴させていない）。それでもこのビデオを使っているのは、上海への空襲場面が出てくるためである。

　当時（1937年8月）日本軍は、世界で初めて首都への本格的な無差別爆撃（軍人と市民を区別しない空襲）を開始した（南京空襲）。そして、1940年には、遷都した首都・重慶に対して、より大規模な無差別爆撃をおこなうようになる。上海でも、もちろん無差別爆撃をしており、ビデオに出てくるその場面が、後に学習する東京大空襲に対する伏線となるために視聴させている。つまり、中国の上海に対して日本がおこなった攻撃方法が、戦争末期には首都東京に住む日本の人々に対してアメリカ軍に採用されることになる。そのことについて生徒に考えさせるとき、この場面が意味を持ってくることになるため視聴させている（ただし、このビデオは日本の軍艦を爆撃しようとした中国軍爆撃機が高射砲の砲撃を受けて損傷し、国際租界に爆弾を落としてしまったときの映像である可能性もあるため、重慶爆撃のビデオがあれば、それに差し替えたい）。

　なお、ここでは意見プリントを2つ用意しているが、その両方を使うのではなく、授業での様子を見て使用する意見プリントを決めて生徒に意見を書かせている。

歴史 学習プリント 〈15年戦争：5－1〉

■日本は、とうとう中国と全面戦争を始めてしまった。日本は、どんなことからこの戦争を始めたのか？　この戦争で日本は、中国は、一体どうなっていくのか？

1：【 盧溝橋事件の発端 】

　1936年4月、広田内閣は（日本の）支那駐屯軍を1800人から5800人に増強することを決定し、北京郊外の豊台に駐兵させた。しかし豊台は北京の守備の要で、わずか300m先には中国軍の兵営があるため、中国政府は（日本軍の）駐兵に強く反対していた。

　1937年7月7日、北京郊外の盧溝橋付近で、日本軍の一中隊が夜間演習をおこなっていた。そのときの様子を、この中隊の清水節郎・中隊長は、次のように手記に残している。

　「この夜は、まったく風がなく、空は晴れているが月はなく、星空に遠くかすかに盧溝橋城壁と、かたわらで動く兵の姿が、わずかに見えるばかりであった。

　午後10時ごろ、前段の訓練を終わり、明朝、黎明（＝夜明け）まで休息（＝野営）するため、私は各小隊長、仮設敵指令に伝令を持って「演習中止、集合」の命令を伝達させた。しかるに、仮設敵の軽機関銃が射撃を始めた（空砲）。

　『演習中止なったのを知らず、仮設敵が伝令を見て射っているのだろう』と見ていると、突如、後方から数発の小銃射撃を受けた。今度は『実弾だ』と直感した。急ぎ集合ラッパを吹奏させると、ふたたび右後方から十数発の射撃を受けた。

　人員点呼をすると『兵1名、行方不明』の報告を受け、ただちに捜索を始めるとともに、豊台にある大隊長に、この状況を報告した」

　この後、再び「銃声あり！」という報告が大隊長から、さらに北京にいた連隊長に届く。「これは、中国軍の敵対行為なり」とした連隊長は"戦闘命令"を出す。

※　この「兵士1名不明」というのは、「用便中だった」とか「道に迷っていた」とか言われているが、この兵士（後に戦死した志村菊次郎）は、道に迷って中国兵の陣地に近づいたため発砲されたが、しかられるのを恐れて、このことを「隠していた」という真相を、NHKテレビの取材が、生き残りの兵士たちから明らかにしている。

——（『15年戦争史学習資料　上』より）——

2：【 日本軍の見通し 】

杉山陸相「事変は、2ヵ月で片づきます」と天皇に約束した。

参謀本部『南京を占領すれば、（中国の）国民政府は抗戦を断念する可能性が多い』と判断した。

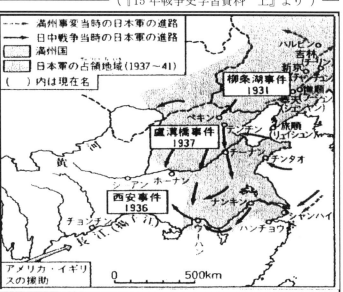

歴史 学習プリント〈15年戦争：5-2〉

■中国との全面戦争を始めてしまった日本。戦場となった中国国内で、日本軍はいったいどんなことをやっていたのか？　日本のやり方を中国は、世界はどう見ていたのか？

3：【 日本軍が南京でやったこと 】

　南京に着任して・・・、私の信念が根底から揺り動かされたのは、実に、この1年間であった。いわば"聖戦"というものの実態に、驚き果てたのである。罪もない中国の人民に対して犯した、いまわしい暴虐の数かずは、今さらここにあげるまでもない。

　かかる事変当初の一部の将校の残虐行為、中国人の対日敵愾心をイヤが上にもあおりたて、およそ"聖戦"とは思いもつかない結果を招いてしまった。

（ 三笠宮崇仁　『帝王と墓と民衆』　光文社 ）

南京に入城した元上等兵の日記

　12月12日、いよいよ南京城陥落の日！　・・・午後4時45分、早くも南門城壁に日章旗は晩秋の空高く掲げられたのである。一番乗りをなし得たことは、我ら生涯の誇りとて、男児の本懐を語ることができるだろう。

　12月15日、今日、逃げ場を失った約2,000名が白旗を掲げて降参する一隊に会う。老若とりまぜ、服装万別、武器も何も捨ててしまって大道に、婉々ひざまづいた有様は、まさに天下の奇観ともいえよう。処置なきままに、それぞれ色々の方法で殺してしまったらしい。近ごろ徒然なるままに罪も無い中国人を捕まえてきては、生きたまま土葬にしたり、火の中に突き込んだり、木片で叩き殺したり、全く中国兵も顔負けするような惨殺を、あえて喜んでいるのが流行し出したようす。

（ 朝日新聞 1984年8月5日 ）

元東京朝日従軍特派員　今井正剛の証言

　「勝ち戦さの軍隊がおこなった行為だ」とは、考えられぬ気がする。何かに追い詰められた者の「やけくそその大暴れ」だったのではあるまいか。事実、上海市街戦以来、大場鎮の攻撃から南京攻略戦に至るまで、あまりにも勇猛果敢な中国軍の抗戦ぶりであった。

　「何の支那兵」と見くびっていたのが、「こんなはずじゃなかった。恐ろしい敵だ」と言う恐怖に変わって、その恐怖が（ 日本軍 ）全軍を支配していたのだ。

（「南京城内の大虐殺」『特集・文芸春秋』1956年12月号 ）

□ 中国 □

※建物の壁には、「駆逐日匪」「打倒日本帝国主義」と書かれている。

■ 日本 ■

歴史 意見プリント 15年戦争：05 〈中国の日本軍Ⅰ〉

３年　　組　号（　）班：名前

■次の質問に対して、自分の考えを書いてみよう！

1. 質問

■日本は、中国に対して無差別爆撃や南京大虐殺のように一般の人々（女性や子ども・老人など）を攻撃するという方法を取り、さらに日本の一般の国民を兵士として大量に中国に送り込んだ。しかし、いくら「中国に勝つため」とは言っても、もう中国との戦争は、ここらへんで、やめるべきではないのか？

2. 結論

A：もう中国との戦争はやめるべきだ　　B：いや、ここまでやってやめるべきではない

Ⅰ（これまでの授業内容）	世界恐慌　財閥　満州事変　満州国　日本の武力侵略　勧告　国際連盟の脱退　五・一五事件　犬養毅暗殺　政府　二・二六事件　軍部　軍国主義　治安維持法
Ⅱ（今回の授業内容）	抗日民族統一戦線　盧溝橋事件　全面戦争　戦争不拡大　日中戦争　無差別爆撃　女性　子ども　南京大虐殺　中国国民党　中国共産党　蒋介石　毛沢東　内戦　長期戦

※「自分の考え」には、結論を出した根拠となる歴史的事実を上のⅠ・Ⅱから最低1つ以上を選び○でかこみ、必ず下の文章に書き入れること

3. どうして、そのような結論を出したのか？（「自分の考え」）

_____
_____
_____
_____
_____
_____
_____

〈 授業方法・内容について質問・意見・考え・感想などあったら自由にどうぞ！ 〉

歴史 学習プリント 〈15年戦争：5－3〉

■日中戦争で、日本は中国に対して、さらに、どんなことをしたのか？ なぜ、そんなことをしたのか？ 中国人は、それに対して、どうしたのだろうか？

4：【 散在する人骨 】

（『写真記録　日本の侵略中国・朝鮮』ほるぷ）

・・・（中略）・・・ さながら、この世の"地獄"となった。

5：【 中国の歴史教科書（中学）】

　日本侵略軍は、いたるところで焼き、殺し、奪い、残虐の限りをつくしたため、無数の都市と農村が廃墟と化し、何千万、何百万の中国人が殺された。

　日本軍は南京を占領した後、気違いじみた大虐殺を展開した。南京で平和に暮らしていた住民は、射撃練習の的にされ、刀で切られ、石油で焼き殺され、生き埋めにされ、はては、心臓をえぐり取られる者もあった。

　1ヵ月あまりの間に殺された者は30万人を下らず、焼かれたり壊されたりした家屋は、全市の3分の1に達した。

（『中国　2』　世界の教科書＝歴史　ほるぷ）

6：【 この戦争は、中国が勝利する 】　　毛沢東の「持久戦について」

　この戦争は持久戦になるし、また、そうしなければならない。この戦争は、中国が最後に勝利するし、また、そうしなければならない。日本のやっている戦争は、帝国主義戦争であって、不正義で野蛮な戦争である。これは、やがて日本が失敗する原因になる。

　中国は弱国であり、軍事力・経済力に劣っている。しかし、中国のやっている戦争は、進歩的であり、正義の戦争である。だから、全国的な人民の団結を呼び起こす。さらに、敵国の人民の同情も呼び起こし、世界大多数の国の援助を勝ち取ることができる。

　以上のことから、戦争が長引けば長引くほど我々は有利になり、勝利に近づく。敵が強く我が方が弱い場合、このような持久戦の戦術を取らなければならない。

（『毛沢東選集　3』　三一書房）

← 平頂山で発見された中国人の遺骨

← 南京中山門を占領した日本軍

歴史 意見プリント 15年戦争：05 〈 中国の日本軍Ⅱ 〉

3年　　組　　号（　）班：名前

■次の質問に対して、自分の考えを書いてみよう！

1. 質問
■日本軍の兵士は、どうして「南京大虐殺」や「平頂山事件」などで残酷な行動をおこなったのか？　非戦闘員である多数の中国人を虐殺していった日本軍兵士は、徴兵令で集められた一般の国民に過ぎなかった。そんな人たちが、どうして、あんな残酷なことができたのか、自分の考えを書いてみよう。

2. 結論

A：日本のためと信じていたから　　B：上からの命令でおこなった　　C：その他の理由でやっていた

| Ⅰ（これまでの授業内容） | 世界恐慌　満州事変　日本の武力侵略　国際連盟脱退　五・一五事件　犬養毅暗殺　二・二六事件　軍国主義　抗日民族統一戦線　盧溝橋事件　全面戦争　日中戦争　南京大虐殺 | Ⅱ（今回の授業内容） | 平頂山事件　村人　子ども　女性　老人　大虐殺　日本兵　無差別爆撃　不正義の戦争　正義の戦争　援助国　アメリカ　イギリス　フランス　ソ連　長期戦 |

※「自分の考え」には、結論を出した根拠となる**歴史的事実**を上のⅠ・Ⅱから最低1つ以上を選び〇でかこみ、下の文章に必ず書き入れること

3. どうして、そのような結論を出したのか？（「自分の考え」）

_____

_____

_____

_____

_____

_____

_____

〈 授業方法・内容について質問・意見・考え・感想などあったら自由にどうぞ！ 〉

歴史 意見プリント 15年戦争：05 〈 中国の日本軍Ⅱ 〉

３年　　　組　　　号（　）班：名前 _____

■次の質問に対して、自分の考えを書いてみよう！

１．質問　　■ここまで学習してきて、日本のやっている戦争について、感じたこと・考えたことなど自分の考えを書いてみよう。

Ⅰ（これまでの授業内容）	Ⅱ（今回の授業内容）
世界恐慌　満州事変　国際連盟脱退　五・一五事件　二・二六事件　軍国主義　抗日民族統一戦線　盧溝橋事件　全面戦争　日中戦争　南京大虐殺	平頂山事件　村人　赤ちゃん　子ども　女性　妊婦　老人　大虐殺　日本兵　徴兵令　無差別爆撃　毛沢東　中国の勝利　不正義　野蛮　中国を援助する国　アメリカ　イギリス

※「自分の考え」には、結論を出した根拠となる**歴史的事実**を上のⅠ・Ⅱから最低１つ以上を選び○でかこみ、下の文章に必ず書き入れること

２．日本のやっている戦争について感じたこと・考えたことなど（　「自分の考え」　）

_____
_____
_____
_____
_____
_____
_____
_____

〈 授業方法・内容について質問・意見・考え・感想などあったら自由にどうぞ！ 〉

[86] ぜいたくは敵だ！

◎国民を戦争に駆り立てるために、どのように国民生活を統制していったのかを紹介し、そうした体制を国民は、どう見ていたのかを考えさせる。そして、兵役を拒否した兵士の存在から、国民は、どうして戦争に協力したのかを考えさせる。

1. 戦時中のスローガンには、どんなものがあったのか？

① ・戦争中、日本国民の生活は、どうなっていたのか。
　・たとえば、中国との戦争が長引いてくると、日本国内でこんなスローガンが見られるようになった！

　A：ぜいたくは敵だ！
　B：欲しがりません　勝つまでは！
　C：たらぬたらぬは工夫がたらぬ

※・右の3つのスローガンを板書しておくか、カードに書いて提示する。

② ・（「ぜいたくは敵だ」のスローガンを示しながら）こんなスローガンを出して、政府は国民に何をさせようというんだろうか？
→（国民に）我慢・辛抱・ぜいたくをするな・・・

③ ・当時のスローガンで、もう1つ、「欲しがりません　勝つまでは」。これは、特に子どもに向けての標語だった［子どもにも「新しいものは、買いません」と決意をさせているわけだ］。
　・「ぜいたくはするな」とか、「［我慢しろ］貧乏しろ」などということを国民に要求する日本政府の狙いは何だったのか？
→戦争を続ける・戦争に協力させる・・・

④ ・【資料：1】のCのマンガを見ると、子どもが「決戦だ」と言っている！
▷【資料：1】・C

⑤ ・「子どもまでが口にする」ということは、国民の眼は何に向けさせられていたのか？
→戦争・・・

⑥ ・政府は、国民全体が「決戦」へと向かっていく空気を造り出していた。しかしそれは、「スローガン」だけではできない。具体的には、どんなことがおこなわれたのかを調べてみよう。

2. スローガンの下、国民の生活は、どうなっていったのか？

① ・日中戦争が泥沼化し長期戦になっていくと、政府は、何を目標としたのか？
⇨「挙国一致」

② ・「挙国一致」を目標にした政府は、全ての国民を何に向かわせようとしたのか？
⇨戦争

③ ・そのため、1938年（4月）に政府は、何という法律を定めたのか？
⇨国家総動員法

④ ・この『国家総動員法』によって、政府は、どんなことができるようになったのか？
⇨国民を強制的に工場で働かせること

⑤ ・そのために、徴用の命令が、出されるようになった。徴用とは、「人を駆り出す」こと。実は「人間」ばかりでは、なかった。徴発と言って、［政府は］国民から「物資」も取り上げていった。
　・では、どんな物資を、国民から徴発したのか？
→・・・

⑥ ・「こんなものを『各家庭から出して欲しい』」と書いた紙が、回っていた！
▷【資料プリント「鉄と銅をお国のために」】

⑦ ・ここには、何を「出して欲しい」と書いてある？
→鍋・釜・フェンス・鉄・銅・・・

⑧ ・でも、「鉄」や「銅」などを家庭から出してもらって、「何に使おう」というのか？
→兵器の材料・原料・・・

⑨ ・もし、「イヤだ」と断ったら、どうなったと思う？

- 51 -

→逮捕・捕まる・牢屋に入れられる・・・
⑩・懲役刑、最高で3年もの刑があった。しかし、家庭にある「鉄や銅製品」までを徴発しないと、武器が造れない。
　・そんな状況で、本当に日本は、戦争を続けることができたのか？
　　→（ 投げかけのみ ）

3．国民生活には、どんな統制があったのか？
①・ところで、『国家総動員法』が「つくられた」流れとは逆に、軍部に抵抗することをやめて、1940年に解散して「無くなった」ものがあった。
　・それは、何？
　⇨政党
②・「政党」がなくなってしまったら、日本の政治は、誰がおこなうことになるのか？
　　→軍部・一部の政治家・・・
③・ところで、解散した政党は、何に合流していったのか？
　⇨大政翼賛会
④・この「大政翼賛会」というのは、どんな組織だったのか？
　⇨戦争に協力するための組織
⑤・「大政」とは「天皇の政治」、「翼賛」とは「それを助ける」という意味。
　・つまり[政党や政治団体の代わりに]、新たに結成されたのが大政翼賛会だったということは、当時の日本の政治は、誰のためにおこなわれていたのか？[国民のため？　それとも・・・？]
　　→天皇・軍部・・・
⑥・このため、学問・思想・表現の自由に対しては、厳しく制限が加えられた。つまり、国民は「沈黙」させられていた。
　・でも、そうやって、「国民を黙らせておかないと『困る』」のは、誰だったのか？
　　→軍部・天皇・・・
⑦・決戦ムードの中、国民に自由にモノを言わせたら、戦争が進めにくくなる。さらに国は戦争を進め易くするために、日常生活にも制限を加えた。
　・例えば、物資が不足してくると、何が始まった？
　⇨衣料品や食料品の統制
⑧・物資が統制されるようになると、物が自由に買えなくなった。
　・たとえば、どんな物が[自由に買えなくなったのか]？
　　→砂糖・燐寸・木炭・綿製品・・・
⑨・自由に買えなかったのなら、どうやって手に入れていたのか？
　　→もらう・配給・・・
⑩・実は、こんなもの[＝切符]がないとダメだった！
　　▷【衣料切符の復刻版】

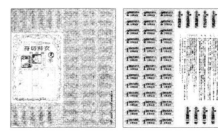

4．戦時下の国民の意識は、どうだったのか？
①・国の統制は結婚にまで及んでいた。
　・当時の、初婚の平均年齢は、何歳ぐらいだったと思う？
　　→20歳・25歳・・・・
②・男子で29.5歳、女子で25歳（1942年）。そこで政府は、女子は「21歳」で結婚するよう促した。
　・でも、なぜ女子は「21歳」で結婚だったのか？
　　→（ この発問も投げかけのみでよい ）
③・それは、「21歳ぐらいで結婚する」と、だいたい「5人ぐらいの子どもが産める」計算からだった。政府は、そんな「子どもの数」のことにまで口を出していた。
　・というのも、この産まれてくる赤ちゃんは、男子と女子とどっちが良かったのか？
　　→男子

④・「男子がいい」理由は、何？［ 男子だと、将来何にしようというのだろうか？ ］
　→兵士・兵隊・・・
⑤・そのため結婚相手についてもスローガンがあった。

A：心身ともに　健康な人を選べ	B：悪い遺伝子のない人を選べ
C：産めよ　育てよ　国のため	D：生めよ　殖やせよ

※・以上の内容を板書するか、カードをつくっておき黒板に貼る。
⑥・さて、こうした動きを、国民はどう考えている者が多かったのだろうか？
　・A：「［ 日本のためだから ］文句を言うことなく、当然、政府には従うべきだ」と考えていた国民が多かったと思う人［ 挙手 ］！
　▷（ 挙手による人数の確認 ）
　・B：「［ 日本のためだから ］大変ではあるが、従わないと仕方がない」と考えていた国民が多かったと思う人［ 挙手 ］！
　▷（ 挙手による人数の確認 ）
　・C：「いくら政府のやることでも、反対していかなければいけない」と考えていた国民が多かったと思う人［ 挙手 ］！
　▷（ 挙手による人数の確認 ）
　・果たして、どんな国民が多かったのか？
　・（ 班内の ）グループではなしあい［ １分間 ］！
　▷班内のＡ・Ｂ各グループでのはなしあい
※・この後、グループでのはなしあい　→　班毎の意見発表と進める
⑦・確かにAやBの人が多かったのが事実だろう。しかし、国民の多くが「戦争反対」を主張していればいろいろな統制もなかったはず。実際、数は多くないが「戦争反対」の行動を取った人たちもいた。例えば、「落書き」という形で反戦をあらわした。町に貼られた「ぜいたくは敵だ」の標語に、誰かがイタズラをした。この標語に「１字書き加えて」、全く逆の意味にしてしまった。
　・さて、どうやったのか？
　→・・・
⑧・「ぜいたくは 素 敵 だ」というわけだ。ではもう１つ、同じような例を。「たらぬたらぬは、工夫がたらぬ」の標語に対しては、「１字削って」抵抗の気持ちをあらわした。
　・さて、どうやったのか？
　→・・・
⑨・「たらぬたらぬは 夫 がたらぬ」。「たらないのは、工夫ではなく、夫なんだ」と言っている。
　・なぜ、夫が足らないのか？
　→戦場に行っているから・兵隊として出兵しているから・・・

5．なぜ日本国民は、戦争反対の行動を取らなかったのか？

①・しかし、落書き程度の抵抗では、迫力がない。
　・もっと、はっきりとした抵抗はなかったのだろうか？
　→・・・
②・実は、軍隊の中に、「堂々と反対した人」がいた。「私は、人殺しをするような軍隊はやめます」と言って、軍隊に反抗した人が（ いた ）。
　・そんな２人の人物について、【資料：２】に紹介してある！
　　［ 明石真人と村本一生の２人の日本軍兵士だ！ ］
　▷【資料：２】
③・そのうち、九州の村本一生さんの紹介をしよう。村本さんは、1938年４月に召集令状がきて、軍隊に入隊した。しかし翌年、「私は銃をお返しします」と、兵役を堂々と拒否した。
　・さて、このとき、軍隊の村本さんの上司である班長は、どうしたと思う？
　→・・・
④・当時としては、「常識では考えられない行動」だったため、怒るどころか、班長は真っ青になってしまった。でも、村本さんは、結局は連行され［ 陸軍刑務所に移され ］裁判に

かけられた。
・さて、村本さんには、どんな刑が判決として言い渡されたと思う？
　→死刑・無期懲役・・・
⑤・罪名は、不敬罪・抗命罪。
※・不敬罪＝天皇および皇族などに対して不敬の行為をする罪。不敬＝尊敬の念を持たずに礼儀にはずれること。
　　抗命罪＝軍人が上官の命令に反抗する、または服従しない罪。
・この罪は、懲役で何年だったと思う？
　→・・・
⑥・懲役は・・・、「２年」だった［ 予想より重い？　軽い？ ］。
・しかし、「自分は間違っていない」と考えていた村本さんは、実際２年もの刑に服したのか？
　→服していない・服した・・・
⑦・村本さんは、２年もしないうちに「釈放」された。理由は、村本さんの所属していた軍が戦闘で全滅し、召集解除になったためだった。
　こうして「釈放され、自由の身になった村本さんは、その後は、郷里の熊本に帰り、幸せに暮らしましたとさ・・・」とはならなかった。
・それは、なぜだったのか？
　→・・・
⑧・日本国中が「決戦だ」という雰囲気の中で、熊本での生活は刑務所以上に［ 憲兵などによる ］苛酷な嫌がらせが待っていた。それでも「自分としては不思議なことに、殴られても蹴られても、もう『痛い』と感じなくなっていました」と、村本さんは後々語っていたそうだ。
・ところで、こんなことは、キリスト教を信仰していた村本さんだからできたことだったのか？
　→そうだと思う・そんなことはない・・・
⑨・村本さんは、「自分としては、特別のことをしたとは思っていない」、つまり「普通の、当たり前のことをした」と言っていた。
　では、多くの国民の本心は、どうだったのか。
・政府のやり方に対して、心から賛成する者が多かったのか？　それとも、心では反対する者が多かったのか？
　→反対する者が多かった・賛成する者が多かった・・・
⑩・では、反対の意志を、具体的な行動としてあらわした人は、多かったのか？　少なかったのか？
　→少なかった・・・
⑪・当時、大多数の日本国民は、政府のやり方に対して、「戦争反対」など普通のこと・当たり前のことを行動にあらわさなかった。そのこと（＝国民が反対行動をしなかったこと）が政府のやり方を認め、支えることになってしまったのではないのか。
　では、どうして、国民は政府に対して、戦争反対の行動を取らなかったのか。
・それは、A：政府に従うことが本当に日本のためと信じていたからだと思う人［ 挙手 ］！
▷（ 挙手による人数の確認 ）
・いや、B：反対したくても、すでに反対できなくなっていたからだと思う人［ 挙手 ］！
▷（ 挙手による人数の確認 ）
・C：その他の理由があったからだと思う人［ 挙手 ］！
▷（ 挙手による人数の確認 ）
⑫・［ ３つのうちの ］どれが一番大きな原因だったのか？
・班ではなしあい［ ３分間 ］！
▷班内でのはなしあい
※・ここから班内でのはなしあい　→　学級全体での討論へとつなげていく
※・この場合、「しかし、そうやって『政府のやり方を認めてしまった』ということが、政府のやり方を強いものにしていったのではないだろうか？」そうすると、「悪いのは『国民』とも言えるけど、どうだろうか？」と発問を発展させてもよい。

<参考文献>
安井俊夫「ぜいたくは敵だ」『歴史の授業108時間 下』地歴社
安井俊夫『学びあう歴史の授業』青木書店
『たのしくわかる 日本史100時間 下』「兵役を拒否した日本人」あゆみ出版
『平和への伝言』あけび書房
『日本の歴史 7』ほるぷ
千葉県歴史教育者協議会「現代の子どもと平和教育」『子どもがたのしくわかる社会科 会誌第13号』

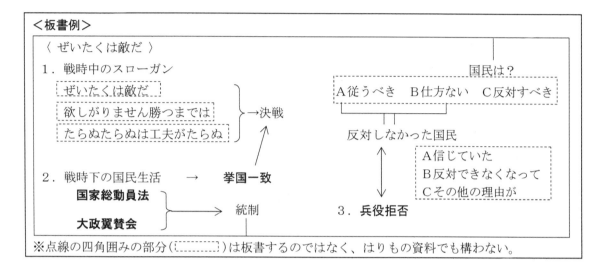

★授業〈 ぜいたくは敵だ 〉について

　この授業案では、前半に戦時中の具体的な国民生活を扱い、後半は兵役拒否の事実を扱っている。兵役拒否などは、前半の学習内容からは考えられない事実である。ここで兵役を拒否した人の事実を取り上げているのは、〈 中国の日本軍 〉の授業での「元々は普通の国民だった日本兵は、虐殺をおこなうことをどう考えていたのか」の討論で、「上からの命令でやった」という立場の根拠に、「上からの命令には逆らえない」とか「上からの命令を聞かないと、自分があぶないから」（極端な場合には「命令を聞かないと自分が殺されるから」との意見さえある）との意見が必ず出てくるからである。この意見は、「自分を守るためには、他人を犠牲にしてもかまわない（あるいは、他人を犠牲にするのは仕方がない）」という考え方につながっていく危険性がある。そこで、抵抗しようと思えば抵抗できないことはなかったという事実を教えているのである。

　「兵役を拒否した人がいた」という事実は、生徒にとって驚きとなる。さらに、「兵役は拒否しようと思えばできた」という事実も同様に驚きの事実として生徒は受けとめる。兵役拒否の結果は別として、このことを知るだけでも戦争について考える場合には意味がある。

　ただし、こうした行動は、日本国内での大きな流れにはならなかった。それはなぜなのか。そうさせなかったものは何なのか。この視点から当時の様子を見ていくことが、一人の国民としてどうすべきなのか（どうすべきだったのか）を考えていくきっかけになっていく。

歴史 学習プリント 〈15年戦争：6〉

■「ぜいたくは敵だ！」こんな標語が町で見られるようになった。日本の政府は、国民をどうしようと考えていたのか？ そして、国民の生活は、どうなっていったのか？

1：【 戦時中の標語 】　　　　　　　　　　　　　　　　　　　　　　　　　戦時中の国民の暮らし

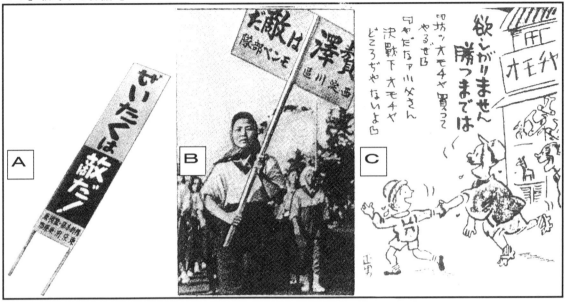

2：【 二人の兵士の行動 】

　明石真人は、1939（昭和14）年1月10日、東京市世田谷区にあった野砲第1連隊に20歳で入営した。小さい頃から、ごく自然な子ども心から"国旗への最敬礼"や"祝日の式典への出席"を拒んでいた彼は、隊に入って1週間後、班長のところへ行き、「自分は、キリスト者として聖書の『なんじ、殺すなかれ』の教えを守りたいので、銃器をお返しします」と申し出た。

　東京工大を卒業して、技術者としての道が開けていながら、明石順三（＝明石真人の父親）の人柄にひかれて、それを捨てた村本一生は、1938（昭和13）年4月10日、故郷の熊本市にある第6連隊に入隊した。
　やがて満州に送られた彼は、2等兵の苦しみをなめながら、信仰と兵役の矛盾に悩んだ。
　翌年1月末、ついに、そのころ勤務していた神奈川県相模原の陸軍工科学校において、やはり班長に対して、「私は、銃はお返しします」と申し出た。

※　1939（昭和14）年6月14日、東京青山にあった陸軍第1師団で、この2人の兵士（明石真人と村本一生）は、同時に軍法会議にかけられることになった。

■　はたして、この2人の兵士に対して、どんな判決が下ったのか？

歴史 意見プリント 15年戦争：06 〈ぜいたくは敵だ〉

3年　　組　　号（　）班：名前_____

■次の質問に対して、自分の考えを書いてみよう！

1．質問　■日本では戦争を続けていくため国家総動員法が制定され、それを推進するため、全政党が解散し大政翼賛会もつくられた。そして日常生活にも、いろいろと制約が加えられていったが、このような動きに対して国民が反対しなかったのはなぜか？

2．結論

A：日本のためと信じていたから　　B：反対できなくなっていたから　　C：その他の理由で

I（これまでの授業内容）	世界恐慌　満州事変　武力侵略　国際連盟　脱退　五・一五事件　二・二六事件　軍国主義　抗日民族統一戦線　盧溝橋事件　日中戦争　南京大虐殺　平頂山事件　日本兵　中国人
II（今回の授業内容）	スローガン　決戦　挙国一致　国家総動員法　徴用　徴発　政党　大政翼賛会　自由の制限　物資の統制　配給　結婚　子ども　反戦　兵役拒否　不敬罪　抗命罪　非国民　日本人

※「自分の考え」には、結論を出した根拠となる**歴史的事実**を上のI・IIから最低1つ以上を選び○でかこみ、必ず下の文章に書き入れること

3．どうして、そのような結論を出したのか？（「自分の考え」）

_____
_____
_____
_____
_____
_____
_____
_____

〈 授業方法・内容について質問・意見・考え・感想などあったら自由にどうぞ！ 〉

[87] エーデルワイスの歌

◎ドイツのヨーロッパ侵略について紹介し、そんなドイツに抵抗するような勢力が出てくるのかどうかを考えさせる。そして、レジスタンスをした人々の遺書から、抵抗した人々の考えを読み取らせる。

1. ドレミの歌の持つ歴史を知ろう。

① ・今日は、まず外国の大変に有名な音楽を聞いてもらおう！
  ▷（「ドレミの歌」のテープを流す）

② ・さて、何という曲なのか？［ 聞いたことあるだろうか？ ］
  →『ドレミの歌』
③ ・この「ドレミの歌」は、「ある映画」で使われた曲。
  ・［ その映画だけど ］、何という映画か知っている？
  →『サウンド・オブ・ミュージック』※・発言がなければ説明する
④ ・［ あまり知らないようだから ］、簡単にあらすじを紹介しよう。
※・サウンド・オブ・ミュージックのサントラ盤のジャケット・コピーなどを見せながら、学習プリントに載せた「あらすじ」を説明する

2. ドイツのオーストリア併合に対して、トラップ一家はどうしたのか？

① ・ところが、再び「明るい幸せ」が訪れたのも束の間、トラップ一家の住むオーストリアを「自分の国に併合しよう」と乗り込んできて合併した国があった。
  ・さて、それは、どこの国だったのか（ わかる ）？
  →ドイツ
② ・オーストリアに乗り込んできたナチス・ドイツは、こともあろうに元海軍大佐であるトラップ男爵をドイツ海軍の現役の兵に就かせようとしていた。それでヒトラーの召集令状を持って一家の元へとやって来た。
  ・では、トラップ男爵は、ヒトラーからの召集令状に応じたのか？　それとも、拒否したのか？
  →拒否した・断った・応じた・・・
③ ・「祖国オーストリアを愛する」トラップ男爵は、ナチス・ドイツの「オーストリア併合」を快く思ってはいなかった。そこでその意思表示を、一家が出演する音楽祭の公衆の面前でおこなうことにした。当時ドイツがオーストリアで「禁止していた『ある歌』」を、一家全員で堂々と合唱したのだった。
  ・その「ある歌」とは、この曲だ！
  ▷（「エーデルワイス」の曲を流す or ビデオ（DVD）を見せる）

④ ・何という歌か、わかった？
  →エーデルワイス
⑤ ・「エーデルワイス」は、「オーストリアの『国民歌』」だった。だから、この歌が人々の間で歌われてオーストリア国民としての意識や自覚が高まることを恐れたドイツは、「エーデルワイス」を歌うことを禁止していた。
  ・でも、そのエーデルワイスを「公衆の面前で堂々と歌った」ということは、ドイツに対して、どんな態度を取ったことを意味する？
  →抵抗した・反対した・召集を断った・・・
⑥ ・しかし、いくら「堂々と」とはいえ、当時のオーストリアで「ドイツに対する抵抗の意志」を表明するのは、かなり危険な行為だった。
  ・それは、こんなことをやったら、どうなるからだったのか？
  →ナチスに捕まる・・・
⑦ ・すぐにナチス・ドイツは、トラップ一家を逮捕するため、兵隊を差し向けた。
  ・では、トラップ一家は、ドイツに捕まってしまうのか・・・？
  →（ この発問は、投げかけのみ ）
⑧ ・結末は、機会があったら、ぜひビデオで見て欲しい。しかし、ここで問題なのは、このトラップ一家のように『ドイツに抵抗するような人々』が出てくるのかどうか」ということだ。

※・トラップ一家は、この音楽祭の後、すぐに修道院に逃げ込み、墓の下の地下道づたいにアルプスへと向かった。
　そして、アルプスを越えてスイスへと逃れた。その後、アメリカへ渡り音楽一家として名を成した。

3．ナチス・ドイツは、どのように侵略をすすめたのか？
① ・オーストリア併合の後、ドイツは1939年にチェコを併合した。そして同じ年［＝1939年］、同じファシズムの国と軍事同盟を結んだ。
　・ドイツと手を結んだ、そのファシズムの国とは、どこ（の国）？
　⇨イタリア
② ・ドイツとイタリア、これが 枢軸国 の勢力となる。当然、オーストリアやチェコスロバキアも、この枢軸国側に組み込まれていく。さらに同じ年［＝1939年］、ドイツは意外な国と条約を結んだ。
　・さて、その「意外な国」とは、どこ（の国）だった？
　⇨ソ連
③ ・（ドイツは、ソ連と）何と言う条約を結んだのか？
　⇨不可侵条約
④ ・でも、なぜドイツは、ソ連と「不可侵」、つまり「お互いに戦わない」という条約を結んだのか？［どんな考えがあってのことだと思う？］
　→東側からの攻撃がないように・侵略が進めやすいように・・・
※・助言④の発問には、「ドイツは、ソ連と戦争すると、どうなると考えていたのか？」という発問を、場合によっては補った方が良い。
⑤ ・実は日本も、これより2年後の1941年に、ソ連とは条約を結んでいる。
　・それは、何と言う条約？
　⇨日ソ中立条約
⑥ ・これも意図としては、ドイツと似たところがあると見ていいだろう。
　・ところで、一方のソ連が、どうしてドイツとの「不可侵条約」に応じたのか？
　　［ソ連は、「日本とドイツ両国からの侵略がある」と考えていたのか？］
　→ドイツとの戦いは不利だと考えていたから・ドイツとの戦争に対する時間かせぎ・・・
⑦ ・日本は、かつてシベリア出兵もおこなっていたし、同じ1939年には ノモンハン でソ連とは戦闘を交えていた。つまり、ソ連としては「日本とドイツ両国からの侵略がある」と見ていた。そこで、「条約を結んでいれば『すぐには侵略してはこない』、つまり対策を立てる『時間的な余裕』ができる」と考えたわけだ。そこでドイツは、ソ連との不可侵条約の後、安心して1939年9月1日に大軍を率いて「ある国」への侵略を開始した。
　・ドイツが侵略を開始した「ある国」とは［どこだったのか］？
　⇨ポーランド
⑧ ・空から1500機のドイツ空軍が、陸上では2500台の戦車部隊を中心とした150万の兵力がポーランドを襲った。
　・でも、このときポーランドは、単独でドイツと立ち向かったのか？
　→（この発問は、投げかけのみとする）

4．ナチス・ドイツの、その後の動きは、どうだったのか？
① ・実は、このとき「ポーランドを助ける」約束をしていた国が2つあった。
　・ポーランド侵略に対し、ドイツに宣戦布告した、この2つの国とはどことどこ？
　⇨イギリス・フランス
② ・そして、始まった戦争が・・・［何という戦争］？
　⇨第2次世界大戦
③ ・では、このときイギリス・フランス両国は、どれくらいの数の軍隊をドイツへ送ったのか？
　→（この発問は、投げかけのみでもかまわない）
④ ・イギリス・フランスが大量の軍隊を派遣すれば、ポーランド軍とともにドイツを挟み打ちにして攻撃できる（つまり、非常に有利な戦い方が展開できる）。だからこのとき、イギリス・フランスの両国がドイツに派遣した軍隊の数は・・・0。つまり、軍隊は・・・送らなかった。

- ・でも、それはいったいなぜなのか？
  → (この発問は、投げかけのみでもかまわない)
- ⑤・イギリスとフランスは、「ドイツが、ポーランドの次に『ある国』へ向かうこと」を期待していた。
  ・さて、その「ある国」とは？
  →ソ連
- ⑥・社会主義国のソ連と ファシズムのドイツ が、戦うことを期待していた。
  ・でも実際は、どうなった？ [ソ連とドイツは、(すぐに)戦ったのか？]
  →戦わなかった・不可侵条約を結んでいた・・・
- ⑦・ドイツの侵略に対しポーランド側の抵抗も続いたが、20日間でほぼ制圧されてしまった。では、ここまでのドイツの侵略の動きをまとめてみよう。
  ・今から説明をするので、その説明に従って、【資料：3】の（　）の中に言葉を書き入れ、白地図の国を赤色で塗りつぶしなさい！
  ▷【資料：3】への書き込み
※・以下の説明をおこない、ドイツ軍の侵略の進み方をつかませる。

  ・1938 年　　　 オーストリア 併合
  ・1939 年　　　 チェコスロバキア 併合
  　〃　 9月1日　 ポーランド 侵略
  ・1940 年 4 月　 デンマーク・ノルウェー に侵略・占領
  　〃　 5 月　　 オランダ・ベルギー に侵入
  　　　　　　　北フランスに侵入
  　　　　　　　続いてフランス本国へ侵攻

- ⑧・そして6月14日には、ドイツはフランスのどこを占領したのか？
  ⇨パリ

  ・1940 年 6 月 14 日　 パリ 占領
  　〃　　　 22 日　　 フランス 降伏

- ⑨・フランスは、完全に見込みがはずれた。いや、「はずれた」どころか、戦争のための十分な準備もなかったので、ドイツ軍に敗れてしまった。さて、こうして見ると、ドイツは短期間で、かなりの地域を侵略していったことがわかる。当然、日中戦争で日本が中国に対しておこなったような残虐な行為をドイツもやったことは十分想像できる [そのことは、後の授業で出てくる]。

5．レジスタンスの人々は、何を伝えたかったのか？

- ①・さて、そうなってくると、ドイツに武力で占領された国々で、トラップ一家のように「エーデルワイスの歌」を歌うような人たちが出てくるのかどうかだ。
  ・A：やはり、出てきてドイツに抵抗すると思う人 [挙手]！
  ▷(挙手による人数の確認)
  ・B：いや、ドイツに抵抗する人など出てこないと思う人 [挙手]！
  ▷(挙手による人数の確認)
  ・(班内の)グループではなしあい [1分間]！
  ▷班内のA・B各グループでのはなしあい
※・この後、グループでのはなしあい　→　班毎の意見発表と進める
- ②・「『恐ろしい』から、黙って従っておくのか」　それとも、「恐ろしいからこそ、抵抗していくべきなのか」。このことは、前回の授業での中国国民の日本に対する抵抗も、日本国民の政府に対する動きも同じことだ。「恐ろしいから、罰があるから、黙って従う（つまり、反対をしない）」のか。それとも、「（大変な状況でも）間違っていること、不正義に対しては、反対し抵抗していくのか」　ここが大きな分かれ目になってくる。
  ・このことについての有名な話が、【資料：4】に載せてある！
  ▷【資料：4】
- ③・牧師は、「自分は、どうすべきだった」と言いたかったのか？

→もっと早く行動に出るべきだった・なぜこれまで黙っていたのか・・・
④・だから、A:「もうダメだ、手遅れなんだ」と言いたいのか？ それとも、B:「いや、だからこそ、今からでも反対しなければ」と言いたいのか？ どっち？
・（班内の）グループではなしあい［ 1分間 ］！
▷班内のA・B各グループでのはなしあい
※・この後、グループでのはなしあい → 班毎の意見発表と進める
⑤・ヨーロッパでは「レジスタンス」といって、軍隊ではない「一般の市民たち」がドイツに抵抗を続けた。そういったレジスタンスの動きに対し、ドイツは黙っていたわけではない。ドイツに反抗する者は捕らえて、処刑していった。
・【資料：5】に、そうやって処刑されていった人たちの「遺書」が載っている！
▷【資料：5】
⑥・フランスでは、レジスタンスで「銃殺された人」3万人。捕らえられ、「ドイツに送られた人」15万人。そのうち、4万人は帰ってこなかった。
・さて、この「遺書を残した人たち」は、どんなことを人々に伝えたかったのか？
・班内ではなしあい［ 3分間 ］！
▷班内でのはなしあい
※・時間かなければ、意見プリントに助言⑥の発問に対する考えを個人として書かせて終わる。

<参考文献>
安井俊夫「エーデルワイスのうた」『歴史の授業108時間　下』地歴社
安井俊夫『学びあう歴史の授業』青木書店
「兵役を拒否した日本人」『たのしくわかる　日本史100時間　下』あゆみ出版
歴史教育者協議会『たのしくわかる社会科　中学歴史の授業』あゆみ出版

<板書例>
〈 エーデルワイスの歌 〉
1．サウンド・オブ・ミュージック

　　　　　┌──── **不可侵条約** ─ ソ連
　ドイツ ──→ オーストリア
　　　　　　　　　⇩
　　　　　　　　チェコ
　　　　　　　　　⇩
　　　　　　　ポーランド
　　　　　　　　　｜
2．**第2次世界大戦**(1939年)

エーデルワイスを歌う人々
　A出てくる　　B出てこない

牧師の考え
　A手遅れだ　　B今からでも

レジスタンスが伝えたかったことは

※点線の四角囲みの部分（　　　）は板書するのではなく、はりもの資料でも構わない。

★授業〈 エーデルワイスの歌 〉について

　この授業案では、映画『サウンド・オブ・ミュージック』の紹介とビデオの視聴を導入にしている。提言2（ドイツのオーストリア併合に対し、トラップ一家はどうしたのか）の助言⑦（トラップ一家は、ドイツに捕まってしまうのか）では、映画の結末については投げかける形で終わっているが、生徒が知りたがるため、結局はいつも話してしまっている。
　ドイツのオーストリア併合後の動きは、学習プリントの白地図資料への色塗り作業を通して、短期間

にヨーロッパの各地を占領して行った様子をとらえさせるようにしている。視覚的にとらえさせた方が、実感できると考えてのことだ。

　そして、それ程の力を持ったドイツに対して、占領された国の人々は、どうするのかを考えさせようとしている。ここで使えると思ったのが、学習プリントの資料４のドイツ国内で迫害されるようになった牧師の言葉である。提言５（レジスタンスの人々は何を伝えたかったのか）の助言③で「牧師は何を言いたかったのか」を発問し、それを受けて助言④で「だから手遅れだと嘆くのか、そこからでも抵抗を始めるのか」を考えさせ、その上で他者への愛に生きたレジスタンスの遺書の紹介という流れにした。

　また、このとき、提言５の助言①（ドイツに占領された国々で、トラップ一家のように「エーデルワイスの歌」を歌う人たちが出てくるのか）及び助言④では、前時の授業〈ぜいたくは敵だ〉で取り上げた兵役を拒否した日本人の事実を思い起こすことができるとも考えた。

　遺書の読み取りでは、ほとんどの生徒がレジスタンスの人々の思いを汲み取ることができる。レジスタンスの人々の死をも恐れないような前向きの抵抗の姿勢に、生徒は共感する傾向が強いからだろうと思われる。だからこそ、そこから「暴力に、武力に、屈するのか」「恐怖に、罰に、黙って従うのか」ということについて、レジスタンスの人々の行動と当時の日本国内の状況や国民の対応の２つを比べさせて、生徒に考えさせることができるだろう。そして、「レジスタンスの人々の思いや行動は、当時の日本人には持てなかったのだろうか」「持てたとしても、それが具体的な行動として現れなかったのは、どうしてなのか」。また、「持てなかったとしたら、どうして持てなくなっていたのか」などと生徒に追求させることもできるだろうと考えている。

　ちなみに、最近は提言１の助言①や提言２の助言③で「ドレミの歌」や「エーデルワイス」はラジカセで聴かせている。更にサウンドトラックのレコードを見せて生徒の興味を引いている。今の生徒にとってはレコードはもちろんカセットも歴史的遺物に見えるようなのである。

歴史 学習プリント 〈15年戦争：７－１〉

■オーストリアで子どもたちと平和に暮らしていたトラップ男爵一家に訪れた幸せと不幸とは、どんなことだったのか？　トラップ一家は、不幸をどのように乗り切ったのか？

１：【 サウンド・オブ・ミュージック 】

　時代は、1930年代。話の舞台となるのは、オーストリア、アルプスに近いザルツブルクという町。そのザルツブルクの古城に住んでいる元海軍大佐トラップ男爵は奥さんに死なれ、男手だけで７人もの子どもたちを育てていた。

　しかし、男手だけでは上は16歳の長女リースルから、下は４歳のグレートルの７人もの子どもたちを育てることはできなかった。そこで修道院に頼んで、見習いの修道尼のマリアを家庭教師として迎えることになった。マリアは、最初、自信が持てなかったが、勇気を奮い立たせてトラップ男爵の家に行くことにした。

　しかし、子どもたちの方は、今までも家庭教師がやってくると、そのたびにいろいろと世話をやかせて、手こずらせていた。マリアがやってきたときも、さっそく夕食のときにカエルを使ってイタズラをした。マリアはビックリしたものの、厳格で厳しいトラップ男爵の前で、うまく子どもたちをかばってやった。

　そんなこともあり、気立てのいい音楽好きのマリアは、そのうちに子どもたちを"優しい母親"のように世話をしていったので、子どもたちの方も、マリアにはすっかりなついていった。そうしているうちに、トラップ男爵も、マリアへの感謝の気持ちが、愛情へと変わっていき、マリアに結婚を申し込んだのだった。マリアは、子どもたちの正式の母親になることができたのだった。もちろん、子どもたちは、大喜びだったのだが・・・。

歴史 学習プリント 〈15年戦争：7-2〉

■ついに、ドイツにより第2次世界大戦が引き起こされてしまった。ドイツは、どんなことから始めたのだろうか？ そして、どんな動きを取っていったのだろうか？

2：【 第2次世界大戦の始まり 】

ロッテルダムに侵攻するドイツ空艇部隊

■1939年9月1日午前4時45分

ドイツ軍、ポーランド侵入

■兵士の人数：＿＿＿＿＿＿＿人

■戦車の台数：＿＿＿＿＿＿＿台

■戦闘機の数：＿＿＿＿＿＿＿機

3：【 ドイツ軍による侵略・占領地域 】

ドイツの占領地域に×印をつけなさい

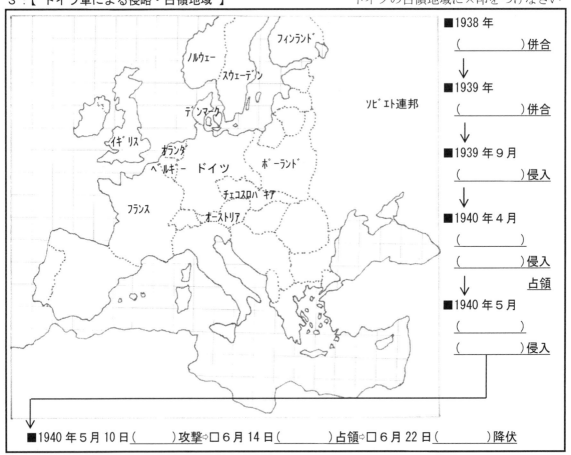

■1938年
（　　　　）併合
↓
■1939年
（　　　　）併合
↓
■1939年9月
（　　　　）侵入
↓
■1940年4月
（　　　　）
（　　　　）侵入
↓ 占領
■1940年5月
（　　　　）
（　　　　）侵入

■1940年5月10日（　　　）攻撃⇒□6月14日（　　　）占領⇒□6月22日（　　　）降伏

歴史 学習プリント〈15年戦争：7-3〉

■いよいよナチス・ドイツにより、本格的な侵略が開始された。ヨーロッパの人々は、このドイツの行為に対して、黙っていたのか？ それとも、抵抗したのか？

4：【 ドイツのある牧師の告白 】　　　　　　　　牧師は、どうすれば良かったのか？

　ナチスが最初共産主義者を攻撃したとき、自分は少し不安であったが、とにかく、自分は共産主義者でなかった。だから、何も行動に出なかった。次にナチスは、社会主義者を攻撃した。自分は更に不安を増したが、（自分は）社会主義者ではなかったから、何も行動に出なかった。それからナチスは、学校・新聞・ユダヤ人などを攻撃し、自分は、そのたびに、いつも不安を増したが、それでもなお、行動に出ることはなかった。

　それから、ナチスは教会を攻撃した。自分は牧師であった。だから、立って行動に出たが、そのときは、すでに遅すぎた。

　　　　　　　　　　　　　　　　── （ 岩波講座『現代思想　Ⅴ』　「ファシズムの価値意識」）─

5：【 処刑されていったナチスへの抵抗者たちの遺書 】

　私の資質は、一切の暴力の行使を遠ざけ、一切の暴力を拒否するよう私に強いる。
　私は、無実の者に不正をなすよりは、むしろ、この身に不正を受けるように甘んじよう。
　娘よ！「真実の勇気」、「必要なときの拒絶の勇気」を学びなさい！
　　　　　　　　　　　　　　　　　　　　　　　── 47歳のオーストリアの家具商人 ──

　私は、人類が幸福になることを欲した。未来をじっと正視してごらんなさい。
　それは、燦然と光を放っています。それは、疑いなくやってきます。
　・・・私が、勇敢に死に進みうるのは、「私は死ぬのではなく、永遠に生きるのだ」と言うことを知っているからです。私の名前は、「葬式の鐘の音」ではなく、「希望の鐘」として響き渡るでしょう。
　　　　　　── フェリシアン・ジョリー（フランス北部で最初の義勇軍を組織し拷問のち処刑）──

　さようなら。二人が愛を語り合ったすべての懐かしき場所よ。さようなら。私には「再婚して幸せになるように」と君に言い切るだけの力はない。だが、いつの日にか、君の子どもが生まれたら、どうか私の名をつけて下さい。もちろん君がイヤでなかったら・・・。もし、そうしてくれるなら・・・。
　　　　　　　　　　　　── モーリス・ラカゼット：金属労働者　1943年8月25日、銃殺 ──

　我々の犠牲により、生き残った人々、未来の一切の世代が、より幸福になることを信じている。我々は、正しい道を選んだ。私は、未来を確信している・・・。
　　　　　　　　　　　　　　　　　　　　　── アンリ・マルテル（共産党議員の息子）──

　愛するママ、さようなら。パパ、ドニーズ、お婆さん、それから全ての、全ての人たち、さようなら。私は、あなた方全部を心から愛します。そして強く抱擁します。ママ、どうか気をしっかり持って、私一人だけが死ぬのではないことを考えて下さい。やさしく接吻します。
　　あなたの息子・アンドレ。
　※　アンドレ・ディエーズ：1940年11月からレジスタンスに参加、パリのラテン区の責任者だった。
　　1942年6月、11名の同志とともに逮捕され、同年8月22日に銃殺される。21歳

歴史 意見プリント　15年戦争：07　〈エーデルワイスの歌〉

３年　　組　　号（　）班：名前＿＿＿＿＿＿＿＿＿＿＿＿

■次の質問に対して、自分の考えを書いてみよう！

1. 質問
■ドイツは、ついに第２次世界大戦を始めてしまった。電撃（でんげき）作戦により、次々とまわりの国々を占領し、反対する勢力をことごとく押さえつけていった。しかし、ヨーロッパの人々は軍隊ばかりでなく、レジスタンスとして一般の市民たちもドイツへの抵抗を続けた。
　銃殺されたレジスタンスの人々の遺書が残っている。この人たちは、生き残った人々にどんな思い・考えを伝えたかったのだろうか？

2. レジスタンスの人たちの遺書を読んで、感じたこと考えたことなどについて（「自分の考え」）

I（これまでの授業内容）	II（今回の授業内容）
世界恐慌　満州事変　武力侵略　五・一五事件　二・二六事件　軍国主義　抗日　盧溝橋事件　日中戦争　南京大虐殺　平頂山事件　日本兵　中国人　徴発　徴用　決戦　反戦　兵役拒否	ドイツ　ナチス　オーストリア併合　エーデルワイス　ファシズム　イタリア　独ソ不可侵条約　ポーランド侵攻　第２次世界大戦　イギリス　フランス　はさみうち　ソ連　レジスタンス

※「自分の考え」には、結論を出した根拠となる**歴史的事実**を上のⅠ・Ⅱから最低１つ以上を選び○でかこみ、必ず下の文章に書き入れること

＿＿＿＿＿＿＿＿＿＿＿＿＿＿＿＿＿＿＿＿＿＿＿＿＿＿＿＿＿＿＿＿＿＿

＿＿＿＿＿＿＿＿＿＿＿＿＿＿＿＿＿＿＿＿＿＿＿＿＿＿＿＿＿＿＿＿＿＿

＿＿＿＿＿＿＿＿＿＿＿＿＿＿＿＿＿＿＿＿＿＿＿＿＿＿＿＿＿＿＿＿＿＿

＿＿＿＿＿＿＿＿＿＿＿＿＿＿＿＿＿＿＿＿＿＿＿＿＿＿＿＿＿＿＿＿＿＿

＿＿＿＿＿＿＿＿＿＿＿＿＿＿＿＿＿＿＿＿＿＿＿＿＿＿＿＿＿＿＿＿＿＿

＿＿＿＿＿＿＿＿＿＿＿＿＿＿＿＿＿＿＿＿＿＿＿＿＿＿＿＿＿＿＿＿＿＿

〈 授業方法・内容について質問・意見・考え・感想などあったら自由にどうぞ！ 〉

[88] 鬼畜米英

◎日中戦争を続ける日本の内外での新たな動きについて考えさせ、東南アジア諸国の歴史教科書の記述を紹介し、日本が拡大させている戦争について考えさせる。

1．日本の新たな動きは、当然のことなのだろうか？

① ・1939年のドイツのポーランド侵入により、世界はヨーロッパを中心に第2次世界大戦に突入した。
　・そんな世界情勢の中、日中戦争は、もう終わっていたのか？それとも、まだ続いていたのか？
　　→続いていた・終わっていた・わからない・・・
※・ここで、日中戦争はまだ続いていることを確認しておく。

② ・にもかかわらず、1940～41年にかけて、日本は、また新しいことを始めた。第2次世界大戦で、フランスがドイツに敗れたのを見た日本は、1940年、フランス領インドシナの北部に軍隊を派遣した。
　・日中戦争も終わらない状況で、どうして日本は、戦争を拡大する行動に出たのか？
　　→・・・？

③ ・この年、日本は、「アジアから欧米諸国の勢力を除き、アジア諸民族だけで協力して栄えていこう」という「大東亜共栄圏の建設」を唱えていた。
　・でも、（明治以来の）これまでの日本の行動から考えて、「大東亜共栄圏の建設」ということは、信じられるのか？［ 信じ ］られないのか？
　　→信じられない・・・

④ ・では日本が、東南アジア方面へと勢力を伸ばし始めた目的は、何だったのか？
　　→・・・？

⑤ ・日本が東南アジアへ勢力を伸ばそうとしたのは、東南アジアに何を求めたからだったのか？
　　⇨石油やゴムなどの資源

⑥ ・つまり東南アジアを手に入れれば、資源の少ない日本が日中戦争を続けていくことができるわけだ。そんな行動を確実にするためにも、日本は1940年に軍事同盟を結んだ。
　・どこの国と？
　　⇨ドイツ・イタリア

⑦ ・この軍事同盟は、何と言うのか？
　　⇨日独伊三国同盟

⑧ ・この同盟では「日・独・伊の1国でも『別の国』から攻められたら、お互いに助け合う」約束がされていた。
　・でも、この「別の国」とは、どこの国のことを指しているのか？
　　→アメリカ・イギリス・フランス・ソ連・・・

⑨ ・更に日本は、1941年の4月には「ある国」と条約を結んだ。
　・その「ある国」とは？
　　⇨ソ連

⑩ ・その条約を何と言う？
　　⇨日ソ中立条約

⑪ ・日本が日ソ中立条約を結んだのは、何を確保するためだった？
　　⇨北方の安全（の確保）

⑫ ・中立条約を結んでいれば、北方の大国ソ連からの攻撃はない［日本は安心して南へ行けるわけだ］。以上が、この時期の日本の対外的な動きだ。一方、国内の動きとしては、1941年に小学校は国民学校と名称を変えて、教科書も、それまでとは違ったものになった。【資料：1】にあるのは、その国民学校の1年生の国語と、今の「道徳」にあたる修身の教科書。
　・「何と書いてあるのか」大きな声で読んでみよう！
　　▷【資料：1】（一斉に大きな声で読ませる）

⑬ ・（読んでみるとわかるが）学校へ入ったばかりの子どもたちに、どんなことを教えようとしている？
　　→兵隊を励ます・将来は兵隊として戦わせる・戦争を支えさせる・・・

⑭ ・それが5・6年生になると、海軍に入って、敵の軍艦を沈めたい　僕たちは、いつまでも栄え行く日

本をしっかり築いていかなければなりません という作文や絵を描いたりするようになっていった。
　・こうした動きを見ると、日中戦争が長引いている日本では、「もう戦争を終わらせよう」としていたのか？　それとも、「更に戦争を進めよう」としていたのか？
　→更に戦争を進めようとしていた・・・
⑮・すると、日本が1940〜41年にかけてやったことは、A:「これで大丈夫、安心だ」と言えることなのか？　それとも、B:「あぶなく、心配な感じがする」のか？
　・A:これで大丈夫、安心だと言えると思う人［挙手］！
　▷（挙手による人数の確認）
　・B:何だか、あぶなく心配な感じがすると思う人［挙手］！
　▷（挙手による人数の確認）
　・（班内の）グループではなしあい［1分間］！
　▷班内のA・B各グループでのはなしあい
※・この後、グループでのはなしあい　→　班毎の意見発表と進める

2．アメリカの要求を日本は受け入れるべきなのか？

①・しかし、日本の東南アジアへの侵略に対しては、「これでは我が国の権益があぶない」と見て警戒してきた国があった。
　・それは、どこ（の国）？
　⇨アメリカ
②・そこでアメリカは、日本に対して重要な要求をしてきた。
　・それは、どんな要求だった？
　⇨中国から手を引くこと
③・「日本が中国から手を引く」、つまり「日中戦争をやめる」。そうすれば、東南アジアへの侵略を推し進めることも、日独伊三国軍事同盟も、日ソ中立条約も必要がなくなる。
　・更に、そのアメリカと態度を同じくしたヨーロッパの国は、どこだった？
　⇨イギリス・オランダ
※・中国を援助する国として、アメリカ・イギリス・フランス・ソ連があった
④・では日本は、アメリカの「中国撤退要求」を、A:受け入れるべきなのか？　B:受け入れるべきではないのか？
　・A:やはり、受け入れるべきだと思う人［挙手］！
　▷（挙手による人数の確認）
　・B:いや、受け入れるべきではないと思う人［挙手］！
　▷（挙手による人数の確認）
　・（班内の）グループではなしあい［1分間］！
　▷班内のA・B各グループでのはなしあい
※・この後、グループでのはなしあい　→　班毎の意見発表と進める
⑤・では実際に、日本が取った態度は、どっち？
　→受け入れなかった・受け入れた・・・
⑥・日本では、鬼畜米英 というスローガンが出てきた。
　・これは、どんな意味なのか？
　→・・・
⑦・「にくき米・英」［つまり、「憎むべきアメリカとイギリス」］という意味。
　・つまり、［アメリカからの］要求を、受け入れたのか？　拒否したのか？
　→拒否した・受け入れた・・・
⑧・でもそうやって、アメリカの要求を跳ねのけて、大丈夫なのか？
　→（この発問は投げかけのみ）

3．どうやって太平洋戦争は始まったのか？

①・こんな状況の中、1941年10月に日本で新しく首相になった人物が 東条英機 。

・この東条英機は、陸軍大臣だった。
・でも、これ[陸軍大臣が首相になったこと]は、どんなことを意味するのか？
　→・・・？
② ・「陸軍」大臣、つまり「軍部」の人間が、日本の政府の「首相」となった。
・これは、「もう戦争を終わらせよう」ということなのか？　それとも、「更に戦争を進めよう」ということなのか？
　→更に戦争を進めよう・・・
③ ・東条英機による日本政府は、1941年11月、択捉島に日本海軍機動部隊を集結させていた。
・【地図帳P145】で、その択捉島を確認しておこう！
　▷【地図帳P145】
④ ・日本のどこにある？
　→北海道・千島列島・・・
⑤ ・千島列島に[海軍の機動部隊を]結集させて、何をしようというのか？
　→（ この発問も投げかけのみ ）
⑥ ・これは、「防衛のため」なのか？　それとも、「攻撃のため」なのか？
　→攻撃のため・防衛のため・・・
⑦ ・このときの機動部隊は、空母6隻と戦闘機350機が中心だった。明らかに「攻撃のための部隊」だ。
・では[日本は]どこへ攻撃を仕掛けるつもりなのか？[行き先として考えられるのは？]
　→アメリカ・アラスカ・・・
⑧ ・ハワイだ。
・でも、なぜ「ハワイ」だったのか？
　→（ この発問も投げかけのみ ）
⑨ ・そこ[ハワイ・真珠湾]には、アメリカ太平洋艦隊がいた。これを叩き潰す作戦だった。
・でもこのとき、アメリカは、このような日本の動きを知っていたのか？
　→（ この発問も、投げかけのみでもよい ）
⑩ ・日本側は、もちろん極秘のうちに行動した。
・そして12月8日未明、日本は、どこを奇襲した？
　⇨（ ハワイの ）真珠湾
⑪ ・日本は、ハワイの真珠湾にいたアメリカ太平洋艦隊に「不意打ち」で襲いかかり、戦艦8隻、戦闘機479機を破壊した。日本では、「アメリカ太平洋艦隊、たちまち全滅」と新聞が報道した。しかし、日本が「不意打ち」をかけたのは、何も真珠湾だけではなかった。
・同じ12月8日未明に、日本軍は、どこにも上陸した？
　⇨マレー半島
⑫ ・マレー半島は、イギリスが占領していた。ここへも奇襲攻撃をしかけた。新聞は、「イギリス東洋艦隊主力全滅」と報道した。更に日本は、フィリピンにあった「アメリカ空軍基地」も爆撃して、大打撃を与えた。ほぼ同時に[計画的に]おこなわれたハワイ・マレー半島・フィリピンへの三方面の不意打ちで、日本国中が「大勝利」に沸いた。
・この日本軍の「不意打ち」によって始められた戦争を、何と言った？
　⇨太平洋戦争（ アジア・太平洋戦争 ）

4．日本は太平洋戦争では、どんなことをおこなったのか？
① ・この勝利を伝えている、当時の【ラジオ放送】を聞いてみよう！
　▷ここで当時の【ラジオ放送の録音テープ】を流す
② ・当時の放送では、この戦争のことを「何戦争」と報道している？
　→大東亜戦争
③ ・「大東亜共栄圏を打ち立てる」という報道がおこなわれ、日本ではこの戦争のことを「大東亜戦争」と呼んでいた。
・[この戦争の]宣戦布告が、【資料：2】にある！
　▷【資料：2】

- 69 -

④・この宣戦布告は、日本軍の「不意打ち」の直後に出されたものだった。
　・日本の戦争をする理由を見てみると、その中で天皇が、強調しているところは、どこ？
　→アジアの永遠の平和を確立し、日本帝国の光栄を保全したい
⑤・A：日本側が、こう言うのは当然だと思う人［ 挙手 ］！
　▷（ 挙手による人数の確認 ）
　・B：これは、どう見ても、おかしいと思う人［ 挙手 ］！
　▷（ 挙手による人数の確認 ）
⑥・本当に、天皇が言っている通りなのか？
　→（ この発問も投げかけのみ ）
⑦・「アジアの永遠の平和」の確立」と言っている点だが、日本は勝ち進み、短期間で、どんなところまで占領したのか？
　▷シンガポールやフィリピン・ビルマ（ ミャンマー ）
⑧・更に、インドやオーストラリアへの攻撃もおこなった。
　・でも、こうした攻撃が、本当に日本の言う永遠の平和につながるのか？
　→（ この発問も投げかけのみ ）
⑨・日本軍は、シンガポールでは6000人以上の住民の命を奪っている。それだけじゃない。この後、「日本軍が何をしたのか」ということは、現在の東南アジア各国の中学生たちの教科書に出ている。
　・【資料：3】だ！
　▷【資料：3】
⑩・こうやって東南アジア各国の教科書を読んでいくと、［ 東南アジア各国で ］日本軍のやったことが具体的にわかる。
　・それは、どんなことだったと言えばいい？
　→侵略・虐殺・・・
⑪・さて今日、学習した内容や、東南アジアの教科書に書かれていることなどから、「日本のやっている戦争」について感じたことや考えたことなどを、意見プリントに書いてみよう！
　▷意見プリントへ感想などの記入
※・「班内でのはなしあい」に持っていってもいいが、助言の数から考えると時間不足となると思われる。なお、ここで書かせる意見は、日本が攻撃をする立場から攻撃を受ける立場に逆転していく次からの授業を学んでいく上での布石になると考えている。

<参考文献>
安井俊夫「東南アジアの日本軍」『歴史の授業108時間　下』地歴社
安井俊夫『学びあう歴史の授業』青木書店
「太平洋戦争開戦のラジオニュース」『平和への伝言』あけび書房
本多公栄『ぼくらの太平洋戦争』労働教育センター

★授業〈 鬼畜米英 〉について

　提言1（ 日本の新たな動きは当然なのか ）には助言が16もあり、多過ぎる。だからと言って、助言②〜⑫までを国外情勢、助言⑬〜⑮までを国内情勢として分けて、提言1・提言2として2つに分けてもあまり意味はない。最後の助言⑮（ 日本が1940〜41年にかけてやったことは、これで安心？　心配？ ）が、国内外の情勢を踏まえて状況判断をする発問となっているからだ。だから、このように助言の数が多くなってしまっている場合には、テンポよくスムーズに授業を進めるしかない。
　そして、この提言1の助言⑮の状況判断を受けて、提言2（ 日本は、アメリカの要求を受け入れるべきなのか ）の助言④（ 日本は、アメリカの中国撤退要求を受け入れるべきなのか ）で、日本の決断を迫る発問になっている。このグループでのはなしあいの結果を受けた後で、当時の日本の判断を知り、助言⑧（ アメリカの要求を跳ねのけて大丈夫なのか ）で、「本当にそれで大丈夫なのか」を投げかけてい

る。この投げかけた視点で、その後の日本の行動を追い「これで本当に大丈夫なのか、間違った方向に進んでいないのか」と戦争へと突き進んでいく日本の動きをとらえさせるようにしている。

　最後の提言4（日本は太平洋戦争で、どんなことをおこなったのか）の助言⑪（日本のやっている戦争について感じたことや考えたことを意見プリントに書いてみよう）は、時間不足となって話し合い活動まではできないことが多いため、すぐに個人の感想や考えを書かせている。ただできれば、生徒の考えを深めさせるためには、班内で意見を出し合った方がよい。その方が、前時からの流れでこの授業で扱っている内容（＝日本国民は政府に反対しなかったどころか、更に戦争が拡大し、虐殺が続けられているという事実）について考えさせることができる。

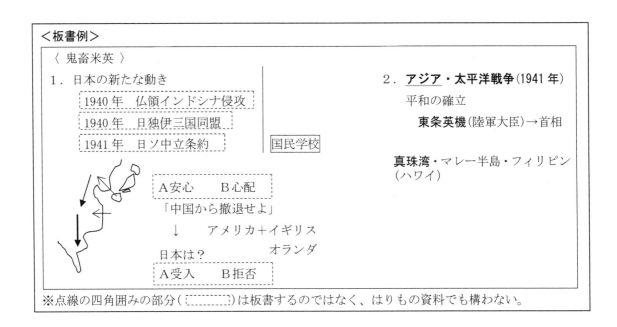

歴史 学習プリント〈15年戦争：8-1〉

■アメリカ・イギリスと対立していた日本軍は、とうとうハワイ、マレーで不意打ちを仕掛け、大きな戦争を始めてしまった。しかし、日本は、どうしてこんな戦争を始めてしまったのか？

1：【 国民学校１年生の教科書 】　　　　日本政府は、どんなことを教え込んでいたのか？

ヘイタイサン
ススメ ススメ
チテ チテ チテ
タテ テテ テテ
タ　タ　タ

テキノ タマガ、雨ノ ヤウニ
トンデ 來ル 中ヲ、日本グン ハ、
イキホヒ ヨク ススミマシタ。
テキノ シロニ、日ノマルノ
ハタガ タカク ヒルガヘリ
マシタ。
「バンザイ、バンザイ。」
勇マシイ コエガ
ヒビキワタリ
マシタ。

（『復刻　国定教科書』「ヨミカタ　一」　ほるぷ）

2：【 アメリカ・イギリスに戦争を宣言 】　　　　　　　　　　　天皇の詔勅

　朕、ここに米国・英国（アメリカ・イギリス）に対して宣戦する。中華民国政府は日本の真意を理解せず、みだりにことをかまえて、アジアの平和を乱している。このため、日本は、ついに武器を取ることになり、4年余りが過ぎた。

　重慶に移った中華民国政府は米・英の援助を頼み、米・英両国は、それを助けてアジアの戦乱をさらに広げてきた。かくして両国は"平和"という美名にかくれて、「アジアを支配しようとする欲望」をむき出しにしている。ついには、輸出禁止などという手段をあえて取り、日本の生存を根本からおびやかしている。

　このようなことでは、日本がアジア諸国の安定のために長い間努力してきたことが、ことごとく水の泡となり、日本の存立もあぶなくなってきた。こと、ここに至れば、日本は自存自衛のため重大な決意を持って立ち上がり、日本を妨害する一切の障害を打ちくだくほかない。朕は、アジアの永遠の平和を確立し、日本帝国の光栄を保全したいと思う。

（『史料　日本近代史　Ⅱ』　三省堂）

3：【 日本の宣戦布告に対するアメリカの声明 】

　日本帝国政府は、アメリカ合衆国の人民に対し理由なき戦争をしかけてきたので、アメリカ議会は、日本に宣戦を布告することに決した。

　最後の勝利をもたらすため、国のあらゆる力を戦争遂行につくし、一切の権限を大統領にあずける。
　　　　　　　　　　　　　　　　　　　1941.12.8

真珠湾攻撃⇨

歴史 学習プリント 〈15年戦争：8－2〉

■アジア・太平洋戦争で、日本軍は東南アジアの国々の人々に対して、どんなことをしたのか？ 東南アジア諸国の中学生たちは、日本の行為をどのように学んでいるのか？

4：【 東南アジアの人々は太平洋戦争をどう見ているのか？ 】　東南アジア諸国の教科書から

満州を完全に支配し終わると、日本は、中国の南の方へ、さらに勢力を拡張し始めた。その後、1937年7月7日、突如、理由もなく北京郊外の蘆溝橋で、日中両軍が衝突した。
停戦協定のための交渉は成功せず、宣戦布告のないまま、戦闘状態は続けられた。

（ タイの教科書より ）

1942年1月3日、マニラが占領された翌日、日本帝国陸軍総司令本部・本間雅晴将軍は、アメリカによる占領の終結と、日本の遠征の目的を、次のように宣告した。
「諸君をアメリカの圧政的支配から解放し、大東亜共栄圏の一員としてフィリピン人のためのフィリピンを樹立し、諸君の繁栄と文化を享受できるようにする」と。
降伏したフィリピン・アメリカ軍は、バターンからパンパンガのサン・フェルナンドまでの炎天下の行軍をさせられた。肉体的に弱っている者は射殺されたり、突き殺された。この非人道的な強制行軍は、「バターンの死の行軍」と呼ばれている。
その後、さらに何千何万という人が処刑されたり、投獄されたりした。しかし、反抗の精神は、占領の終わるまで、日本当局を悩まし続けた。

（ フィリピンの教科書より ）

インドネシア民族は、日本の欺瞞（＝あざむき）に気づき始める。日本が、ほしいままに振る舞い、残酷な行為をおこない、ぜいたくな生活をしていたのに、一方インドネシア人民はと言えば、何千人もの餓死者が出るし、何千人もが「労務者」の名の下に奴隷にさせられ、また、何万という人たちが裸、または、やっとボロ着れをまとわされているといった状態では、日本が、大東亜における「聖戦」などと言っても、それに対する信頼感が、インドネシア民族の心から消えていくのは、当然だった。

（ インドネシアの教科書より ）

1年たつと、日本人は、ビルマ人を圧迫し始めた。ビルマ人の財産・家畜を、戦争のためと称して、強制的に徴集した。米・食用油・こしょう・玉ねぎなどを、日本兵をまかなうためと称して、住民から強制徴集した。
その後、鉄道施設、飛行場建設のためと称して、住民を動員した。日本兵は、ビルマ人をしいたげた。憲兵隊は無実の人を抑え、いろいろな拷問を加えた。
そこで、日本人が思うままにビルマ人を抑圧することに耐えかねて、ビルマの青年指導者たちは、抵抗軍を組織して、イギリス軍と連絡をとった。オンサン将軍が指揮するビルマ国防軍は、1945年3月27日、日本軍に対し、武力蜂起した。
抵抗軍の援助で、イギリス軍はビルマに再び進攻し、8月14日に日本軍は降伏した。

（ ビルマ（現ミャンマー）の教科書より ）

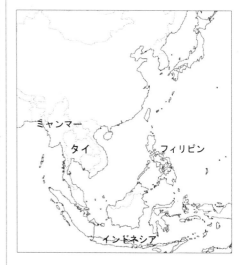

－ 73 －

歴史 意見プリント 15年戦争：08 〈鬼畜米英〉

３年　　組　　号（　）班：名前　　　　　　　　　

■次の質問に対して、自分の考えを書いてみよう！

1. 質問

■日本は、「アメリカやイギリスがアジア諸国の安定を乱し、日本の存立もあぶなくするため、仕方なく戦争をする」という理由で、天皇の名のもとにアメリカやイギリスと戦争を始めてしまった。ところが、現在の東南アジア諸国の中学生たちが習っている教科書を見ると、「本当にそうだったのか？」と考えさせられる内容になっている。
　さて、今日の学習内容およびアジア諸国の教科書に書かれている内容を読んで、日本のやっている戦争について感じたことを書きなさい。

2. 東南アジア諸国の教科書を読んで感じたこと・考えたことなどについて（「自分の考え」）

Ⅰ（これまでの授業内容）	Ⅱ（今回の授業内容）
帝国主義　世界恐慌　満州事変　五・一五事件　二・二六事件　軍国主義　日中戦争　南京大虐殺　長期戦　ドイツ　ファシズム　ポーランド　独ソ不可侵条約　第２次世界大戦　イタリア　フランス　ソ連	日独伊三国同盟　日ソ中立条約　アメリカ　イギリス　オランダ　マレー半島　真珠湾　太平洋戦争　連合国　枢軸国　大東亜共栄圏　国民学校　資源の確保　中国からの撤退要求

※「自分の考え」には、結論を出した根拠となる歴史的事実を上のⅠ・Ⅱから最低１つ以上を選び○でかこみ、必ず下の文章に書き入れること

〈 授業方法・内容について質問・意見・考え・感想などあったら自由にどうぞ！ 〉

[89] アウシュビッツと731

◎ドイツの新たな動き、そして、その敗北を紹介する。また、同時に、ドイツが戦争中におこなった強制収容所での大量虐殺と、日本の731部隊のおこなった虐殺行為をもとに、戦争について考えさせる。

1．ドイツ軍は、新しい動きとして何をしたのか？

①・1940年5月、フランスを侵略したドイツ軍のその後の動きを、【資料：1】で確認してみよう。
　　・では、その後の動きを説明するので、ドイツにより侵略された国々を確認して、塗りつぶしていこう！
　▷【資料：1】
※・右の説明をして、【資料：1】の白地図に国名を記入させ、その国を塗りつぶさせ、視覚的にドイツの勢力拡大をとらえさせる。

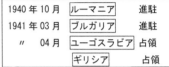

1940年10月	ルーマニア	進駐
1941年03月	ブルガリア	進駐
〃　04月	ユーゴスラビア	占領
	ギリシア	占領

②・これでドイツは、バルカン半島を征服した。ところが、1941年の6月になると、ドイツ軍は意外な行動に出た。これには世界中が驚いた。
　・（1941年6月）、ドイツは、どこの国に進撃をしたのか？
　⇨ソ連

③・「ドイツのソ連侵略が意外な行動だった」のは、この2国間には「ある条約」が結ばれていたからだ。
　・その条約とは［何だった］？
　⇨不可侵条約

1941年6月22日	ドイツの対ソ戦	突入
	レニングラード	包囲
	モスクワ	へ接近
	ウクライナ	占領

④・不可侵条約を結んでいたソ連に対し、ドイツは次の［表のような］行動に出た（右の表を提示！）。
　これは、一方的に不可侵条約を破ってのソ連侵略だった。ドイツが、こんなにも早く不可侵条約を破るとは考えられなかった。そのためソ連は準備が不十分で、かなり攻め込まれてしまった。しかし、このことで「ソ連と連合してドイツと戦おう」という国が出てきた。
　・さて、それは、どこの国だったと思う？
　→・・・

⑤・「資本主義」の大国アメリカとイギリスだった。「社会主義」の大国ソ連が、共にドイツと戦うことになった。これらの国の間には対立もあったが、互いに「ファシズムだけは絶対に倒さなければならない」と強く考えるようになっていた。このことによりドイツは、「東西両方向から攻撃を受ける」形となった。そして、1943年、破竹の勢いのドイツ軍が、初めて敗北した。
　・ソ連軍がドイツ軍を破ったのは、当時の スターリングラード ［現在のボルゴグラード］だった！
※・｜地図帳P36（N6）｜で、スターリングラード（現ボルゴグラードの位置を確認させる）
　・ドイツ軍の敗北の原因を、【資料：2】で見てみよう！
　▷【資料：2】（ドイツ軍の敗因への線引き）

⑥・スターリングラードは、ドイツ軍に完全に包囲されてしまっていた。ところが、冬が近づくと形成が逆転していった。そして、この戦いを機に、ドイツは各地で「敗北」をしていくこととなった。

2．ドイツは、どんな残虐な行為をおこなっていたのか？

①・しかし、ヨーロッパでは、ドイツが「残虐な行為」をおこなっていた。ナチスは、ドイツの「経済的な窮乏と社会不安」の原因を「ある民族」のせいにして、各地で捕らえていた。
　・その「ある民族」とは？［何人？］
　⇨ユダヤ

②・「すべての責任をなすりつけられた」ユダヤ人は、ナチスドイツにより大弾圧を受けていった。このユダヤ人虐殺を ホロコースト と言った。
　・この政策により、ドイツは、捕らえたユダヤ人を、どこへ送っていたのか？
　⇨強制収容所

③・「強制収容所」は、ドイツ本国及び占領した17ヵ国に約1000ヵ所もあった！
　▷地図のフリップを提示

- 75 -

④・[地図からもわかるが、「強制収容所」は]ドイツとポーランドに多く、中でも悪名高かったのが アウシュビッツ（ 強制収容所)だった。「アウシュビッツ」へのユダヤ人の輸送には、家畜用の鉄道貨車 が使われ、1両に100人ほどが詰め込まれた。食べ物も水もほとんどなく、昼夜、休みなく貨車は走らせられた。だから、駅に着いた時には「『4人に一人』が息絶えていた」とも言われている。
・この輸送で生き延びたユダヤ人は、駅に着くと2列に分けられた（ コピーの提示！）。
・骨格も肉づきも良い人、まだまだ十分に体力のありそうな人は、右の列へ。赤ん坊を抱いた母親、妊娠している人、身体の不自由な人や病人、そして、子どもや老人は「左の列」へ[と分けられた]（ カードを提示しながら！）。
・約8割の人たちが、「左の列」に並ばされていたが、これは何のために分けていたのか？
　→・・・
⑤・右の列は、労働に適切と見なされた人で、そのまま収容所での強制労働に[連れて行かれた]。左の列の人たちは労働に不適切と見なされ、シャワー室へ[と連れて行かれた]。しかし、このシャワー室は「旅の疲れを癒す」ためのモノではなかった。
・だから、この部屋のシャワーから出てきたのは、水ではなく、何だったのか？
　→・・・
⑥・[シャワー室で]裸のまま身動きもできない状態のところへ猛毒のチクロンBが発射された[その様子が【資料：3】にある]！
▷【資料：3】
⑦・猛毒のシャワー室で殺された人々は、その後・・・焼却炉で焼かれた。それでも間に合わないときには、穴の中で焼かれた。最も多いときで、1日2万5000人からの生命が抹殺され煙に変えられていた。
※・ここで『アウシュビッツ』（ 草の根出版会)『アウシュビッツ収容所』（ グリーンピース出版会)からの写真（ 焼却炉)のコピーを提示する。
⑧・労働に不適切と見なされ、駅のホームで左側の列に並ばされた者には、すぐに死が待っていた。だが、もっとひどいことに、ナチス・ドイツは、そうして殺した人の死体の脂肪から石鹸を造る実験、死体を焼いた灰を肥料にする実験などをおこなっていた。
・「実験」と言えば、この写真を見て欲しい！
▷『アウシュビッツ』よりコピーの提示
⑨・この子どもたちも、ドイツの「実験」の犠牲者だ。例えば、「子どもの眼球に各種の染料を注射して、目の色を変える実験」をやったり、発疹チフスやマラリアなどの伝染病の実験、冷凍実験、骨・筋肉・神経の再生実験、骨の移植実験、そして新しい医薬品の薬効実験などが、この子どもたちに対しておこなわれた。
・ところで、（ 駅のホームで)右側の列に並ばされた者の命は、助けられたのか？
　→そんなことはない・殺された・助けられなかった・・・
⑩・満足な食事も与えられず強制労働を強いられた人たちは、力尽きて亡くなっていった。ホロコーストとは、初めからユダヤ人を虐殺することだけが目的だった。

3．日本軍による生体実験の事実をどう考えるのか？
①・ユダヤ人が、こうして理由もなく処刑されたのは、1941～45年のわずか4年ほどの間。
・その間[1つの強制収容所である]、アウシュビッツでの犠牲者は、どれ位の数になっていたのか？
　→・・・
※・発言がないようであれば、次の選択肢を提示する。

| A：約10万人（ 3月10日の東京大空襲での一晩の死者の推定人数 ） |
| B：約30万人（ 広島・長崎での原爆による死者の数の合計 ） |
| C：約100万人 |
| D：約300万人（ 15年戦争での軍人から民衆までの日本人の死者の数の合計に近い数 ） |
| E：300万人以上 |

②・答えはCで、およそ126万人と言われている。ポーランドにあった6つの強制収容所で毒ガスによっ

て殺されたユダヤ人の数は、合計で約300万人と言われている。
・ところで、日本軍の東南アジアでの残虐行為は前の授業で出てきたが、日本軍の侵略による犠牲者全体の数は、どれくらいになると思う？
　→・・・
※・発言がないようであれば、すぐに次の選択肢を提示する。

> A：約 10万人（3月10日の東京大空襲での一晩の死者の推定人数）
> B：約 30万人（広島・長崎での原爆による死者の数の合計）
> C：約100万人
> D：約300万人（15年戦争での軍人から民衆までの日本人の死者の数の合計に近い数）
> E：300万人以上

③・これは、答えはE。
・では、300万人以上というと、どれくらいになると思う？
　→・・・
④・ドイツ軍による戦争犠牲者は、全体で約2千500万人と言われている。日本軍による犠牲者は、中国・朝鮮・ベトナム・フィリピン・インド・インドネシアなどを含めて、合計で約2千万人にも及ぶ。つまり、日本もドイツも、ほぼ同じような加害行為をやっていた。日本軍による犠牲者は、中国人の死者だけでも推定1千万人以上と言われている。その中には、731部隊［と呼ばれた細菌戦部隊］による人体実験の犠牲者も含まれている。
・この本［『悪魔の飽食』角川文庫］には、日本軍がおこなった「人体実験」の事実が書かれている！
⑤・731部隊では、マルタと呼ばれる日本の侵略に対して戦って捕虜となった中国人などを使って、「伝染病原菌の生体実験」がおこなわれていた。マルタ［＝丸太］とは、その名称が示すとおり「切断自由・切り刻み自由」の生体実験材料＝人間モルモットだった。ペスト生菌を注射し、強力な赤痢菌を飲ませ、発病までの経過を観察する実験、チフスなど各種菌入りの饅頭を食べさせ、集団伝染の効力をテストする実験、その他、高熱に苦しむマルタを生きたまま解剖したり、各種血清・ワクチンの研究開発がおこなわれた。ほとんどのマルタは、この細菌戦実験の過程で死んでいった。しかし中には、免疫性を獲得して、生き残る者もあった。
・では、そうして生き残ったマルタは、助けてもらえたのか？
　→そんなことはなかった・殺された・・・
⑥・［そうしたマルタは］すぐに殺されることなく、凍傷実験に回された。防寒帽・防寒服を着せられたマルタが、－40度の屋外に引き出される。ただし手足は露出させ、ここに水がかけられた。
・でも、そんなことをすると、どうなる？
　→凍ってしまう・凍傷にかかる・・・
⑦・みるみるうちに凍傷になる。その後、屋内に入れ、熱湯から微温までの様々な温度のお湯にマルタの手足をひたして、筋肉組織の蘇生状況を調べた。この凍傷実験でも生き残ったマルタは、全部の手足を切断された。そんなマルタは、もう実験には使えない。だから最後には、毒ガス実験の材料とされた。
・もう1つ、この本［『悪魔の飽食』］から、生々しい証言を一つ紹介しよう！
▷（『悪魔の飽食』から「中国人少年の生体解剖」の部分を読む）
⑧・日本のやったことは、あまりにも惨過ぎる。
・でも、どうして日本軍は、こんな惨い人体実験をおこなったのか？
　→・・・
⑨・［こうした人体実験をおこなう場合に使われた］理由は、「マルタは、いずれ日本の関東軍によって、『死刑を執行される身分』である」。「同じ死ぬのなら、医学の材料として『人類の役に立って死ぬ』方が良い」というものだった。
・この理由を、どう思う？
・A：医学の進歩・人類のためであれば、許されると思う人［挙手］！
▷（挙手による人数の確認のみ）
・B：いや、［どんな理由であれ］許されることではないと思う人［挙手］！
▷（挙手による人数の確認のみ）

⑩・もし、このことが許されるのであれば、たとえば「自国の不景気を解決するために、他国に侵略することも許される」。つまり、「自分たちの生活のため・幸福のために他人を犠牲にすることも許される」ことになってしまう。そんなことが許されるはずは、(絶対に)ない。
・しかし、仮に「許される」とした場合、日本と同じように捕虜などを人体実験に使った国が他にあったのか？
→ある・ない・ドイツがやった・・・
⑪・そんな国は、「ある国」を除いて世界中どこにもない。
・その「ある国」とは？
→ドイツ

4．アウシュビッツと 731 部隊とでは、何が同じで、何が違うのか？

①・こうした人間として許されない行為に関わったナチスや 731 部隊の人間は、戦争が終わってから、どうなったと思う？
→・・・
②・アウシュビッツに関係した人物は、戦後も厳しく 戦争犯罪 を問われた。当時、姿をくらました人物に対しては、今なおドイツは、その行方を追っている。
・そこまでやるのは、当然のこと？　やり過ぎたこと？
→当然だ・・・
③・では、731 部隊に関係した日本軍の人間は、どうなったのか？[やはり戦争犯罪を問われたのか？]
→戦争犯罪を問われた・問われなかった・・・
④・[731 部隊では]誰一人として、その責任を、問われなかった。
・でも、それは、なぜなのか？
→・・・？
⑤・それは、731 部隊の軍部の人間を「助けた者」がいたからだ。
・それは誰(どこの国)だと思う？
→・・・
⑥・アメリカだ。
・でも、どうして[アメリカは、731 部隊の軍部の人間を]助けたのか？
→・・・
⑦・アメリカは、731 部隊が得た「細菌戦のノウハウ」を受け取ることを交換条件に、部隊の日本人を助けた。ドイツのアウシュビッツと日本の 731 部隊。同じようで、大きく違うようだけど・・・。
・[何が同じ？]何が違うと言えばいいのか？
→・・・

5．第 2 次世界大戦は、どのようにして終わったのか？

①・ところで、丁度みんなと同じ年齢で、ナチス・ドイツの犠牲になったユダヤ人の女の子がいるんだが誰だか知っている？
→・・・
②・その女の子が残した日記だ！
▷『アンネの日記』を提示
③・誰か読んだことがある人[挙手]！
▷(挙手による人数の確認)
④・この日記を書いたアンネ・フランクという少女は、わずか 15 歳でナチス・ドイツの犠牲となって死んでいった。ナチスによるユダヤ人狩りから逃れるため、アンネの一家は、オランダのアムステルダムで、2 年間余り隠れ家での生活を送っていた。
・その日記の一部を紹介してみよう！

　ユダヤ人弾圧の布告が、次から次へと出されました。ユダヤ人は、黄色い星をつけなければなりません。ユダヤ人は、自転車を提供しなければなりません。ユダヤ人は、電車にも自動車にも乗れ

ません。ユダヤ人は、午後3時から4時までの間しか買い物ができません。しかも「ユダヤ人の店」と書いてあるところだけです。

　ユダヤ人は、夜8時以後は家の中にいなければなりません。この時間を過ぎると、自分の庭に出てもいけないのです。ユダヤ人は、劇場・映画館・その他の娯楽場へ行くことができません。ユダヤ人は、一般のスポーツ競技にも参加できません。プール・テニスコート・ホッケー競技場・その他、一切の競技場に入れません。ユダヤ人は、キリスト教徒を訪問できません。ユダヤ人は、ユダヤ人学校へ通わなければなりません。この他、同じような数限りない制限があります。

⑤・しかし、こんな生活から、逃れられる日がやってきた。1943年7月、連合軍がイタリアのシシリーへ上陸した。イタリア国内のパルチザン（抵抗運動）も各地で立ち上がった。
　・その2ヶ月後の1943年9月に、連合国軍に降伏した国は・・・？
　⇨**イタリア**

⑥・ムッソリーニは失脚、イタリアは無条件降伏、ドイツ側の一角が崩れた。また、ドイツに占領されていたフランスや東ヨーロッパでも、レジスタンスが激しくなっていた。ドイツ軍の自動車を造っていたフランスの工場では、欠陥車がゾロゾロ出た。ドイツ軍輸送の鉄道も爆破された。女性も老人も、自分にできることでレジスタンスに参加していった。そして翌1944年6月、連合軍はフランスのノルマンディー上陸作戦を開始。東からソ連軍が、西からアメリカ・イギリスなどの連合軍が、ドイツを挟み打ちにした。
　・この両軍は、1945年4月、エルベ川で出会い「二度と再び戦争を起こさない」ことを誓い合った［ これを エルベの誓い と言う ］（ コピーの提示！ ）。

⑦・同じ月［ 1945年4月 ］、イタリアのムッソリーニは、パルチザンの手により捕らえられて銃殺され、逆さづりにされた（ コピーの提示！ ）。
　・その1ヵ月後の1945年5月、ついに、無条件降伏した国が［ どこだった ］？
　⇨**ドイツ**

⑧・ドイツを戦争へと引きずり込んだヒトラーの最期は、自殺だったと言われる（ コピーの提示！ ）。こうして、長かった第2次世界大戦もヨーロッパでは終わりを告げた。しかし、そのときすでに、アンネたちの命は奪われてしまっていた。今日の授業では、「ユダヤ人虐殺」・「アウシュビッツ」・「731部隊」・「パルチザン」などが出てきた。
　・では、ここまで学んできて、ドイツや日本のやっている戦争について感じたこと・考えたこと・言いたいことなどを意見プリントに書きなさい！
　▷意見プリントに記入

＜参考文献＞
安井俊夫『歴史の授業108時間　下』地歴社
安井俊夫『学びあう歴史の授業』青木書店
『ひと』第188号太郎次郎社
『アウシュビッツ』草の根出版会
『アウシュビッツ収容所』グリーンピース出版会
森村誠一『悪魔の飽食』角川文庫
『戦争の真実を授業に』あゆみ出版
『アンネ・フランク』草の根出版会
『アンネの日記』文藝春秋社

★授業〈 アウシュビッツと731 〉について
　この授業案では、最初に学習プリントの白地図資料への色塗り作業を生徒におこなわせている。その作業を通して、ドイツの侵攻を追っている。すると、かなりの範囲にドイツの勢力が広がっていく様子を短時間で理解させることができる。ただ、この授業での目的は、ドイツの勢力範囲をつかませることではなく、ドイツと日本が戦争中におこなった非人間的な行為について学び、考えさせることである。

だから提言1（ドイツ軍は新しい動きとして何をしたのか）の内容については指導言は多いが、なるべく時間をかけないようにスムーズに進めるようにしている。色塗りや地図帳での作業などは、時間を設定して取り組ませないとダラダラと作業をする生徒が出てくるので、テンポよく進めなければならない。

この授業では非人間的な行為を取り扱うのだから、当然残酷な場面が出てくる。その中には「中学生の学習として、どうなのか」と悩む事実もある。しかし、「事実は事実としてきちんと教えておくことは大事だ」との考えと、高校では習わないかもしれないため、中学生であってもあえて教えている。以上のような考えにより、〈鬼畜米英〉の授業で取り扱った「更に拡大する日本の戦争」の中で最もひどい虐殺の事実としてアウシュビッツと731部隊の人体実験を取り上げている。人体実験については、後の原爆投下の学習においても必要になるためここで取り上げている面もある。

ドイツのアウシュビッツでの所業は、中学生にとっては衝撃的な（衝撃的過ぎる）内容である。そんな事実に対して「どう思うのか」などと生徒の意見を求めるようなものではないと考えているため、主にコピーを使っての説明を中心に授業を進めている。ただし、説明だけでは生徒の集中が続かないため、提言3（日本軍による生体実験の事実をどう考えるのか）の助言①（わずか4年程の間にアウシュビッツでの犠牲者は、どれくらい）や助言②（日本軍の侵略による犠牲者全体の数は、どれくらい）では、犠牲者の多さを比較することで、その悲惨さを実感させたり、挙手による意思表示をさせるなどの工夫をしている。

731部隊については写真などの資料がないため、説明のみで進めざるを得ない。しかし、生徒にとって、731部隊に関する内容は、つい今しがた知ったアウシュビッツでのナチス・ドイツの所業以上（？）の事実を突きつけられることになる。そのため、説明のみでも十分に内容を伝えることはできると思う。この731部隊については、アウシュビッツ以上に中学生に教える内容として適切なのかどうかと悩みもしたが、現在にもつながる内容もあるので、あえて取り扱っている。

提言3の助言⑨（人体実験をおこなった理由をどう考えるのか）は話し合い活動にできないこともないが、あえておこなわせていない。挙手による人数の確認で済ませているが、たとえこの場面で「医学の進歩・人類のためであれば許される」と手を挙げる生徒がいても、それは助言⑩で否定している（ときどき手を挙げる生徒はいる）。ここだけが論題に対して、教師が唯一結論を断定している場面である。

ムッソリーニやヒトラーの最期を取り上げているのは、後に日本の指導者への責任を生徒に考えさえるときに必要になるからである。こうして日本（軍）の行為を見ていくと、ここが2つ目の山場の授業となる。なお、最後の提言5（第2次世界大戦は、どのようにして終わったのか）の助言⑩（ドイツや日本の戦争について考えたことや言いたいことなどを意見プリントに書きなさい）は、時間の関係で宿題として個人の考えを意見プリントに書かせてくることが多い。

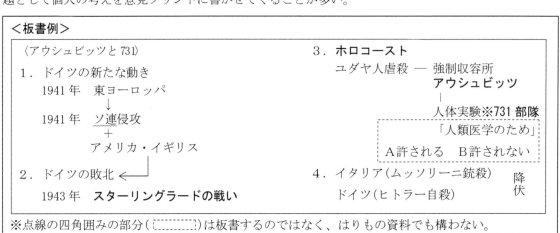

- 80 -

歴史 学習プリント ＜15年戦争：9－1＞

■1941年、ドイツは意外な行動に出た！ どこへ侵略を開始したのか？ そして、その結果はどんなことになったのか？ ナチス・ドイツの動きを追ってみると・・・。

1：【 ドイツ軍の侵略行為 】　　　　　　　　　　ドイツ軍が侵略していった地域に×印をつけなさい

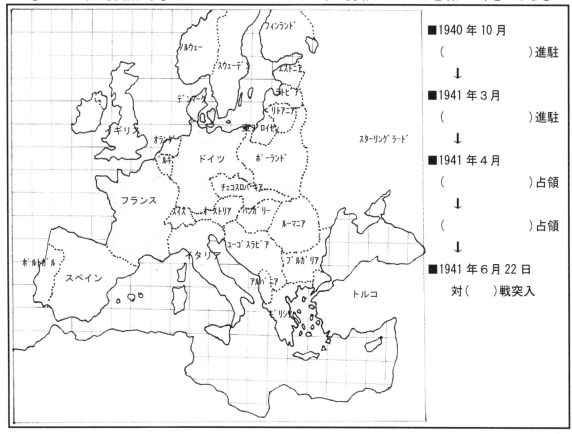

■1940年10月
　（　　　　　　　）進駐
　　↓
■1941年3月
　（　　　　　　　）進駐
　　↓
■1941年4月
　（　　　　　　　）占領
　　↓
　（　　　　　　　）占領
　　↓
■1941年6月22日
　対（　　　）戦突入

2：【 スターリングラードの戦い 】　　　　　　　　　　　　　　　　　　　ドイツ軍の敗北

　ヒトラーのドイツ軍は侵入以来、1日平均25マイルの快速で進撃した。戦局は、勝利につぐ勝利であった。しかし、やがて冬の前ぶれである"秋の長雨"が始まり、ぬかるみの季節が訪れた。しかもソ連軍の抵抗は日増しに強くなっていった。そして、冬将軍がやってきた。10月中旬までに"モスクワ占領"を予定していたドイツ軍は、冬の装備をまったく用意していなかった。

　11月になって零下22度まで下がると、重症の凍傷患者が続出し、零下30～40度まで下がれば油が凍って機銃は作動せず戦車の砲塔も回転しない。エンジンを始動させるために、車台の下で10時間も火を燃やさなくてはならない。このような状況で、11月中旬の必死の攻勢も失敗した。

　すると、優秀な装備と十分の冬季訓練を経たジューコフの指導するソ連軍が、すかさず反撃に出た。1月末、ドイツ軍は降伏、9万1000人が捕虜となった。

　　　　　　　　　　　　　　　　　　　　　　　　　　（『世界の歴史　12』　現代教養文庫）

歴史 学習プリント 〈15年戦争：9−2〉

■ナチス・ドイツは、ユダヤ人に対して大虐殺（ホロコースト）をおこなっていった。そして、日本でも731部隊で、恐ろしい実験が生きた人間を使っておこなわれていた。

3：【 ホロコースト（＝ユダヤ人大虐殺） 】　　　　　　　　　　アウシュビッツ強制収容所

　それは、アウシュビッツ・ビルケナウの道から外れた所にある2つの古い農場の建物で、これに空気が流通しないように手を加え、重い木の扉を取り付けたものであった。・・・
　衣類を脱がされた囚人たちは、警備兵の指図で1回に250人ぐらいずつ部屋に連れ込まれた。扉には錠が下ろされ、それから1、2缶の毒ガス"チクロンB"が、壁に特殊に造られた隙間から注ぎ込まれた。犠牲者を殺すに要する時間は、天候によって異なるが「10分以上かかることはまれ」であった。
　30分後に扉が開かれ、死体は、ここで永久的に働く囚人の指揮者の手で除去され、穴の中で焼かれた。まず、焼却の前に死体から金歯と指輪が奪取された。焼くときには薪を死体の間に積み重ね、およそ100ぐらいが穴の中に入れられたところで、パラフィンをしみ込ませた布で火が付けられた。
　・・・このような状態で、穴一杯の死体を焼くのには6時間から7時間かかったが、この人間の体の焼ける臭いは、風の吹かぬときですら収容所に充満したのであった。
　　　　　　　　　　　　　　　　　　　　　　　　（ フランクル著『夜と霧』　みすず書房 ）

4：【 恐るべき生体解剖 】　　　　　　　　　　　　　　　　　　　　　　731部隊の行為

　1943年のある日、解剖室に一人の中国人少年が連れ込まれた。隊員らの話によると、「少年は"丸太"ではなく、どこからか誘拐してきたのではないか？」と言うことであったが、正確なことはわからない。・・・（ 中 略 ）・・・
　・・・隊員の一人が、短い言葉で少年に「台の上へ上がれ」と命じた。上半身裸にさせられた中国人少年は、命ぜられた通り台の上へ身を横たえた。中国人少年は、これから自分の身の上に起こるべきことを理解していなかった。仰向けに寝た少年の口と鼻口にクロロホルムを浸した脱脂綿が押し当てられた。全身に麻酔が回ったころ、中国人少年の身体がアルコールで拭き清められた。台を囲んだ田部班員の中から古参雇員が、手にメスを握って一歩少年に近寄った。胸郭に沿ってY字型にメスが入る。コッヘル鉗子で止血された皮膚に、血玉がプツプツとわき出て白い脂肪が露出した。"生体解剖"が始まったのである。「少年は"マルタ"やない・・・、子どもやさかいに別に抗日運動をやったわけではない。それを解剖したのは『健康な"少年男子の臓器"が欲しかったため』と、後でわかった。少年は、それだけのために生きたまま"腑分け"されたんや・・・」　後に、この解剖光景を回想した第731隊員の言葉である。
　　　　　　　　　　　　　　　　　　　　　　（ 森村誠一『新版　悪魔の飽食』　角川文庫 ）

歴史 意見プリント 15年戦争：09 〈アウシュビッツと731〉

3年　　組　　号（　）班：名前＿＿＿＿＿＿＿＿＿＿

■次の質問に対して、自分の考えを書いてみよう！

1. 質問
   ■今日の授業内容から学んだドイツや日本のやっている戦争、あるいは、その中でおこなわれたアウシュビッツでのホロコーストや731部隊の行為などから感じたこと、考えたこと、言いたいことなどについて書きなさい。

2. ドイツや日本のやっている戦争、あるいはその中での行為についての意見・考え・主張など（ 自分の考え ）

I（これまでの授業内容）	II（今回の授業内容）
帝国主義　植民地　世界恐慌　満州事変　軍国主義　日中戦争　南京大虐殺　長期戦　ファシズム　第2次世界大戦　日独伊三国同盟　日ソ中立条約　アメリカ　イギリス　オランダ　太平洋戦争　連合国　枢軸国　大東亜共栄圏	ドイツ　東ヨーロッパ　ソ連　不可侵条約　ドイツの敗北　ユダヤ人　強制収容所　アウシュビッツ　労働力　ホロコースト　人体実験　731部隊　戦争犯罪　アンネ・フランク　エルベの誓い　イタリア　ムッソリーニ　パルチザン　ヒトラー

※「自分の考え」には、結論を出した根拠となる歴史的事実を上のI・IIから最低1つ以上を選び〇でかこみ、必ず下の文章に書き入れること

＿＿

＿＿

＿＿

＿＿

＿＿

＿＿

＿＿

〈 授業方法・内容について質問・意見・考え・感想などあったら自由にどうぞ！ 〉

[90] 赤紙のきた家

◎当時の報道の様子・赤紙がきた家の様子・勤労動員・強制連行などの事実を紹介し、そんな状況で、日本は戦争を続けていくべきなのかどうかを考えさせる。

1. 赤紙が家に届くと、どうなるのか？

① ・これ（【資料：1】及び拡大コピー！）は、当時の新聞のコピーだ。
　・日本軍が、ミッドウェーでアメリカ軍と戦ったときのニュースが載っている！
　▷（【資料：1】＆新聞のコピーを提示する）

② ・［ミッドウェー海戦で］勝ったのは、日本？（それとも）アメリカ？
　→日本

③ ・この新聞（で見る限り）では、「日本軍の大勝利」となっている。しかし、実際は［ミッドウェー海戦では］日本軍は空母を4隻も失い、戦闘機285機が全滅、戦死者は3500名にものぼった。つまり、この戦いは完全に「日本軍の大敗北」だった。にもかかわらず新聞では、「日本軍の大勝利」みたいに書き立ててある。
　・どうして［「日本軍が敗北した」のに］、日本国民に正確に知らせないのか？
　→日本が勝っていると思わせるため・戦争に反対する者が出ないように・・・

④ ・この後も、同じようなことが続くようになっていく。
　　そうすると、こうしたもの（赤紙の復刻版！）が、各家庭に届けられることが多くなっていった。
　・これ、何（だかわかる）？
　→赤紙

⑤ ・この赤紙が来ると、それをもらった本人は、何にならなければならなかった？
　→兵隊・・・

⑥ ・本人の意志に関係なく、兵士として戦争へ行かなければならない。
　・だから、赤紙が家に届くと、家族は何をしたのか？
　→お祝い・お別れ・・・

⑦ ・ここに、そんな人たちの話を集めた本（『あの人は帰ってこなかった』）がある。この中から、当時の人たちの気持ちや様子を見ていこう。

2. 小原家の様子を『あの人は帰ってこなかった』から知ろう！

① ・【資料：2】に、兵隊として出征する前の日の様子が載せてある！
　▷【資料：2】
※・『あの人は帰ってこなかった』から、小原ミチさんの話の前半部分を載せているが、少し読みづらいため、教師が感情を込めて読んでやった方がよい

② ・出征の前日、何をやっている？
　→お祝い・お別れ・・・

③ ・「喜んで送り出している」と、言える？　言えない？
　→言えない・喜んではいない・悲しんでいる・表面だけお祝いしている・・・

④ ・兵隊として送り出される、ミチさんの夫の方はどうなのか？　喜んで、いるのか？　いないのか？
　→喜んではいない・嫌がっている・・・

⑤ ・「おれなぁ・・・」と言ったあと、何を言いたかったのか？
　→行きたくない・逃げ出したい・・・

⑥ ・（そうだろう）でも、「戦争に行きたくない」など言うことができたのか？
　→できなかった・無理・・・

⑦ ・赤紙には、何が書いてあった？
　→・・・

⑧ ・集合する「場所」と「時間」と「部隊名」が書かれている。つまり、その場所と時間に強制的に集合させられ、軍隊に編入され戦場へと送られる。「生きて帰れる保障はない」んだから、兵隊として出征していく者が喜べるはずはない。「兵隊に行く」ということは、それほど大変なことだった。でもそれ

は、家に残されるミチさんたちの方も同じだった。
・家族には、どんなことが、大きな問題として出てくるのか？
→働き手がいなくなる・・・

⑨・一家の働き手を取られるのだから、「これからの生活が、どうなるのか」という不安は大きかった。
・それでも、こうやって別れなければならなかった！
▷（ 出征を見送る家族の写真のコピーを掲示 ）

⑩・残された家族は、一体どうなっていくのか？　小原さんは無事に生きて帰ってきたのか？
→帰ってきた・帰ってこなかった・・・
⑪・小原家のその後の様子が、この本（『日本の歴史7』）に載っているので、その点をたどってみよう！
▷（『日本の歴史・7』を読み上げる）

> 　入隊してほどなく、中国大陸に送られるという知らせがきた。その列車が東北本線の北上駅を通過するときに、ミチは駅に行った。しかし、プラットホームは見送りの人でぎっしりで、夫に会うことはできなかった。停車時間が終わり列車が動きだしたとき、ミチは大声で夫の名前を呼んだが、その声はとどかなかった。そして、それが二人の永遠の別れであった。このとき小原ミチは18歳。夫の徳志のところに嫁にきて5ヵ月。妊娠して2ヵ月であった。小原家は炭焼きを本業としていた。
> 　　　　　　　・・・（中　略）・・・
> 　父を、夫を、そして子を召集された家にとって、まず起きてくる問題は「家の仕事を、誰がやるか」と言うことであった。召集とは、兵士を出した家にとっては何よりも「働き手を失う」ことである。
> 　　　　　　　・・・（中　略）・・・
> 　その日、小原ミチが炭焼きにいく山には初雪が降った。
> 　　　　　　　・・・（中　略）・・・
> 　新しい、そして苦しい、ミチのたたかいの日が、それから始まった。それは戦争が終わっても終わらない、もう一つのたたかいであった。

⑫・小原徳志さんは、結婚して5ヵ月で徴兵され、その2年後には戦死した。
　ちなみに、南方で死んだ人は、戦死ではなく、餓死が多かった。
・戦って死んだのではなく、飢えて死んでいった人が多かったのは、なぜだったのか？
→戦場でも食料が足りなかった・食べる物もなく戦っていた・・・

3．勤労動員や強制連行は、どのようにおこなわれたのか？

①・小原家のように、男たちが戦争に駆り出された後は、どんな者たちが勉強を中断して、軍需工場で働くようになったのか？
⇨中学生や女学生
②・その（ 中学生や女学生が勉強を中断して、軍需工場で働くようになった ）ことを何と言うのか？
⇨勤労動員
③・その様子を、【資料：3】から見てみよう！
▷【資料：3】の表
④・工場では、全員何時には起きている？
→5時30分
⑤・食事の内容は？
→さつまいも入り御飯とみそ汁
⑥・そんなもので、1日中働いた。だから、労働はかなり大変だった。しかし、「工場で働く」ということには、もっと大変な不安があった。
・それは、どんなこと？
→攻撃される・爆弾を落とされる・・・
⑦・軍需工場は、戦争で「敵の攻撃の標的」にされる可能性が一番高い。この時点で、まだその不安はないが、もし日本が直接攻撃される事態になったら、果たしてどうなるのか。
・【資料：3】の右側の文章に、その様子が出ている！

・▷【資料：3】の文章
⑧・（この資料からもわかるように）女学生や小学生までが工場では働かされていた。しかし、炭鉱や鉱山などでは違っていた。
　・ここでは、企業などで割り当てを決めて、何人や何人を日本に集めたのか？
　⇨朝鮮人や中国人
⑨・朝鮮人や中国人を日本に連れてきたのは、日本国内では何が不足したからなのか？
　⇨労働力
⑩・でも、朝鮮人や中国人を、どのようにして日本に連れてきたのか？
　　［　募集して集めたのか？　それとも、強制的に連れてきたのか？　］
　⇨半ば強制的に
⑪・そのことを 強制連行 と言う。強制連行で連れてこられた中国人や朝鮮人は、佐賀県や北海道などの炭鉱などでの（過酷な）労働をさせられた。
　・でも、そうやって日本が占領している中国や朝鮮の人を強制連行で連れてきて、日本の工場や炭坑・鉱山などで働かせることは、A：当然のことなのか？　それとも、B：やむを得ないことなのか？　あるいは、C：やってはいけないことなのか？
　・A：そんなことは、当然のことだと思う人［ 挙手 ］！
　▷（ 挙手による人数の確認 ）
　・B：当然ではないが、やむを得ないことだと思う人［ 挙手 ］！
　▷（ 挙手による人数の確認 ）
　・C：いや、そんなことはすべきではないと思う人［ 挙手 ］！
　▷（ 挙手による人数の確認 ）
　・（班内の）グループではなしあい［ 1分間 ］！
　▷班内のA・B各グループでのはなしあい
※・この後、グループでのはなしあい　→　班毎の意見発表と進める

4．強制連行は、許される行為なのか？

①・［ その中国人や朝鮮人の ］「強制連行」については、【資料：4】に載せてある！
　▷【資料：4】
②・ 東洋鬼 の国とは、どこの国のこと？
　→日本
③・日本に中国人や朝鮮人を連れてくる場合、どうして、わざわざ「捕虜として仕立てなければいけなかった」のか？
　→・・・
④・言い方を変えると、「『捕虜』としてでないと、日本に連れてくることは、できなかった」
　・それは、どうしてなのか（わかる）？
　→・・・
⑤・一人の人間を、その人間の意志に関係なく、勝手に他の場所に連れていくことは誘拐であり、拉致となる。つまり、この強制連行というのは、犯罪と同じ行為だ。
　・そうすると、この「強制連行」という行為は、どうなのか？　A：当然のことなのか？　それとも、B：やむを得ないことなのか？　あるいは、C：やってはいけないことなのか？
　・A：やはり、当然のことだと思う人［ 挙手 ］！
　▷（ 挙手による人数の確認 ）
　・B：当然ではないが、やむを得ないことだと思う人［ 挙手 ］！
　▷（ 挙手による人数の確認 ）
　・C：いや、そんなことはすべきではないと思う人［ 挙手 ］！
　▷（ 挙手による人数の確認 ）
⑥・それでも、「強制連行で中国・朝鮮の人たちを連れてきた」ということは、日本がどんな状態だったということなのか？

→・人手が不足していた・男性が少なかった・・・

5．日本は、戦争を続けるべきなのか？
　①・実は、強制連行ばかりじゃない。日本は、「朝鮮人を日本の兵隊として志願させ、日本がやっている戦場へ送り込む」ということまでやっていた。
　　・では、この（朝鮮人を日本兵として志願させて戦わせる）ことは、どうなのか？
　　・Ａ：当然のことだと思う人［ 挙手 ］！
　　▷（ 挙手による人数の確認 ）
　　・Ｂ：当然ではないが、やむを得ないことだと思う人［ 挙手 ］！
　　▷（ 挙手による人数の確認 ）
　　・Ｃ：いや、そんなことはすべきではないと思う人［ 挙手 ］！
　　▷（ 挙手による人数の確認 ）
　　・（ 班内の ）グループではなしあい［ 1分間 ］！
　　▷班内のＡ・Ｂ各グループでのはなしあい
　※・この後、グループでのはなしあい　→　班毎の意見発表へと進める
　②・でも、「朝鮮人を日本のために戦わせる」そんなことが、本当にできたのか？
　　→できた・できなかった・・・
　③・当時の日本は、「当然だ」と考えていた。
　　・それは植民地であった朝鮮や台湾では、何という政策が取られていたからなのか？
　　⇨皇民化政策
　④・この皇民化政策とは、朝鮮や台湾の人を、何とする政策のことだった？
　　⇨「皇国臣民」
　⑤・「皇国臣民」とは、「天皇に仕える日本の国民」のこと。
　　・だから、朝鮮では、日本式の名前を名乗らせるという何がおこなわれた？
　　⇨創氏改名
　⑥・つまり、例え朝鮮の人であっても、「皇国臣民」として「天皇のために、日本人として日本のために戦わなければならない」ことになる。こうした政策により、中には自分から志願した朝鮮の人もいた。ここまで当時の日本のやり方を振り返ると、「兵隊を集めるのは『赤紙』で」、「工場や農村で働かせるのは『勤労動員』で」、「炭鉱などでの労働は『強制連行』で」、「朝鮮の人を日本の兵隊として戦場へ」と、全て無理やりに、強引に、やっているようにも思える。こうした状況を考えてみると、「日本は、もう戦争をやめるべき」ではないのかとも思われる。
　　・では、どうなのか？
　　・Ａ：やはり、もう戦争をやめるべきだと思う人［ 挙手 ］！
　　▷（ 挙手による人数の確認 ）
　　・Ｂ：いや、ここまできたら、今更やめられないと思う人［ 挙手 ］！
　　▷（ 挙手による人数の確認 ）
　　・さて、日本としては、どうすべきなんだろうか？
　　・班ではなしあい［ 3分間 ］！
　　▷班内でのはなしあい
　※・班内でのはなしあい　→　学級全体での討論へとつなげていく

<参考文献>
安井俊夫「赤紙が来た家」『歴史の授業108時間　下』地歴社
安井俊夫『学びあう歴史の授業』青木書店
『平和への伝言』あけび書房
『社会科資料袋』清水書院
菊地敬一・大牟羅良編『あの人は帰ってこなかった』岩波新書
『日本の歴史　7』ほるぷ

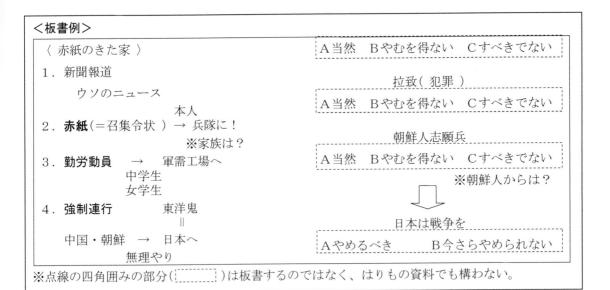

★授業〈 赤紙のきた家 〉について

　この授業案も内容的に欲張り過ぎていて、指導言の数がかなり多くなっている。提言２（ 小原家の様子を知ろう ）の助言⑪（ その後の小原家の様子をたどってみよう ）は省いていも支障はないかと思う。この内容については、生徒に対しての投げかけだけで終わってもよいようにも思えるからだ。

　また、指導言の多さと内容との関わりで考えると、提言３（ 勤労動員や強制連行は、どのようにおこなわれたのか ）の助言⑦（ 敵の攻撃目標となる可能性が高い工場について、日本が直接攻撃された時の様子が資料３に出ている ）は、この授業案に入れるには、時間の経過から考えると間違っている。だから省くべきなのだろうが、この授業で強制連行を取り扱うために、あえてここに入れている。

　ここで強制連行を取り扱っているのは、その事実を伝えたいというだけではなく、「自国のために、他国の人々に負担や犠牲を強いることは、どうなのか」を問いかけるためである。それは、提言５（ 日本は戦争を続けるべきなのか ）の助言①（ 朝鮮人を日本兵として志願させ、戦場へと送り込んでいた事実をどう考えるのか ）も同じである。この問いかけは、中世の単元での〈 秀吉の朝鮮土産 〉の授業での朝鮮出兵のときからの問いかけへとつながっている内容にもなっている。

　提言５の助言⑥の発問（ 日本はもう戦争をやめるべきではないのか ）と同じ内容の発問は、この後も続けていくことになる。つまり、「ここまで事態が悪化しているのに、なぜ日本は戦争をやめないのか」「日本が戦争をやめるときとは、どんなときなのか」と問い続けていくことになる。ここまでくると生徒からは「もう戦争をやめるべきだ」の意見が多くなる。しかしそれでも実際は、日本は戦争をやめない。生徒からも「ここでやめたら、今までのこと（ や犠牲 ）がムダになる」との意見が出てくる。そうした歴史の事実や生徒の実態を考えると、この問いかけが「やめるには、本当に強い覚悟が必要ではないのか」「その決断は、誰の責任でおこなわれるのか」と戦争責任へとつながると考えている。

歴史 学習プリント 〈15年戦争：10－1〉

■ドイツ軍もソ連軍に敗北！　日本軍も各地で敗北を続けていたが、新聞の報道では、そんなことはなかった。そして、ついに空襲も始まっていくことになるのだが・・・。

1：【新聞報道】　　　　　　　　　　　　　　　　　　　　　　　何がおかしいのか？

2：【夫に赤紙がきた!!】　　　　　　　　　　　　　　　　　　　小原ミチさんの話

　あの人と一緒に暮らしたのは、たった5ヵ月だったモ。オレ、嫁にきたのは、昭和17年の春。18のときだったモ。そして、秋の10月には"赤紙"がきて、行ってしまったナス。5ヵ月、一緒に暮らしたって言っても、夢中で暮らした5ヵ月だったナス。

　忙しい田植えのときに嫁にきて、ただ、あの人さくっついてばかり働いて、どうやらあの人の気心もわかってきたなと思うころ、もう別れてしまったようなもんだったナス。あの人、『2年たったら、おれェ帰ってくるから、それまで我慢して待ってろ』って言って、オレも、大丈夫、この人は生きて帰ってくると思って、その話、信じていたったノス。

　明日、出発するという前の晩、みんな集まって出征祝いしてくれたとき、あの人、急に座敷から見えなくなってしまったったノス。オレ、「どこさ行ったべ？」と思って探したれば、暗い部屋の床の上さ、黙ってあぐらかいて座っていたったノス。オレのこと見たれば、『おれなぁ、・・・・』って言ったきり、黙って動かないで、座っていたっけモ。

　今でも、オレ、ハ、その気持ちわかるマス。だれェナッス、喜んで行く人、どこの世界にあるベナッス。酒飲んだって、さわいだって、なんじょしてその気持ち消えるベナッス。オレも、ハ、泣いてしまって、ろくな力づけもできないでしまったモ。

—（『あの人は帰ってこなかった』岩波新書）—

歴史 学習プリント 〈15年戦争：10－2〉

■赤紙により男たちは兵隊として取られていった。そんなとき国民の生活は、どうなっていたのか？
また、無理やりに日本に連れてこられた人たちも数多くいたが・・。

3：【 工場に動員された女学生 】　　　　　　　　　攻撃目標となる兵器工場

■ 大分海軍航空廠での女学校3年生の日課

5:00　食事当番・起床
5:30　全員・起床
6:00　朝食　（ さつまいも入り御飯・みそ汁 ）
6:30　寮・出発　（ 軍歌を歌いながら行進 ）
7:00　工場の朝礼・海軍体操・作業開始
　〈

※「冬でも火の気などなく、あまりの寒さに部屋の裸電球で、交代で10ずつ数えて手をあたため合った」

↑（『日本の歴史7』　ほるぷ）

　ここは多くの工員とともに、動員女学生が働いていた。が、何と言っても兵器の工場。米軍の集中的な攻撃を受け、2000人が即死した。その中には、女学生だけでなく、国民学校児童56名も含まれていた。

　白い片腕が落ちていた。顔を真っ二つに割られた首があった。首のない胴体があった。道路の木の枝に若い女の首が、髪の毛でひっかかっていた。
　足を失った少女が、真っ黒な顔をして、両手だけで懸命にはい回っていた。

〈 豊川・海軍工廠にて 〉

4：【 日本に連れてこられた70万人 】　　　　　強制連行の「うさぎ狩り」作戦

　1944（昭和19）年9月のある日、中華民国山東省高密県草泊村の農民・劉連仁は、村の西はずれの家の葬式に出掛けた。妊娠している妻に送られて家を出て朝のいなか道をしばらく歩いていくと、突然「止まれ！」という声が飛んできた。そこには、小銃を構えた兵士が3人立っていた。日本軍に協力させられていた汪兆銘政府の軍隊であった。
　劉は逃げきれず、縄でしばられて連行されて行った。同じような目にあっている近郷の農民たちとだんだんまとめられ、やがて、80人ほどになった。

　暗くなったころ高密駅に着き、日本人合作社に入れられた。村から女たちが来たが、日本兵は小銃の根元の方で彼女たちを殴り、追い返した。翌日、みなは高密駅から列車に乗せられて、ドイツが築いた近代都市の青島に連れていかれた。
　青島では、海の見える競馬場の中に建てられた収容所に入れられた。華北労工協会の経営するその収容所のまわりには、高圧電流を通した有刺鉄線が張りめぐらされていた。連行された中国人は800人ほどいた。数日後、カーキ色の軍服を着せられて、中国軍の捕虜に仕立てられて彼らは、貨物船の底の大船倉に詰め込まれ、ひどい船酔いに苦しみながら、恐ろしい"東洋鬼"の国へ輸送されていった。それは劉連仁にとって、それから15年に渡って続く苦しみの日の始まりであった。

（『日本の歴史　7』　ほるぷ）

歴史 意見プリント 15年戦争：10 〈赤紙のきた家〉

３年　　組　　号（　）班：名前＿＿＿＿＿＿＿＿＿＿＿＿

■次の質問に対して、自分の考えを書いてみよう！

1. 質問
   ■これまでの日本の戦争をめぐる動きや、赤紙で無理やり兵士を集めたり、女性や子どもまで使っての勤労動員。そして、中国人・朝鮮人の強制連行までやっている日本の様子を見ると、かなり大変な状況になっている。では、もうこのあたりで日本は戦争をやめるべきではないのか？　それとも、ここまできてやめるわけにはいかないのか？

2. 結論

   A：もうここまできたら、やめるべきだ！

   | I（これまでの授業内容） | 満州事変　日中戦争　南京大虐殺　長期戦　ファシズム　第2次世界大戦　日独伊三国同盟　日ソ中立条約　アメリカ　イギリス　太平洋戦争　大東亜共栄圏　不可侵条約　ホロコースト　731部隊　戦争犯罪 |

   B：いや、今さらここでやめるわけにはいかない！

   | II（今回の授業内容） | 報道規制　赤紙　出征祝い　日本兵　餓死　残された家族　中学生　女学生　勤労動員　中国人　朝鮮人　東洋鬼　強制連行　捕虜　拉致　朝鮮人日本兵　皇国臣民　創氏改名 |

   ※「自分の考え」には、結論を出した根拠となる**歴史的事実**を上のI・IIから最低1つ以上を選び○でかこみ、必ず下の文章に書き入れること

3. どうして、そのような結論を出したのか？（「自分の考え」）

   ＿＿＿＿＿＿＿＿＿＿＿＿＿＿＿＿＿＿＿＿＿＿＿＿＿＿＿＿＿＿＿＿＿＿＿＿＿＿
   ＿＿＿＿＿＿＿＿＿＿＿＿＿＿＿＿＿＿＿＿＿＿＿＿＿＿＿＿＿＿＿＿＿＿＿＿＿＿
   ＿＿＿＿＿＿＿＿＿＿＿＿＿＿＿＿＿＿＿＿＿＿＿＿＿＿＿＿＿＿＿＿＿＿＿＿＿＿
   ＿＿＿＿＿＿＿＿＿＿＿＿＿＿＿＿＿＿＿＿＿＿＿＿＿＿＿＿＿＿＿＿＿＿＿＿＿＿
   ＿＿＿＿＿＿＿＿＿＿＿＿＿＿＿＿＿＿＿＿＿＿＿＿＿＿＿＿＿＿＿＿＿＿＿＿＿＿
   ＿＿＿＿＿＿＿＿＿＿＿＿＿＿＿＿＿＿＿＿＿＿＿＿＿＿＿＿＿＿＿＿＿＿＿＿＿＿

〈 授業方法・内容について質問・意見・考え・感想などあったら自由にどうぞ！ 〉

[91] 町は火の海

> ◎東京大空襲の様子を、火災の中を逃げまどう人々を中心にして具体的に紹介する。そして、「日本は、戦争をさらに継続すべきかどうか？」「日本はなぜ、何のために戦争をしていたのか？」考えさせる。

1．日本軍は、どこでどのようにして敗北していったのか？

① ・日本軍の南進の狙いは、「インドシナ半島・マレー半島・フィリピン・南方諸島などを占領して、資源を手に入れる」こと。そして、「アメリカとの長期戦に備える」ことだった。
　　・ところで、日本がアジア・太平洋戦争を始めたのは、何年の何月何日だった？
　　→ 1941年12月8日

② ・日本軍は1941年12月8日の真珠湾での奇襲攻撃以来、アメリカ軍[の太平洋艦隊]に打撃を与え続けていた。その日本軍の敗北が始まるのは、 1942年6月5日 のミッドウェー海戦から。
　　・ということは、真珠湾奇襲から、何年後のこと？
　　→半年・・・

③ ・わずか半年だ。更に、その後の日本軍の戦いを【資料：1】で確かめてみよう。
　　・今からの説明で、日本軍が敗北したところに×印をつけていきなさい！
　　▷【資料：1】への記入

※・下の説明をおこなう。

　┌─────────────────────────────────┐
　│ ミッドウェー海戦　〈 1942年6月5日～7日 〉
　└─────────────────────────────────┘
　・この前の授業にも出てきたが、ミッドウェー海戦で日本軍は大敗をする。
　・ミッドウェーに×印[をつけなさい]！

　┌─────────────────────────────────┐
　│ ガダルカナル島の戦い　〈 1942年8月～1943年2月7日 〉
　└─────────────────────────────────┘
　・日本海軍が、ガダルカナル島に飛行場を建設。そこにアメリカ軍が、約3個師団6万人の兵力を投入。
　・日本軍は2万2000人の生命を失い軍艦24隻と飛行機900機をなくし、絶望的な兵力の差により敗北。
　・ガダルカナル島に×印[をつけなさい]！

　┌─────────────────────────────────┐
　│ トラック島の戦い　〈 1944年2月17日・18日 〉
　└─────────────────────────────────┘
　・トラック島でも激しい空襲を受け、かなりの船舶を失う。
　・トラック島に×印[をつけなさい]！

　┌─────────────────────────────────┐
　│ サイパンの戦い　〈 1944年6月～7月9日 〉
　└─────────────────────────────────┘
　・アメリカ軍の猛烈な艦砲射撃と空からの爆撃により、日本軍は兵力の96％に当たる死傷者を出した。その中には、手榴弾と銃剣だけを武器にアメリカ軍に対して自殺的な「バンザイ突撃」をおこなって死んでいった者も3000人近くいた。
　・サイパン島陥落、サイパンに×印[をつけなさい]！

　┌─────────────────────────────────┐
　│ レイテ沖海戦　〈 1944年10月23日～25日 〉
　└─────────────────────────────────┘
　・フィリピンのレイテ島の戦いでも敗北し、アメリカ軍が上陸する。
　・レイテ島に×印[をつけなさい]！

　※・硫黄島の戦い　〈 1945年2月16日～3月26日 〉
　　・日本軍は20,933名の守備兵力のうち、20,129名が戦死した。アメリカ軍は戦死6,821名、戦傷21,865名の損害を受けた。アジア・太平洋戦争後期の戦いにおいて、硫黄島の戦いは、アメリカ軍地上部隊の戦死傷者数が日本軍のそれを上回った唯一の戦闘であった。

④ ・[距離的には]これらの島々からだと、アメリカ軍機は日本本土へ往復ができる。そうなると、日本本土で、大変心配な事態が出てくる。
　　・それは、どんなこと？
　　→空襲・日本への攻撃・・・

⑤ ・日本本土への「直接の空襲」。もし、そのことが「現実のもの」となったら大変だ。そこで、日本国内で、そうならないうちに日本政府が始めたことがある。
　　・さてそれは、どんなことだったのか？
　　→・・・

2．「集団疎開」「学徒出陣」は、どのようにおこなわれたのか？

① ・まず、大都市や地方の中小都市が攻撃されるようになる。
　・すると小学生は、[空襲を避けるため]農村へと、何をおこなった？
　▷集団疎開

② ・この時期の疎開児童の数は、東京都で約26万人、大阪市で約11万5000人にものぼっている。そうやって集団疎開をして行った子どもたちは、どんな生活をしていたのか。
　・そのようすを、当時の【小学生の日記】から考えてみよう！
　▷【小学生の疎開日記】

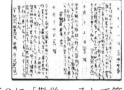

③ ・[この日記の中で]「毎日、欠かさずに書かれていること」が、疎開先の生活での一番の関心事。
　・さて、それは何[どんなこと]？
　→食事・勉強・・・

④ ・勉強[自習]と食事のことが、毎日書かれている。
　・この2つのうち、どっちが、より「関心が大きかった」と思う？
　→食事

⑤ ・やはり、「食事」の方だろう。疎開して「辛かった」こと。第1に「空腹」、第2に「勤労」、そして第3に「衣服や頭髪につくノミ・シラミ」だったという。第1の「空腹」というのは、「食べるものがなかった」から当然。栄養失調の子どもが多く出た。
　・では、そんな辛い目に合わせるのに、どうして政府は小学生を都市から農村へ疎開させたのか？
　→安全のため・空襲を避けるため・・・

⑥ ・実は、「子どもたちの『安全』」という以外にも、理由があったようだ。
　・さてそれは、どんなことだったのか？
　→・・・

⑦ ・当時、学校の先生は、子どもたちに対して疎開は、勝つため、国のためと説明していた。また皇后は、疎開する小学生のために、次のような歌をよんでいる。「次の世を　背負う身ぞたくましく　正しく生きよ　里に移りて」
　・このようなことから考えると、子どもたちに「何をさせよう」というのか？
　→大きくなったら兵士として戦わせる・軍隊に入れる・・・

⑧ ・ところで、小学生たちは学校へ行って、授業は受けていたのか？
　→受けていた・受けていなかった・・・

⑨ ・授業は停止になる地域もあった。
　・では、[授業の]代わりに何をしていたのか？
　→仕事・作業・遊んでいた・・・

⑩ ・1945[昭和20]年3月18日に、4月1日から1年間は国民学校高等科から大学に至るまでの「全ての学校の授業を停止する」ことが決定された[「学校で授業」という状況ではなくなっていた]。そうなると、若い男子で、それまで[兵隊として]徴兵されなかった人たちまでが、戦場へと行かされることになった。
　・つまり、どんな者も戦場へ出かけて行ったのか？
　▷大学生

⑪ ・それを学徒出陣と言う！
　▷(【学徒出陣の写真】のコピーを提示)

⑫ ・とうとう日本は、ここまでしなければ、戦争を続けていくことができない状態になっていた。そして心配していたことが、いよいよ「現実のもの」となった。
　・それは、何だったのか？
　→日本本土への空襲・攻撃・・・

⑬ ・日本の領土の上空を、アメリカの飛行機が飛び回るようになっていった。

3．東京大空襲とは、どんなものだったのか？

① ・アメリカの日本本土への空襲では、初めは夜間に何を狙って爆撃していた？
　▷工場

② ・相手の軍事力を破壊するために、当然「軍事施設」や「工場」を狙う。
　・ところがアメリカは、後には焼夷弾を使って、どこを焼き払うようになったのか？
　⇨都市
③ ・「都市」を狙う、つまり一般の日本国民の住宅まで狙う攻撃だった。
　・このアメリカ軍の攻撃は、A：当然のやり方なのか？　それとも、B：仕方ないことなのか？　あるいは、C：許せないやり方なのか？
　・A：それは、「当然の攻撃だ」と思う人［ 挙手 ］！
　▷（ 挙手による人数の確認のみ ）
　・B：戦争だから、それは、「仕方ない」と思う人［ 挙手 ］！
　▷（ 挙手による人数の確認のみ ）
　・C：いや、こんなやり方は、ひどい、「許せない」と思う人［ 挙手 ］！
　▷（ 挙手による人数の確認のみ ）

④ ・しかし確実に、日本列島は、空襲の炎の中に巻き込まれていった。
　・そして、［ 硫黄島での戦いが続いている最中の ］1945［ 昭和20 ］年3月10日未明には、B29の大編隊により、どこが焼き払われた？
　⇨東京
⑤ ・ついに「日本の首都東京が大空襲にあう」という事態にまでなった。
　・この3月10日の出来事を何と言った？
　⇨東京大空襲
⑥ ・この「東京大空襲」では、どれくらいの数の犠牲者が出たのか？
　⇨10万人
⑦ ・そんな東京大空襲で生き残った人たちの証言を集めた本［『東京大空襲』（ 岩波新書 ）と写真『東京大空襲』（ 草の根出版会 ）］があるので、そこから空襲の様子を見てみよう！
　▷（『東京大空襲』から橋本代志子さんの体験を、感情を込めて、教師が読み上げる ）
※・写真の方は、拡大コピーしたものを読み上げたあと、黒板に掲示する
※・教師の読み聞かせが無理な場合には『東京大空襲』のＤＶＤ「第一夜―受難―」（ 1：26：59～1：33：47 ）を視聴させる方法もある。
　　むしろ、今の生徒には映像を使った方が東京大空襲の状況（ 焼夷弾や大火災の様子など ）を理解させやすくはある。

> 　はじめ私たち一家は、家の前の防空壕に待機していたんです。これまでの何度かの空襲のときも、壕の中で「ジッ」とうずくまって息を殺していたのですから、逃げるなんてことは、とっさに考えられませんね。そのとき壕に入っていた家族は、両親と私それに赤ん坊と妹3人の計7人。私の夫は前にも話しましたように警備召集中で、強制疎開になった家々の取り壊しなどで柳島小学校に駐屯してましたから留守。肝心のときには、あいにくといつでもいないのですから困ってしまいます。
> 　　　　　　　　・・・（ 中　略 ）・・・
> 　私、こんな話しするの、ほんとはとてもつらいのです。話しているうちにしどろもどろになってしまって・・・意地っ張りの私ですから、普通のことでしたら決して泣かないんですが、・・・3月9日の夜のことばかりは・・・。

⑧ ・一般の人たちを対象に、なぜ、こんなことをするのか？
　・アメリカ軍の狙いは、何なのか？
　→・・・
⑨ ・日本国民に、もうこの戦争はダメだと思わせる　・アメリカ軍の圧倒的強さを思い知らせる　・日本政府や天皇も、これを見て戦争をもうやめようと言い出すようにさせる　と、いろいろと考えられる。
　しかし、この攻撃方法は、中国に対して、先に日本が始めたやり方だ。
　・では、アメリカ軍が、こうした攻撃方法を取るのは、A：当然？　B：仕方ない？　C：許せない？

・Ａ：それは、「当然の攻撃だ」と思う人 ［ 挙手 ］！
　　▷（ 挙手による人数の確認 ）
　　　・Ｂ：いや、当然とは言えないが、「仕方ない」と思う人 ［ 挙手 ］！
　　▷（ 挙手による人数の確認 ）
　　　・Ｃ：こんなやり方は、ひどい、「許せない」と思う人 ［ 挙手 ］！
　　▷（ 挙手による人数の確認 ）
　　　・（ 班内の ）グループではなしあい ［ １分間 ］！
　　▷班内のＡ・Ｂ各グループでのはなしあい
※・この後、グループでのはなしあい　→　班毎の意見発表と進める
⑩・では、東京大空襲に対して日本政府は、どうしたと思う？
　　　→・・・
⑪・家を焼かれ、何とか生き延びた人たちに、警視庁から「呼びかけ」があった。
　　・どんな呼びかけだったと思う？
　　　→・・・
⑫・それは、「帝都［＝東京］を離れるな。それは敵の思う壺だ。勝利の日まで帝都に踏ん張り決戦せよ」というものだった。
　　・さて、どうだろうか、国民は決戦に備えるのか？　それとも、決戦なんてとんでもないとなるのか？
　　・Ａ：やはり、国民は、「決戦に備える」と思う人 ［ 挙手 ］！
　　▷（ 挙手による人数の確認 ）
　　・Ｂ：いや、決戦なんて、「とんでもない」と言うと思う人 ［ 挙手 ］！
　　▷（ 挙手による人数の確認 ）
⑬・この東京大空襲の頃から、日本の大都市や軍需工場の多くが本格的な空襲を受けていく。そして、制海権も失った日本軍は、練習用の飛行機まで使って体当たりによる自爆攻撃、いわゆる 特別攻撃隊 による必死の反撃をおこなうようになっていた。

４．松代大本営は、何のために造られたのか？

①・日本国民が、そんな状態にあるとき、政府の命令で、長野県松代に「巨大な穴」が掘られていた（ 掛け地図で松代の位置を指し示す！ ）。
　　・「空襲にそなえて掘る穴」のことを何と言う？
　　→防空壕
②・この松代の穴も 防空壕 だが、これは総延長 13ｋｍにも及ぶ巨大な「防空壕」だった。工事には、強制連行で連れてこられた７〜８千人もの朝鮮人が働かされた。
　　・ところで、この工事が始まったのは、東京大空襲の、前か？　後か？
　　→後・前・・・
③・松代で防空壕の建設が始まったのは、1944 年 10 月［ サイパン島で日本軍が全滅してから４ヵ月後のこと ］。つまり、日本本土が空襲を受ける、ずっと前だった。
　　・そんな以前から準備していた巨大防空壕の中に、いったい誰が入るのか？
　　→軍部・偉い人・・・
④・大本営、つまり戦争をやっている日本の中枢部だ。だから、この巨大な防空壕を松代大本営と言う。
　　→ 松代大本営 （一斉発言で確認させる）
⑤・大本営が避難してくるということは、当然天皇も避難してくる。そして、皇后・皇太子・皇太后、つまり天皇一族も。更に政府やＮＨＫ、印刷所なども予定されていた。
　　・ということは、松代大本営が「何のために造られていたのか」わかる？
　　→・・・
⑥・【資料：３】から、その建設目的のわかる部分に線引きしてみよう！
　　▷【資料：３】　政府・統帥部の中枢を安全ならしめるための避難壕・防空壕
⑦・つまり政府・軍部、そして天皇は、何をしようと考えていたのか？
　　→逃げようとしていた・避難する予定だった・自分たちの安全をはかる・・・
⑧・最後まで戦争を続けていくためには、指導者たち（＝大本営）がやられるわけにはいかない。事実そ

の後も国民に戦いの指示を出している。国民に対しては、1945年からは、何が叫ばれるようになっていたのか？
　⇨ **本土決戦**
⑨・ところで、国民は、政府・軍部・天皇のこうした動きを知っていたのか？
　→知らなかった・・・
⑩・では国民は、A：本土決戦に備える」と思う？　B：そんなことはとんでもないと思う？
　・A：やはり、国民は「決戦に備える」と思う人［ 挙手 ］！
　▷（ 挙手による人数の確認 ）
　・B：いや、「決戦なんて、とんでもない」と思う人［ 挙手 ］！
　▷（ 挙手による人数の確認 ）
⑪・さて、どうなのか？
　・班内で、はなしあい［ 3分間 ］！
　▷班内でのはなしあい
※・班内でのはなしあい　→　学級全体での討論へとつなげていく
⑫・さて、今回は「日本軍の敗北」「集団疎開」「学徒出陣」「東京大空襲」「松代大本営」などの事実が出てきたが、ここまで勉強してきたことから考えてみると、日本は、なぜ？　何のために？　戦争を続けていたんだろうか？
　・自分の考えを、意見プリントにまとめてみよう！
　▷意見プリントへの記入
※・この発問に対しての個人の考えを意見プリントに書かせる。

＜参考文献＞

安井俊夫「町は火の海」『歴史の授業108時間　下』地歴社
安井俊夫『学びあう歴史の授業』青木書店
『日本の歴史　7』ほるぷ
『平和への伝言』あけび書房
『平和教育実践選書　付録』桐書房
早乙女勝元『東京大空襲』岩波新書
『母と子でみる　東京大空襲』草の根出版会
『図録　松代大本営』郷土出版社
『日本テレビ開局55周年スペシャルドラマ東京大空襲　第一夜―受難―／第二夜―邂逅―』バップ

＜板書例＞

〈 町は火の海 〉
1．日本海軍の敗北＝真珠湾奇襲から半年後
　↓
2．日本本土への空襲
　↓
　　集団疎開＝子どもの安全？
　　学徒出陣＝大学生も兵隊に！
3．都市への攻撃（ 空襲 ）
　　┌─────────────┐
　　│ A当然　B仕方ない　Cひどい │
　　└─────────────┘

　　　　　　　　↓
　　東京大空襲（1945年3月10日）
　　┌──────────┐
　　│ 国民は？　　　　　│
　　│ A決戦だ　Bとんでもない │
　　└──────────┘

4．松代大本営（1944年10月より）
　　↓　天皇・政府・軍部
　本土決戦
　　┌──────────┐
　　│ Aそなえる　Bとんでもない │
　　└──────────┘

※点線の四角囲みの部分（ ▭ ）は板書するのではなく、はりもの資料でも構わない。

★授業〈 町は火の海 〉について

　この授業案では、提言1（日本軍は、どこでどのようにして敗北していったのか）の助言③（わずか半年で敗北に転じた日本軍の戦いを、資料1の地図で×印をつけて確認しよう）の学習プリントの白地図への作業により、アメリカ軍が日本へと迫ってきている状況をつかませるようにした。その上で、日本国内の様子を集団疎開 → 学徒出陣 → 空襲 → 東京大空襲へとつなげている。

　途中に提言3（東京大空襲とは、どんなものだったのか）の助言③（都市を狙うアメリカ軍の攻撃は当然？　仕方ない？　許せない？）では、一般国民を狙うアメリカ軍の攻撃方法の是非について、投げかけている。この発問については、もし時間があればここで一度はなしあいをさせておきたい。それは「これまで日本軍がおこなってきたことが、今度は日本国民に対しておこなわれるようになったことをどう考えるのか」「戦争とは、どんなことなのか」を考えさせる発問となるからだ。しかし、ビデオの視聴を実施する場合には時間が取れないため、話し合い活動は断念している。

　東京大空襲の場面では読み語りもおこなうが、映画『戦争と青春』の東京大空襲のシーンを視聴させている（最近は『東京大空襲』の視聴のみに変えている）。〈中国の日本軍（その2）〉の授業で扱った日本軍の中国の首都への無差別爆撃と同じシーンが、今度は日本の東京で展開されていくことが理解しやすいからだ。ここは、国民が攻撃を受けて戦争に巻き込まれていくというだけでなく、中国での日本軍の攻撃を思い出させる上でも見せたいシーンである。

　ここまでの内容を受けて、今度はグループでのはなしあいをおこなう。提言3の助言③で一度はなしあいをおこなっていれば、ここで2回目のはなしあいとなるため、更に深めることができる。しかし、時間的に無理なことと、同じ発問でのはなしあいなので、どっちでおこなった方がより意見が出てくるのかを考えて、提言3の助言⑨（アメリカ軍が一般国民を対象とした攻撃をすることは、当然？　仕方ない？　許せない？）にはなしあいの場面を設定している。

　そして、最後に提言4（松代大本営は何のために造られたのか）で松代大本営を取り上げることで、日本の戦争を進めている者たちの考えを理解させようと考えた。その上で、「本土決戦をどう考えるのか」と問いかけている。国民が政府のことを信じていたならば、当然「本土決戦」となるだろうが、もし当時の国民が、松代大本営建設の事実を知っていたら、「本土決戦などとんでもない」となるだろう。しかし当時の国民が松代大本営について知るはずもなく、現実は本土決戦へと進められていく。そこで生徒は葛藤することになる。ここまでくると、「どうして日本は、戦争をやめないのか（やめられないのか）」との問いかけへの答えが、少しずつ生徒にも見えてくると考えている。

　こうして、いよいよ戦争を続けることが不可能な状況になっていくにもかかわらず、日本は戦争をやめないことをつかませた上で、次時の沖縄戦の授業へとつなげていく。

歴史 学習プリント 〈15年戦争：11－1〉

■太平洋戦争では、各地で日本軍の敗北が続いた。そうなってくると、日本本土で心配なことが出てきた。やはり日本列島は、空襲にさらされていくこととなった。しかし、そのころ政府は？

1：【 太平洋上での日本軍の敗北 】　　日本が敗れていった地域に×印をつけなさい

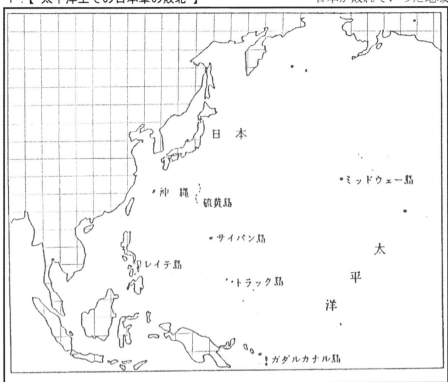

A：ミッドウェー島
1942年6月
日本軍の戦力
・艦船　　350
・飛行機 1000
・将兵　　10万

B：ガダルカナル島
1942年8月
日本軍の戦力
・軍艦　　　24
・飛行機　 900
・兵力　 32000

C：トラック島
1944年2月

D：サイパン島
1944年6月
・兵力　 43000

E：レイテ島
1944年10月

2：【 東京大空襲　その1 】

　その遺体のみは、地面に顔をつけてうずくまっていた。着衣から女性と見分けられたが、「なぜ、こうした形で死んだのか？」
　その人は、赤ちゃんを抱えていた。さらに、その下には大きな穴が掘られていた。母と思われる人の10本の指には血と泥がこびりつき、爪は1つもなかった。どこからか来て、『もはや』と覚悟して指で固い地面を掘り赤ちゃんを入れ、その上におおいかぶさって火を防ぎ、わが子の生命を守ろうとしたのであろう。赤ちゃんの着物は、少しも焼けていなかった。
　小さなかわいい綺麗な両手が、母の乳房を一つつかんでいた。だが煙のためか、その赤ちゃんも、すでに息をしていなかった。・・・煙にまかれながらも、苦痛の表情は見られなかった。「これは、いったいなぜだろう？」美しい顔であった。人間の愛を表現する顔であったのか。
　誰かが言った。「花があったらなあ・・・」
　あたりは、はるかかなたまで焼け野原が続いていた。私たちは、数え年19歳の学徒兵であった。

―――（ 丸尾寿郎編『わたしたちの文学』　角川書店 ）―

歴史 学習プリント〈15年戦争：11－2〉

■太平洋では、各地で日本軍の敗北が続いた。そして、日本列島が空襲に見舞われることとなっていった。それも首都東京が大空襲にあうまでに。しかし、そのころ政府がやっていたこととは？

3：【 東京大空襲 その2 】

⇨「こんなみじめな姿を撮ってくれるな」と叱責されるような気がして、その手は震え、シャッターボタンを押す手は、にぶりました。

しかし、私に与えられた使命を果たすためには、命ある限り撮り続けなければならないのです。

⇨ 頭を下げて写し終えると、合掌して、そこを立ち去りました。

(『母と子でみる 東京大空襲』 草の根出版会より)

4：【 松代大本営の建設の目的は・・・ 】　　　そのころ天皇や政府・軍部は？

　松代大本営は、「何のために、準備されたのであろうか？」　一般には、『"本土決戦"において、最後まで戦うために準備された』と言われる。即ち『松代大本営の地下壕を最後の砦として・・・徹底的に抗戦するために準備された』と言われるのである。しかし・・・、当時の戦力・国内事情から言って、政府・大本営ともに『内陸においてまで戦おう』とは考えていなかったのである。『"沿岸地帯において決戦"する』というのが当時の方針であった。『最後の一兵まで戦う』『一億玉砕』などと言うのは、士気を鼓舞するための発言であり、当時の政府や軍の指導者が、本気でこんなこと（=「最後の一兵まで戦う」「一億玉砕」）をしようとは考えていなかったのである。

　松代大本営の地下壕は、政府・統帥部の中枢を安全ならしめるための避難壕であり、防空壕なのである・・・。

(『図説 松代大本営』 郷土出版社)

歴史 意見プリント 15年戦争：11〈町は火の海〉

3年　　組　　号（　）班：名前＿＿＿＿＿＿＿＿＿＿＿＿＿＿

■次の質問に対して、自分の考えを書いてみよう！

1. 質問
■太平洋の戦いでの日本軍の敗北、小学生たちの集団疎開、学徒出陣、東京大空襲という状況の中、日本の中枢部は、自分たちの防空壕として「松代大本営」を造らせて、国民には「本土決戦（＝日本本土で戦いを決める）だ」と呼びかけていた。そう言われて、国民は「本土決戦」に備えたのか？　とんでもないのか？

2. 結論

A：やはり国民は「本土決戦」に備える　　　B：いや、国民には「本土決戦」などとんでもない

I（これまでの授業内容）	軍国主義　日中戦争　南京大虐殺　長期戦　ファシズム　第2次世界大戦　日独伊三国同盟　アメリカ　イギリス　太平洋戦争　ドイツ　ソ連　不可侵条約　731部隊　戦争犯罪　報道規制　赤紙　勤労動員　強制連行　朝鮮人日本兵
II（今回の授業内容）	ミッドウェー海戦　日本軍の敗北　日本本土への直接攻撃　集団疎開　授業停止　大学生　学徒出陣　空襲　工場　都市への攻撃（空爆）　焼夷弾　東京大空襲　10万人　本土決戦　特別攻撃隊（神風特攻隊）　松代大本営

※「自分の考え」には、結論を出した根拠となる**歴史的事実**を上のI・IIから最低1つ以上を選び〇でかこみ、下の文章に必ず書き入れること

3. どうして、そのような結論を出したのか？（「自分の考え」）

＿＿
＿＿
＿＿
＿＿
＿＿
＿＿
＿＿

〈 授業方法・内容について質問・意見・考え・感想などあったら自由にどうぞ！ 〉

[90] 鉄の暴風

◎沖縄戦で、住民たちがどんなことになっていったのかを具体的に紹介する。そして、「戦場になるとは、どんなことだったのか？」「日本軍は、沖縄の人々にとって、いったい何だったのか？」を考えさせる。

1. アメリカ軍が上陸してくるとき、沖縄県民はどうすべきなのか？

① ・今日までの授業で、日本は満州事変以来すでに15年ほど戦争を続けていることになる。しかしその間空襲などの攻撃を受けることはあっても、日本の国土そのものが「戦場」になることはなかった。だがついに、アメリカ軍が「日本に直接攻めてきて戦闘がおこなわれる」という事態になった。
・1945年3月末、アメリカ軍は、どこを取り囲んだのか？
⇨ **沖縄島**（※・アメリカ軍が島を取り囲んでいる状況がわかる写真を提示する）

② ・そして、1945［昭和20］年4月1日の夜明け前、アメリカ軍の沖縄本島への攻撃が始まった。このとき沖縄総攻撃に投入されたアメリカ軍艦船1475隻は嘉手納沖に集結し、午前8時、上陸を開始した。
・ところがアメリカ軍は、沖縄上陸の前に、こんなビラ（復刻版）をまいていた！
▷【資料：1】

③ ・ビラには、次のように書いてあった！
▷（以下の文章を読み上げる）

> 住民に告ぐ 近いうちに、激しい戦いが、この島でおこなわれます。戦場の近くに残っている皆さんは、日本軍へ向かって撃つ米軍の小銃の弾・大砲の弾やロケットや爆弾を避けることはできません。それで、早く安全な所へ逃げなさい。また、落下傘部隊にも気をつけなさい。自分の家に帰っても、安全な時がくれば米軍の司令官は皆さんに知らせます。米軍は、できるだけ皆さんの命や財産や家などに損害のないように気をつけています。私たちは、皆さんが元の平和な暮らしができるようにしたいのです。それで、できるだけ早く戦場のある所から逃げて、「家に帰ってもよい」と言う知らせがあるまで、待っていなさい。

④ ・果たして、ここに書かれていることは、A：住民のためを思っての本当のことなのか？ それとも、B：住民を騙すための罠なのか？
・A：これは、［日本人のためを思っての］本当のことだと思う人［挙手］！
▷（挙手による人数の確認）
・B：いや、［日本人を］騙すための罠だと思う人［挙手］！
▷（挙手による人数の確認）

⑤ ・この「ビラ」が撒かれた後、すぐにでもアメリカ軍が上陸してくる。
・では、こんな状況の中、沖縄住民としては、どうすべきなのか？
・A：［ビラに書いてあったように］安全なところへ避難すべきなのか？ それとも、B：日本軍とともに行動すべきなのか？［どっちが安全なのか？］
・班内で、はなしあい［3分間］！
※・ここから班内でのはなしあい → 学級での討論へとつなげる

⑥ ・実際の様子は、どうだったのか。アメリカ軍は、敵である日本軍を激しく攻撃してくる。
・そんなとき、一般の住民は、どうなるのか？
→・・・

⑦ ・戦場になると、［一般住民であろうと］軍隊と同様に攻撃される。このときは、まず海から戦艦などの艦砲射撃がおこなわれ、そして空からは1160機が襲い、爆撃が加えられた。更に上陸した18万人余りのアメリカ兵も殺到してきた。日本の国土が始めて戦場となった、このときの戦いは、後に沖縄住民が 鉄の暴風 と呼んだほどの海・空・陸の三方からの凄まじい攻撃だった。
・であれば、住民は「安全な場所に隠れた方がいい」のか？
→（この発問は投げかけのみ）

⑧ ・それとも、［安全な場所へ］逃げないで、「日本軍とともに行動する」方がいいのか？
→（この発問も投げかけのみ）

2. 日本軍は、沖縄でどんなことをしたのか？

① ・この答えを知るためには、沖縄戦での日本軍の行動を中心に見てみよう。まず、「日本軍とともに行動

した人たちの運命」をたどってみる。日本軍は、その兵力を補うために、徴兵の年齢を下げて 17～45 歳の沖縄県民男子を徴兵して軍隊にくり入れた。その数およそ 2 万 5000 人。
・「徴兵」ということは、希望者を募ったのか？　それとも、無理やり入れたのか？
→無理矢理・募った・・・

② ・ある中学校にも、日本軍の将校がきて、全員が校庭に集められた。将校は「本日只今から、本校職員・生徒全員 鉄血勤皇隊 として日本軍に徴兵された」「全力をあげて日本軍に協力し、恐れ多くも天皇陛下の御宸襟（＝お気持ち）を安んじ奉るよう決意を固めよ」と言い渡した。たったこの一言で、この中学校の先生・生徒約 400 人が日本軍に組み入れられた。沖縄県全体では、1780 人の中学生が［強制的に］日本軍に入隊させられている。男子だけではなかった。女学生も ひめゆり部隊 などを名乗って、看護婦などの役割で戦闘に参加した。この「ひめゆり部隊」の最後の様子は生き残った人の証言として、この本（『戦争と沖縄』）に書かれている。
・これが、いわゆる「日本軍と行動をともにした人たち」の最後の記録ということになる！
▷（『戦争と沖縄』（P2～）岩波ジュニア新書から、「ひめゆり部隊」の最後の場面を読み上げる）

> 　轟然と音が響いたと思ったら、もうもうたる煙が壕をおおい、「パッ」と青い光が、目にうつった。「先生、先生」とさけぶ声、「お母さん、お母さん」とさけぶ声、兵隊のどなる声が壕の中で入り交じって聞こえた。「みんな頑張るんだぞ。先生も一緒だ」と先生の声がした。近くに幼児の泣き声がした。「あぁこれが最期だ」　親にも会えず人にも知られず、この洞窟で死んでゆく。そう思ううち、しだいに意識はもうろうとなっていった。
> 　それから何十時間たったであろうか。壕の入口からさしてくるさわやかな光で、しだいに意識がよみがえってきた。私は、とがった岩の上にのっかかっており、私の身体の上には兵隊の屍がのしかかっていた。神谷さんが、まだ私の手をしっかり握っていた。揺り動かしても返事がない。よく見ると、神谷さんの頭はなかった。手を握っている神谷さんの頭は吹っ飛んでいるのに、いったいどうして自分は助かったのだろうか。いく十の屍の中に、たった一人生きているのであった。　（後略）

③ ・これが「日本軍と行動をともに」し、日本兵の看護にあたっていた「ひめゆり部隊」の最後だ。彼女たち 218 人のうち、203 人が死んでしまった。つまり、日本軍と行動をともにしても（命を）守ってもらったわけではなかった。
・では（日本軍と行動をともにせず）「安全な場所に避難した人たちの運命」は、どうだったのか？
→・・・

④ ・［日本軍と］行動はともにしなかったが、島の中での戦争だから、この人たちにも日本軍は大きく関わりを持ってきた。沖縄にいた日本軍がやったことを中心に、その関わりを見ていこう。
・まずは、この本［『戦争と沖縄』P54～ ］から 1 つの事実を紹介します！
▷（ 日本軍に、スパイの疑いをかけられ殺された事実の紹介 ）

> 　またアメリカ軍の南進とともに防空壕に潜んでいた人々は、日本軍の撤退より前に「南へ南へ」と逃げてゆきました。首里周辺で日本軍とアメリカ軍の激しい戦闘がおこなわれるようになり、男の人は防空隊に取られ、老人や子ども・女だけの残された人たちは、雨のように降ってくる砲弾の中を、防空壕を探し求めて右往左往するばかりでした。そのような中で、どこへ逃げていいかわからず、日本軍の陣地の近くをうろついていた住民が、"スパイ" の疑いをかけられ、日本軍に捕らえられて殺されると言うようなことも、あちこちで起こりました。その一つを目撃者の記録から引用しておきます。田んぼの中では、兵隊たちに囲まれた中で白ハチマキ姿の 5・6 名の女の人たちが、「エイッ、エイッ」と交互に短刀を突き出している。「エイッ」と突き出すたびに「ギャッ」という女の悲鳴が起こる。（中略）"パシッ！" という音とともに女は首をたれて、声をたてなくなった。
> 　これは、当時、学徒動員で首里の司令部の近くにいた人の証言です。また、傷ついた家族や老人をつれて砲弾の中をさまようことは困難でしたので、泣く泣く壕や墓の中に置き去りにする者もいました。

※・ゴシック体の部分は、プリントに載せてある。

⑤ ・同じような話を、この本［『総史　沖縄戦』］から紹介しよう！
▷（『総史　沖縄戦』P186～ ）

〈　手榴弾で血祭り　〉　　　　　　　　　　　　　　　　　　高嶺　文秀（当時 22 歳）
　17 年、最初の補給部隊の郷土防衛隊に徴兵されていたため、私は家族が死んだ現場にはいなかった。以下は、現場にいた叔父の話である。20 年 5 月 25 日の明け方だったという。（中略）

- 102 -

「なぜ殺すのだ」とただすと、「おかみの命令だ」と。妹も手榴弾で血祭りにあったという。<u>くやしくてくやしくて</u>「同じ友軍（＝日本軍）に殺された」ことが、どうしても納得できなかった。妹の場合は絶命しなかったため、アメリカ軍によって野戦病院に運ばれたが、間に合わなかったという。（中略）

こんなことなら、日本人同士が戦えばよかったのだ。

※・ここでは、日本の子どもを助けているアメリカ兵の写真をあえて提示する。

⑥・沖縄で、日本軍がやったことは、まだまだたくさんある。
　・次に、もう１つ少年の話！
　▷（「泣く子を殺せ」と命令した日本軍の紹介（『戦争と沖縄』Ｐ206～）

昭和20年、小禄（おろく）に海軍が陣地をつくりましたが、私たちは、その近くのお墓の中にひと月くらい暮らしていました。家族が女と子どもばかりのため、誰も相手にしてくれなかったので人の出ていった後の防空壕に入りました。（中略）

そのころ日本兵が「特攻にいく前だ」と言って私たちの壕にきましたが、弟があまりに泣くものだから「自分が、あやしてやる」と私から弟を引き取って連れていき、間もなく防空壕で"変な声"がしたので行って見ると、弟は殺されていました。首にタオルを巻きつけられ顔は紫色の斑点があって、むごたらしい姿をしていました。その兵隊は（日本の）陸軍の兵隊でした。私たち兄弟は、母の死体の埋めてある場所を掘り起こして、そのそばに葬りました。そのとき弟が、「お母さんは、かわいそう」と母の顔にタオルをかけ、母の胸に弟の死体を抱かせるようにして埋葬しました。

※・ここでは、亀甲墓、火炎放射器での攻撃、偵察機、艦砲射撃の理解を助けるような写真を提示する。

⑦・もう１つ、同じような話をこの本［『総史 沖縄戦』］から！
　▷（『総史 沖縄戦』Ｐ206～）

〈 注射で子どもを殺す 〉　　　　　　　　　　　　　　　仲間　忠一（当時31歳）

・・・私たちは阿壇林の中の石の下に隠れていました。そのころは、もう食べ物がなくイモを掘ってきては生で食べました。（中略）

その晩は、その壕に泊まりました。壕の中には一般の人も４・50人いました。子どもが泣き始めると友軍（＝日本軍）がきて、「子どもを泣かせると殺すぞ」と言っておどすのです。その後のことでした。注射を持った（日本の）兵隊が、「子どもを静かに眠らせてあげるから」と言って、無理やりに４人の子どもに注射しました。だいぶ苦しみながら間もなく死にました。いま考えてみれば、何か"毒"を注射したのだと思います。

⑧・この本［沖縄の歩いた道』Ｐ173～］には、更に別の話が載っている！
　▷（　村民に「集団自決」を迫った日本軍の紹介　）

もっと、ひどい話もあります。「作戦行動のさまたげになる」と言うことで、民衆に"集団自決"を迫りながら結局、自分たちは生き残り降伏した軍隊もあったのです。

当時、私は母と妹と弟の４人で壕の中へ避難していました。島では一番大きかった私の家は、日本軍の司令部に接収されていたからです。３月の終わり頃（アメリカ軍は沖縄本島より数日早くこの島に上陸）、突然に「西山の上へ集まれ」と言う村長の命令がきました。どしゃぶりの雨でしたが、私たちは２日間もかかって西山にたどり着きました。山上の林の中には、もうたくさんの人が集まっていました。村長が「ここで玉砕する。天皇陛下バンザイ」と演説をしていたようです。（中略）

私は家族４人と、おばさんや母の弟など20人ぐらいの集団の中にいました。おじに手榴弾が２つ配られ「これを握ったまま、爆発させるように」と言うことでした。間もなくです、赤ちゃんを抱いたおじが、手榴弾のセンを抜いたのは。一瞬のうちに右手は真っ赤。皮膚がむけてしまい、真っ赤な肉がむき出しです。そのまま仰（あお）向けに倒れて死にました。左手でしっかり抱いていた赤ちゃんの首は、どこかへふっ飛んでしまい行方も知れません。（中略）

・・・それでも、「不幸中の幸い」と言うのでしょうか、私たち家族４人は何とか生きかえり、元

気になりました。
　　　※・ここでは、集団自決（集団死）とおぼしき写真を提示する。

⑨・いま紹介した話が「事実かどうか」ということは、記録やここまでで紹介した
　　写真が残っていることからもわかる！
　▷（ ここまでに提示した写真を指し示し、内容を再確認する ）
⑩・しかし、一体どうして、こんなことになってしまったのか？
　　→・・・
⑪・結局、一番はじめの質問に対する答えは、どっちが正しかったことになる。
　・安全なところに避難すべきだったのか？　それとも、日本軍とともに行動をすべきだったのか？
　　→・・・
⑫・どっちの行動が、自分たちの命を守ることができたのか？
　　→どっちも守れなかった・・・

3．沖縄の人にとって、日本軍とは何だったのか？
①・どっちも命を守ることができなかったのは、どうしてなのか？
　・それは、A：アメリカ軍の攻撃が、あまりにも凄まじかったからなのか？　それとも、B：日本軍が
　　守ってくれなかったからなのか？［ どっちの方が、より大きな原因だったのか？ ］
　・A：アメリカ軍の攻撃が、あまりにも凄まじかったからと思う人［ 挙手 ］！
　▷（ 挙手による人数の確認 ）

　・B：日本軍が守ってくれなかったからだと思う人［ 挙手 ］！
　▷（ 挙手による人数の確認 ）
　・（ 班内の ）グループではなしあい［ 1分間 ］！
　▷班内のA・B各グループでのはなしあい
※・この後、グループでのはなしあい　→　班毎の意見発表と進める

②・この写真は、何の写真？（ ※・写真は、それぞれ2秒ほどの提示とする ）
　　→大砲・戦闘機・・・
③・よく見てみると、これらは、丸太と蓆で、大砲や戦闘機に見えるようにしているに過ぎない。
　・こうしたものを造らざるを得なかった日本軍の事情は、わかる？
　　→戦力が無かった・武器が無かった・・・
④・これまでの事実からみて、日本軍が、この沖縄での戦いにおいて「一番気にかけていたこと」とは、
　　いったい何だったのか？
　　→自分たちのこと・軍隊のこと・・・
⑤・では、沖縄に住む日本国民にとって、「日本軍とは、どんな存在」に見えていたのか？
　　→敵・恐ろしい存在・・・
⑥・このままアメリカ軍が、九州そして本州へと上陸してきたら、一体どんな事態が日本で引き起こされ
　　るのか？
　　→国民が犠牲になる・・・
⑦・日本全土が戦場となったとき、日本軍は本当に「日本国民を守ってくれる」のだろうか？
　　→守ってはくれない・犠牲になる・・・
⑧・では、その場合、日本軍は一体どんな行動に出るんだろうか？
　　→自分たち（ 軍隊 ）を守る・・・
⑨・今日は、沖縄戦において、「日本軍がどんな行動を取ったのか」「沖縄の住民が、どんなことに巻き込
　　まれていったのか」という事実を学んだ。
　・では、それらの事実をもとに考えてみると、沖縄の人たちにとって「日本軍という軍隊は、いったい
　　何だったのか」　また「日本のやっている戦争とは、何だったのか」という2つのことを中心に、自
　　分の考えをまとめてみよう！
　▷意見プリントに記入
※・ここで意見プリントを取りにこさせて、自分の意見をまとめさせる。

<参考文献>
安井俊夫「鉄の暴風」『歴史の授業108時間 下』地歴社
池宮城秀意『戦争と沖縄』岩波ジュニア新書
新崎盛暉『沖縄の歩いた道』ポプラ社
『総史 沖縄戦』岩波書店
『沖縄戦記録写真集 日本最後の戦い』月刊沖縄社
『平和への伝言』あけび書房

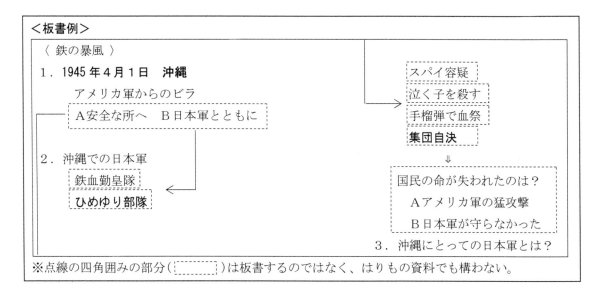

※点線の四角囲みの部分（☐）は板書するのではなく、はりもの資料でも構わない。

★授業〈 鉄の暴風 〉について

　この授業案では、証言の紹介を中心にして沖縄戦について学ぶようになっている。そこでは、前時の授業内容からの関連で、「日本軍とは何なのか」「日本のやっている戦争は何なのか」との疑問が、更に深まっていくようになっている。特に、松代大本営の建設など関連させて問いかけると、その疑問はなおさら大きくなる。

　では、「沖縄の人を助けたアメリカ軍は、どうなのか」と考える生徒もいないわけではない。日本軍の行動にショックを受けたぶん、その反動からなのか、アメリカ軍がむしろ味方ではないのかと思ってしまう生徒も出てくる。そのために次時の〈 にんげんをかえせ 〉の授業で、原爆投下の事実を取り上げ、それが人体実験でもあったことを紹介し、戦争相手国であるアメリカ軍が、日本国民のことを気遣って戦争をしていたわけではないことを理解させるようにしている。またこの事実は、「戦争とは何か」を更に深く考えさせることにもなる。

　いずれにしても、ここまでくると「何のために日本は戦争を続けているのか」について、生徒の目を向けさせることができる。そして、次時の原爆投下の授業で、戦争責任について考えさせていくことになる。日本（軍）のおこなったことを中心に見ていくと、この授業が単元としての3つ目の山場となる。

　なお、最初に『さとうきび畑』の歌を聞かせて授業を始めることもある。その場合には、「まず、一つの曲を聴いてもらおう！」と呼びかけてから曲を聞かせ、「何という歌？」「むかし海のむこうからやってきた『いくさ』とは何？」「『鉄の雨』とは？」「この『いくさ』の相手は、どこから来たのか？（北から？　南から？）「この歌の舞台となっているのはどこ？」という発問で、歌詞の内容を確認させる。そして、提言1の助言①へとつなげていく。ただし、この歌詞の意味を問うためには、3分程『さとうきび畑』を聴かせなければならないので、その時間が取れると判断したときにしか実施していない。

歴史 学習プリント 〈15年戦争：12-1〉

■1945年4月1日、ついにアメリカ軍が日本の沖縄本島に上陸！「鉄の暴風」と言われるほどのすさまじい戦闘が展開された。沖縄の人々は？ 日本軍は？ どんなことをしたのか？

1：【 住民に告ぐ 】　　　　　　　　　　　沖縄上陸前にアメリカ軍がまいたビラ

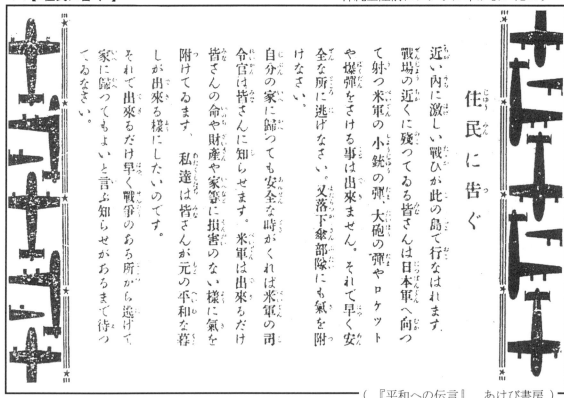

住民に告ぐ

近い内に激しい戦ひが此の島で行なはれます 戦場の近くに残ってゐる皆さんは日本軍へ向って射つ米軍の小銃の弾、大砲の弾やロケットや爆弾をさける事は出来ません。それで早く安全な所に逃げなさい。又落下傘部隊にも氣を附けなさい。

自分の家に帰っても安全な時がくれば米軍の司令官は皆さんに知らせます。米軍は出來るだけ皆さんの命や財産や家等に損害のない様に氣を附けてゐます。私達は皆さんが元の平和な暮しが出來る様にしたいのです。

それで出来るだけ早く戦争のある所から逃げて、家に籠ってもよいと言ふ知らせがあるまで待ってゐなさい。

（『平和への伝言』 あけび書房）

2：【 戦火の中で住民たちは・・・ 】　　　学徒動員で首里の司令部近くにいた人の証言

　田んぼの中では、兵隊たちに囲まれた中で、白いハチマキ姿の5・6名の女の人が「エイッ！ エイッ！」と、交互に短刀を突き出している。「エイッ」と突き刺すたびに、「ギャッ！」と言う女の悲鳴が起こる。それにまじって、『しっかり突かんか！』と言う男の叱咤と怒声がする。突かれて悲鳴をあげている女は、田んぼの中の電柱に後ろ手にしばりつけられている。頭は坊主刈りにされているのか、丸く見える。その丸い頭が、悲鳴とともに激しく動く。

　こうして、何十回突かれたであろうか。泣き声と悲鳴は、今や枯れた動物的な声に変わった。一方、短刀を突き刺す女たちの声も、泣き声のようなものに変わっていく。

　このとき、『どけ、どけ！』と男が1人、ハチマキ姿の女たちを押し退け囲いの中に立ち、ギラリと刀を抜き放った。『スパイの末路、見せしめだ！』と言うや否や、女めがけて刀を降り下ろした。"パシッ！"という音とともに女は首をたれて、声をたてなくなった。

（『戦争と沖縄』 岩波ジュニア新書）

歴史 学習プリント〈15年戦争：12－2〉

■「鉄の暴風」と言われるほどの凄まじい戦闘の沖縄戦の中で、日本軍は沖縄の住民に何をおこなったのか？ 沖縄の人たちにとって、日本軍とはいったい何だったのか？

３：【 集団自決から生きのびて 】　　　　　　　　　　　　　　　　　　　日本軍からの命令

　昭和20年３月23日に沖縄大空襲が始まり、戦争は日増しに激しくなり島は焼き払われ、裏山の防空壕に逃げ隠れ、雨のように降りまくる米軍の砲弾の中を「今日やられるか、明日死ぬか」という恐怖と不安の毎日で、まさに生き地獄でした。

　私は、その大空襲のあった日、炊事をしている途中に砲弾の破片が飛んできて右足と右手に突き刺さり、傷をおってしまいました。日本軍の衛生兵に傷の手当てをしてもらいましたが、右足全体がはれ上がり、３倍程の大きさになり傷口がズシズシ痛み、歩くどころか座っているのも困難な状態になってしまいました。しかし、すぐ私のいた阿波連部落もアメリカ軍に追い込まれて、おれなくなりました。

　３月28日、赤松隊長より、『住民は、すみやかに軍陣地を去り渡嘉敷山に退却せよ』との命令があり、私も両親や弟と一緒に１キロ離れた渡嘉敷部落へ移動することになりました。

　ところが、渡嘉敷部落は、すぐにアメリカ軍に占領され迫撃砲の集中砲火をあびているありさまでした。私は、そこで逃げきれず、また砲弾の破片で額とみぞおちの部分に傷を受け、その傷口から内蔵が飛び出し、私はその内蔵を腹に押し込むように左手で押さえつけていました。

　「これで私も終わりだ、死ぬんだな」と瞳を閉じていました。運がいいと言うのか、幸いにも近くにいた衛生兵が応急処置をしてくれ、どうにか一命を取り留めました。本当に、生きている心地はなく、生地獄そのものを絵に書いたようでした。

　ちょうどそのころ、赤松隊長により『ことここに至っては、全皇国人民の万歳と日本の必勝を祈って"自決"せよ』との命令が防衛隊員を通じて伝えられ、村長より部落民に手榴弾が手渡されました。そして、各々親戚や家族があちこちで円陣を組み、合図と共に爆発音が起こりました。一瞬のうちにおびただしい血の雨が降り、人の脚、腕、頭が肉のかたまりとなり、飛び散っていきました。しかし、その中には死に切れずに片腕だけが残り、もがき苦しんでいる人が何人もおり、その人たちは苦しさのあまり、日本軍の兵隊に「一発で殺してくれ！」と泣きさけんでおりました。また、わが子が死に切れずに苦しんでいる姿を見て、親がたえきれずに太い丸太の棒で自分の子の頭をたたき割って殺し、自分も、その後を追って木の枝に首をつって死んでいくという、むごたらしいさまも普通のことになっておりました。

　　　　　　　　　　　　　　　　　　　　　　　　　　　　　－ 小禄高等学校３年　大城文子 －
　　　　　　　　　　　　　　　　　　　　　　　　　　－（『捨て石にされた沖縄から』　沖縄時事出版 ）－

歴史 意見プリント 15年戦争：12 〈 鉄の暴風 〉

3年　　組　　号（　）班：名前　_____

■次の質問に対して、自分の考えを書いてみよう！

1．質問
■沖縄戦において、日本軍と行動をともにした"ひめゆり部隊"の最期、日本軍とは行動を別にしたが日本軍に"スパイ容疑で殺された人々"。"強制集団死を迫られ、日本軍に殺された人々"。このような事実を中心に考えてみると、沖縄の人々にとって日本軍という軍隊は何だったのか？　日本のやっている戦争とは、何だったのか？　以上２つのことを中心にして「自分の考え」を書きなさい。

2．沖縄の人々にとっての日本軍とは？　日本のやっている戦争とは何なのか？　などについて（自分の考え）

I（これまでの授業内容）	II（今回の授業内容）
日中戦争　南京大虐殺　長期戦　アジア・太平洋戦争　731部隊　戦争犯罪　情報操作　赤紙　勤労動員　強制連行　日本軍の敗北　集団疎開　学徒出陣　空襲　東京大空襲　本土決戦　松代大本営	アメリカ軍のビラ　鉄の暴風　沖縄　ひめゆり部隊　鉄血勤皇隊　スパイ容疑　泣く子を殺す　手榴弾で血祭　集団自決　日本軍　日本兵　アメリカ軍　アメリカ兵　日本本土が戦場

※「自分の考え」には、結論を出した根拠となる**歴史的事実**を上のⅠ・Ⅱから最低1つ以上を選び○でかこみ、下の文章に必ず書き入れること

_____
_____
_____
_____
_____
_____

〈 授業方法・内容について質問・意見・考え・感想などあったら自由にどうぞ！ 〉

[93] にんげんをかえせ

◎原爆による広島・長崎の被害の事実を紹介し、どうしてアメリカが原爆投下をおこなったかを考えさせる。そして、被爆２世のわが子にあやまる母親の姿から、「本当にあやまるべきは誰なのか？」「あやまるとは、どういうことなのか？」について具体的に考えさせる。

1．1945年8月6日に何が起こったのか？

① ・これは、アメリカ軍が、空襲の後などに空からまいたビラ！
　▷**アメリカ軍からのビラの復刻版を提示**

② ・ビラには、「沖縄もアメリカに占領されてしまった」「これで日本の国土の防衛などができるのか」と書かれている。そして最後に、「これ以上、みにくい死に投じるのか　それとも、名誉ある平和を取るのか」と訴えている。
　・さて、日本の指導者として選ぶべき道は、どっち？
　→名誉ある平和・みにくい死・・・

③ ・当然、指導者として日本の国民のことを考えれば、「戦争には負けてもいいから、『名誉ある平和』を取るべき」だろう。では、日本の指導者が取った道は・・・[　残念ながら　]、『みにくい死』の方だった。依然として「決戦」を叫んでいた。そんな日本に対し、ポツダムの会議で「ある共同宣言」が出された。
　・何と言う[　宣言　]？
　⇨**ポツダム宣言**

④ ・そのポツダム宣言は、どんな内容だった？
　⇨**日本の無条件降伏をうながす（内容）**

⑤ ・では、ポツダム宣言を日本政府は、どうした？
　⇨**黙殺した**

⑥ ・（黙殺）つまり無視した。しかしこのことにより、日本国内では、とんでもないことが起こってしまった。それは1945年8月6日、まず広島で起きた。
　・何が投下された？
　⇨**原子爆弾**

⑦ ・原爆投下だ。
　・その瞬間の様子が、この本[『1945年8月6日』　岩波ジュニア新書　]に書かれている！
　▷（『1945年8月6日』岩波ジュニア新書）

> あの時、お父さんは中学の一年だった。そう、ちょうどお前と同じ年齢だ。お父さんの通っていた中学は、広島でも一番古い伝統のある中学だった。大きな石の校門を入ると、飾りけのないがっしりとした古びた校舎が威厳に満ちて建っていた。校庭には、空をつくようにポプラが何本もあった。そのころ太平洋戦争は末期を迎えていた。
> 　　　　・・・（中　略）・・・
> どのくらい時間が経ったか、わからない。気がつくと体全体が何かに抑えられている。上からボロボロと落ちてくる壁土、硫黄を燃やしたような強い臭い。口の中は泥だらけだった。何かをさけんだ。
> 　　　　・・・（中　略）・・・
> 何百人かの学友たちが、生きながら焼かれていく校舎へ涙をポタポタ流して「一中生徒、万歳、万歳」と言いながら。後になってプールの中は死体でいっぱいだったと聞いた。プールというと、お父さんは、どうしても忘れられないんだ。

※・この後、パネル写真『ヒロシマ・ナガサキ』の写真を見せ、視覚的にも原爆の恐ろしさを感じられるようにする。

⑧ ・しかし悲劇は、その後、まだまだ続いた。そこに原爆の恐ろしさがあった。
　・この本[『原爆に夫を奪われて』　岩波新書　]には、「原爆を受けた人が、その後どうなっていったのか」が、当時の人の証言として載っている！
　▷（『原爆に夫を奪われて』岩波新書）

> 一生懸命キビの"間引き"をしとるときじゃった。「ピカッ」とした。お日さまが落ちてきたかと思うた。「こりゃ、大ごとじゃ」思うて、よその畑を横切って竹やぶに飛び込んだ。今の城南中あた

> りは皆やぶじゃったけえの。
> ・・・（中　略）・・・
> 　幸子が戻っての話に、「広島は火の海じゃった」と言う。幸子は東の方(爆心地の東方面)へ逃げたけえ戻れた。「お父ちゃんは戻ってじゃあなかろうて(戻らないだろう)・・・」。幸子が庭先でそう言うんです。わたしゃ「そがなあことになったら大ごとじゃ」思うて気が気じゃがせんでした。
> ・・・（中　略）・・・
> 　よそさまの戻ってから死なれた人は、「子どもを守ってやれ」とか言うて死なれたそうですが、うちの主人は子どものこと一つ言わなんだ。「水をくれ」と「チョッ、ホイ、ホイ」と馬を追い続けて、苦しい中に死んでいきました。今も「チョッ、ホイ、ホイ」言うた主人の声が耳の底にはっきり残っていて、ときおりあの時のように私だけ聞こえることがあるんでがんす。

⑨・人間ばかりじゃない。
　・物だって、猛烈な熱のために、こんなになっていく！
　▷（コピーの提示）
※・『広島・長崎』(草の根出版会)から熱によるガラス瓶の変形写真の拡大コピーを見せる。

２．1945年８月９日に何が起こったのか？
①・そして、8月9日。
　・今度は、どこに[原爆は投下されたのか]？
　⇨長崎
②・[私たちの佐賀県の]隣の長崎県に落とされた。
　・長崎の様子を、同じく写真で見てみよう！
　▷（パネル写真の提示）
※・パネル写真『ヒロシマ・ナガサキ』を見せながら、広島の場合と同じように原爆の恐ろしさについて説明する。

３．原子爆弾は、なぜ投下されたのか？
①・「原爆」という兵器は、いま見たように「人を殺す」だけの恐ろしいもの。これは人間が「造り出してはいけなかったもの」なのかもしれない。
　・なのになぜアメリカは、この時期に原爆投下という「非人道的な方法」を取ったのか？
　・「アメリカが、ねらっていた」と考えられることは[どんなことだと思う]？
　→日本に降伏をさせる・日本を倒す・・・
②・「日本を降伏に踏み切らせた一番の理由」は、原爆投下だったのか？
　→そのとおり・違う・・・
③・果たして、そうなのか[もう少し細かく見てみよう]。
　　沖縄戦と前後して、連合国側は戦争について会議を開いていた。
　・それは、どことどこで(会議を開いたのか)？
　⇨ヤルタとポツダム
④・このうち、ポツダムでの宣言では、どんな内容が話し合われていた？
　⇨日本の無条件降伏をうながす(内容の共同宣言)
⑤・そのポツダム宣言を、日本はどうした？
　⇨黙殺した
⑥・では、「(日本が)黙殺した」から、原子爆弾が落とされたのか？
　→そうだ・違う・・・
⑦・ところで、ポツダムの前のヤルタでは、どんなことが話し合われていたのか？
　→・・・？

⑧・ヤルタでは、「ドイツ降伏の２・３ヶ月後に、ソ連が日本に対して戦争に踏み切る」という秘密協定が話し合われていた。
　・この「ソ連参戦」の期限は、何月何日だったと思う？
　→・・・

⑨・それが 8月8日 。そのため、アメリカのトルーマン大統領は科学者たちに、「 8月7日 までに（つまりソ連参戦前に）原子爆弾を完成せよ」という命令を出していた。ソ連は、期限ギリギリの 8月8日 に、日本に対して宣戦布告をしてきた。
　　・すると、アメリカが 8月6日 に原子爆弾を投下したのは、なぜなのか？（やはり、ポツダム宣言を日本が黙殺したからなのか？）
　　　→・・・
※・以上の時間的な流れがわかるように、カードなどを提示していく。
⑩・ A：原爆投下による戦争終結 、 B：ソ連参戦による戦争終結 。
　　・アメリカとして望んだのは、どっち？
　　→原爆投下による戦争終結
⑪・アメリカが8月6日に原爆投下したのは、ソ連参戦前に、アメリカの力で戦争の決着をつけたかったからだ。
　　・原爆投下により戦争を終結させた場合、戦後の世界をリードしていく国は、アメリカ？　ソ連？
　　→アメリカ
⑫・原爆投下で戦争が終結すると、「アメリカがソ連より力が上である」ということを世界に印象づけることになる。その結果、「アメリカが、戦後の世界で優位に立つ」ことになっていく。
　　・でも本当に、ただそれだけのためにアメリカは、広島と長崎に原爆を投下し、約30万人もの人命を奪ったのか？
　　→そうだ・ちがう・・・

4．原子爆弾は、投下されて良かったのか？
①・当時のアメリカの考えを示したトルーマン大統領の演説が【資料：2】にある！
　　▷【資料：2】
②・【資料：2】のAでは、アメリカは、「原爆を投下しなければならなかった理由」として、どんなことを言っている？
　　→この悲惨な戦争を早く終わらせて、少しでも兵士の人命を救おう
③・「この悲惨な戦争を早く終わらせて、少しでも兵士の人命を救おう」との考えから、原爆投下がおこなわれた。
　　・しかし、原爆を投下しなければ、この戦争は本当に終わらなかったのだろうか？
　　　［　これまでの日米の戦闘の様子から考えてみると、どうなのか？　］
　　→そんなことはない・終わっていた・・・
④・「原爆投下しなくても戦争は終わった」とすると、それはいつ頃と考えられていたのか？
　　→・・・
※・このことは、【資料：2】のBに載せてあるため、子どもが気づいていれば、答えはすぐに出てくるはず。出てこなければ、「【資料：2】のBを見ると『アメリカが、いつ頃終わると考えていたのか』がわかる？」と発問をすればよい。
⑤・1945年12月31日。8月6日に原爆を投下しなくても、「あと半年もせずに戦争は終わる」とアメリカは考えていた。にもかかわらず、アメリカは、日本に原爆を投下した。
　　・それは、なぜだったのか？
　　→・・・
⑥・【資料：2】のCに、（更に恐るべき）アメリカの考えが載っている。
　　▷【資料：2】・C
※・特定の生徒に代表で読ませてもいいが、「各自で読み取るよう」に指示を出した方が効果的だとも思われる。
⑦・アメリカが、広島・長崎に「原爆を投下した」のは、何のため？
　　→実験・威力をためす・・・
⑧・これは、まさに人体実験だ。アメリカは戦争中であることを口実に、「原爆の威力」「破壊力」「人間への影響力」などを知るために「原爆を投下」した。つまり、アメリカの日本への原爆投下の理由は2つ。1つ目は「ソ連より強く見られたい」、このことにより「戦後の世界の指導権を握りたい」という考え。そして2つ目は「原爆の人体実験を、戦争中にやってしまう」というねらい。

- 111 -

・でも、人体実験という点では、ドイツも日本もやっていたね？〔どこで？〕
　→強制収容所・アウシュビッツ・731部隊・・・
⑨・アウシュビッツや731部隊と、原子爆弾。
　・これは、同じレベルで、考えていいのだろうか？
　→いけない・規模が違う・・・
※・ここでは、問題の投げかけのみとしておき、深くは入り込まない。この問題を生徒が、「どう考えるのか」ということが重要なので、その視点を持たせるための発問としている。
⑩・しかしこれが、沖縄戦のとき、住民のことを気づかい、助けてもくれたアメリカがやったことだ。
　・果たして、アメリカは、日本国民のことを考えてくれていたのか？
　→考えていない・考えてくれてはいた・・・
⑪・〔そんなことは考えない〕それが戦争だ。この2度の原爆投下の後、日本は、ポツダム宣言を受け入れて降伏。これで15年間にも及ぶ恐ろしく苦しい、そして辛い戦争は終わった。考えてみると、被害にあった人たちには気の毒だが、この「原爆が投下された」ことで、日本はやっと「目が覚めた」とも言える。
　・実際に、【資料：3】を見てみると、何と書いてあるのか？
　　日本に侵略されていた東南アジアの人々は、原爆投下に対しては「大変な興奮状態」だったとある！
　▷【資料：3】
⑫・この「大変な興奮」は、怒りによる感情からなのか？　それとも、喜びによる感情からなのか？
　→喜びによる感情
⑬・【資料：4】には、アメリカで発行される予定だった「原爆切手」が載せてあるけど、ここには何と書いてあるのか？
　▷【資料：4】
　→「原爆は、戦争集結を早めた」
⑭・こうした事実からは、原爆が投下されたことは、「結果的には、良かったと言えるのではないか」という考えも出てくる。
　・どうだろうか？
　・A：原爆が投下されたことは、やはり、結果的には良かったと思う人〔挙手〕！
　▷（挙手による任数の確認）
　・B：いや、決してそんなことは言えないと思う人〔挙手〕！
　▷（挙手による任数の確認）
※・次時の授業で、もう一度この問題については討論をするため、ここでは挙手による人数の確認程度でよい。
⑮・今の質問に対しては、次の時間に、もう一度詳しく考えてみる。そのためにも、もう少し原爆の被害について調べてみよう。

5．被爆者の苦しみは、現在どうなっているのか？
①・原爆の被害というものは、戦争と同時に「終わってしまった」わけではない。戦争が終わり、原爆投下から23年もたったある日のこと、広島に住む名越史樹君（小学校1年生）が「もとの体にもどしてよ。ぼく、もっと生きたかった」と言い残して死んでいった。
　史樹君のことは、この本〔『ぼく生きたかった』　労働教育センター〕に書かれている！
※・ここで本（『ぼく生きたかった』　労働教育センター）を見せる。【資料：5】にも、本から抜き出した文章を載せているが、教師が感情を込めて読む方がよい。
②・戦争中、生まれてもいなかった史樹君は、原爆によって死んでしまった。
　・なぜなのか？
　→・・・
③・原爆で直接被爆したのは、史樹君のお母さんだった。原爆が投下されたときに、広島にいた。そのとき浴びた「放射能」の影響が、史樹君の体に出てきた。史樹君は戦争に参加したわけでもなく、まして戦争がおこなわれているときには産まれてもいなかった（生きていたわけではない）。それにもかかわらず、23年も前におこなわれた戦争のために、死ななければならなかった。さっき、「人体実験と言っても、アウシュビッツや731部隊と同じレベルで考えてもいいのだろうか」と訊ねたのは、

被害のあり方が全く違うからだ。
※・時間がなくても、本の中身を読み聞かせした方が、効果的である。
④・だからお母さんは、「どんなに謝っても謝りきれません」と、史樹君が死んだときの「苦しみ」を述べている。しかし、本当に史樹君にあやまらなければならないのは、お母さんじゃないはずだ。
　・では、誰なのか？
　　→アメリカ・アメリカ大統領・原爆を造った人・日本政府・・・
※・もし自由発言で出てこなければ、「考えられるものとしては、日本政府・軍部・天皇・財閥・国民・・・あるいは、アメリカ大統領・原爆を造った人・投下した人・・・などいろいろと考えられるが、一体誰だろう？」という発問を投げかける。
※・班内で、はなしあわせてもいいが、時間が不足すると思われる場合には、自由に発言させるか、あるいは、指名発言をおこなって、数名の生徒に、考えを発表させる程度でよい。
⑤・また、その「あやまるべき人物」がはっきりしてくると、次に出てくる疑問として、「あやまるとは、どんなことをいうのか」ということがある。
　・「本当にあやまる」とは、具体的には、どんなことをいうのか？
　　→・・・
※・これも班内ではなしあわせてもいいが、時間不足となる可能性が高い。
⑥・では最後の２つの問題を、それぞれ意見プリントに自分の考えを書いて終わりにしよう！
　▷意見プリントへの記入
※・助言④・⑤に対する自分なりの考えを意見プリントに書かせる。

<参考文献>
安井俊夫「にんげんをかえせ」『歴史の授業108時間　下』地歴社
安井俊夫『学びあう歴史の授業』青木書店
伊東　壮『1945年8月6日』岩波ジュニア新書
神田三亀男『原爆に夫を奪われて』岩波新書
名越謙蔵ほか『ぼく生きたかった』労働教育センター
『母と子でみる　広島・長崎』草の根出版会
『組写真　ヒロシマ・ナガサキ』広島平和教育研究所出版部

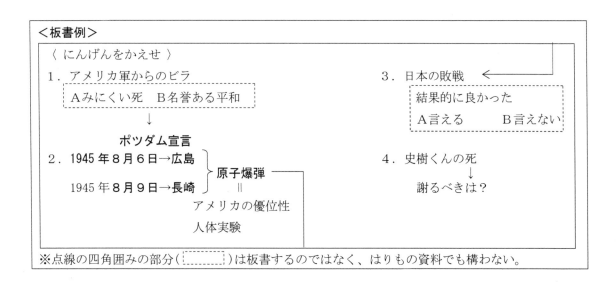

★授業〈にんげんをかえせ〉について
　この授業案の導入でも、前時の授業と同じようにアメリカ軍からのビラを使っている。内容は違っていてもアメリカ軍からのビラを使うのは２回目なので、ビラの内容には今度も嘘はないだろうと考える

傾向が生徒にはある。だから、ビラの呼びかけには「名誉ある平和を選ぶべきだ」との意見になる。しかし、当時の指導者たちは、ビラに書かれたこととは逆の道を選ぶ事実を生徒は知る。すると生徒は、「それは間違っているのではないか（その決断で本当にいいのだろうか）」との思いを抱く。そうした生徒の疑問に沿った流れの中で原爆投下を扱っている。その方が、原爆による被害についての受け止め方に深まりが出てくる。原爆の被害については、パネル写真や拡大コピーを見せることで、視覚的にもその恐ろしさを伝えようとしている。以上が、大まかな授業前半の流れである。なお、提言１（1945年８月６日に何が起こったのか）の助言⑧の『原爆に夫を奪われて』の読み聞かせは、最近は省くことが多くなっている。この変更は、最後の討論に時間をかけたいことが一番大きな理由であるが、授業中の生徒の集中の問題や授業後半での名越史樹くんの話で放射能の影響の恐ろしさについては教えることができると考えるようになったからでもある。

　授業の後半は、原爆の被害に対する思いをもとに、「なぜこのような恐ろしい兵器を使用したのか」という疑問の投げかけをおこなっている。そして同時に、「原爆が大変に恐ろしい兵器だったために、日本は敗戦を決定した」との見方がある事実も取り上げている。

　この２つの事実を取り上げているのは、原爆投下に対する否定的な考え方と肯定的な考え方があることを紹介するためである。特に、日本に侵略を受けたアジア諸国には、「『原爆が戦争を終わらせてくれた』との認識が強いが、このことをどう考えるのか」と、１度ここで問いかけている。この問いが必要なのは、単に日本の被害面だけをとらえさせないためだ。なお、この問いは難しい問題であるので、次にまた時間を取って考えさせるように計画している。「原爆が投下されて良かった」などと決して言えないが、そうした意見に対して、どのように反論できるのかを生徒自身に考えさせるための発問なのである。

　また、原爆の恐ろしさは原爆投下によって終わったわけではなく、その後も続いていくことになることを理解させるために、絵本『ぼく生きたかった』を取り上げている。この絵本は、原子爆弾という兵器が、非人道的で本当に恐ろしい兵器であることが実感できる内容になっている。

　絵本『ぼく生きたかった』は、このときの戦争とは直接関わりのない小さな子どもに原爆の影響が出てくる実話である。絵本なので実物を提示しやすく、生徒にも内容が伝わりやすいので、授業では読み語りをおこなうが、教師として、親として、何回読んで聞かせても授業中に涙が出てしまいそうになる。それほど原爆の恐ろしさが、静かに伝わってくる実話である。そうした教師の思いも、ぜひ生徒に伝えたい。そうした後々まで続く原爆の恐ろしさを伝えることは、原爆投下という事実だけではなく、15年戦争の責任そのものについても考えさせることにつながっていく。

　そのため、あやまるべき人物については、しぼって考えさせることが大事になる。ときとして生徒は、「全ての人」「戦争にかかわった人全部」「日本人の全て」という意見を出してくることがある。この意見では、責任の所在がはっきりしなくなる。そうなると「責任を取ら」せることができなくなる。そうではなく、原爆投下の被害に対する責任を誰が負うべきなのか、生徒なりに追求させることが大事になる。

　私の勤務する地域の学校は、地理的に長崎に近いこともあり、原爆について、生徒は小学校の時に平和学習で学んでいたり、長崎への修学旅行で原爆記念館の見学などを経験している。つまり、原爆の恐ろしさについては知っている。だから、単に原爆の恐ろしさを教えるのではなく、その原爆投下に至るまでの経過やその後の影響など知った上で、原爆の被害を学ばせることを考えた。

　また、この15年戦争の単元の前半は、日本の加害の事実を中心に学んできているので、原爆投下が単に被害の面だけでのとらえ方にならないように単元全体の構成を考えた。つまり、小学生とは違う中学生としての学びができるようにしているのである。

歴史　学習プリント　〈15年戦争：13－1〉

■1945年8月6日、広島に！　9日、長崎に！　アメリカは原爆を投下した。広島・長崎では、どんなことが起きたのか？　なぜアメリカは、こんな方法を取ったのか？

1：【 アメリカ軍からのビラ 】

このようなビラに対し、日本はどんな態度を？

■空襲の後に、このようなビラが、しばしば空からまかれた。

■こういうビラを拾った場合には「警察に届け出よ」と言われていて、持っていると処罰された。

2：【 なぜ、アメリカは原爆を投下したのか？ 】

|A|　原爆投下が、「戦争の終結を早めた」ことは確かであり、それによって、数千万人のアメリカと連合軍兵士の生命が救われた。
〈 トルーマン大統領の議会での演説　1945年10月3日 〉

|B|　たとえ「原子爆弾が投下されなかった」としても、たとえ「ソ連が参戦しなかった」としても、さらにまた、「上陸作戦が計画されず、企画されなかった」としても、日本は、1945年12月31日以前に、必ずや降伏していたであろう。
〈 アメリカ戦略爆撃調査団の報告 〉

|C|　1個ずつの原子爆弾の効果を正確に測定できるように、少なくとも直径2マイル（＝約3.2㎞）の地域で、家が立て込んでおり、できるならば投下後の"爆風"と続いて起こる"火災"のために、木造建てのところがいい。
　さらに、選ばれる場所は、軍事的、外交的に高い価値を持ち、また、1度も爆撃を受けていないところが、科学的・専門的にふさわしい。
〈 原爆開発の責任者・オッペンハイマー博士の発言 〉

歴史 学習プリント〈15年戦争：13－2〉

■戦争が終わり原爆が投下されて23年もたったある日、広島に住む名越史樹くん（小学校１年生）が亡くなった。なぜ、こんなことになってしまったのか？ いったい誰が悪いのか？

３：【 原爆投下に対する反応（東南アジア）】

　広島に原爆が落とされたとき、私自身は12歳でした。そのときに、"原爆"に対して私の家族が「どんな反応をしたか」を、よく憶えています。

　大変な興奮状態でした。

　『大変な進歩だ、３日間で長い間の戦争に、終止符をうってくれた！』と話していました。

　長い間のマレーシアの苦しみが、これで終わって、『戦争から解放された』という興奮がマレーシアの村々をかけめぐったのです。

　　　　　　――（『反核と第三世界』 岩波ブックレット）

４：【 原爆切手（アメリカ）】

Atomic bombs hasten war's end
＝ 原爆は、戦争終結を早めた

※米国郵便公社から1995年に発行予定だった切手

５：【 ぼく生きたかった 】

　史樹は、結局は死んでしまうのだろうか。いまわのきわに、父ちゃん母ちゃんに何と言うだろうか？

　「僕、死ぬん？」

　『バカ、父ちゃん母ちゃんがおるのに、死ぬもんか！』 そこまで考えてたまらなくなった。

　子どもは"死ぬ"ということを知らないで死ぬのじゃないだろうか？ いや、それは間違いだ。死にたくないのだ。生きたいのだ。

　いつだったか史樹は、「もうちいっと生きたかったよね」と大人ぶった冗談を言って、私や妻を笑わせたことがあったが・・・、子どもは子どもなりに何でも知っているのだ。私は、背筋が寒くなるような気がした。家の中で禁句になっている"白血病"の病気だって知っているのだ。

　お母さんは、世界中で誰よりもいちばん史樹を愛したのだけれど、一つだけ許して下さい。あなたが亡くなる数日前に、「お母ちゃん、思い切ってお仕事やめろよ」と言いました。

　どんなことでも我慢して頑張ってきたあなたでしたが、どんなにか淋しかったのでしょう。これは、お母さんにとっていちばんショックでした。

　それから、もう一つ、夜中じゅう痛がって５分と私を寝かせないとき、思わずしかったら、「病気になったのは僕のせいじゃないだろう！ もとの体にしてよ」と言いました。

　史樹、本当にごめんなさい。お母さんは、どんなにあやまってもあやまりきれない。

　　　　　　――（『ぼく生きたかった』 労働教育センター）

歴史 意見プリント 15年戦争：13 〈にんげんをかえせ〉

3年　　組　　号（　）班：名前

■次の質問に対して、自分の考えを書いてみよう！

1．質問
■一瞬にして多くの人命を奪ってしまった原爆！　その原爆の被害は、現在も続いている。原爆投下から23年もたったある日、広島に住む名越史樹くんは、「ぼく、もっと生きたかった」と言い残して死んでいった。お母さんは、『どんなにあやまっても、あやまり切れません』と言った。しかし、史樹くんにあやまるべき"本当の人物"は誰なのか？　また"あやまる"とは、どんなことをすることなのか？

2．① あやまるべき本当の人物は、誰なのか？　② なぜ、その人物は謝罪すべき（あやまるべき）なのか？　また、③ あやまるということは、どんなことをすることなのか？（以上3点について「自分の考え」）

I（これまでの授業内容）	日中戦争　南京大虐殺　長期戦　太平洋戦争　強制収容所　アウシュビッツ　731部隊　戦争犯罪　赤紙　勤労動員　強制連行　集団疎開　学徒出陣　東京大空襲　本土決戦　松代大本営　沖縄戦
II（今回の授業内容）	アメリカ軍のビラ　ポツダム宣言　日本の無条件降伏　黙殺　原子爆弾　広島　長崎　14万人　20万人　熱線　爆風　放射能　人体実験　アジアの解放

※「自分の考え」には、結論を出した根拠となる歴史的事実を上のI・IIから最低1つ以上を選び○でかこみ、下の文章に必ず書き入れること

〈 授業方法・内容について質問・意見・考え・感想などあったら自由にどうぞ！ 〉

[94] 日本の敗戦

◎日本の敗戦は、「誰が？」「どのようにして決定したのか？」を紹介し、これまでの授業での学習内容から判断して、「はたして、このような決定の仕方で、本当に良かったのかどうか？」を考えさせる。

1．日本とアメリカは、日本本土決戦を考えていたのか？

①・まず、【資料：1】の地図を見てみよう！
　▷【資料：1】

②・これは、太平洋戦争末期における重要な地図。地名はローマ字で、日付などは英語で書かれている。
　・とすると、[これを]書いたのは何人？
　→アメリカ人・日本人・・・
③・よく見ると、地図には、いくつかの矢印がある。
　・アメリカ人が書いたとすると、この矢印は何をあらわしているのか？
　→作戦・侵攻・・・
④・九州の矢印は、NOV．1，1945 という日付になっている。つまり 1945 年 11 月 1 日、アメリカ軍が総攻撃を仕掛けてくる作戦になっている。
　・その場合（この矢印から見て）、佐賀県はどうなるのか？（大丈夫なのか？　あぶないのか？）
　→大丈夫・危険・侵略される・・・
⑤・でも、九州は？
　→占領される・攻撃される・戦場になる・・・
⑥・そうなると、佐賀県も無事で済むのか？
　→無事ではすまない・巻き込まれる・・・
⑦・九州全土が戦場となった場合、考えられるのは「沖縄戦と同じ事態が展開される可能性が、非常に高い」ということだ。しかし、この地図はアメリカ軍の作戦。だから、もし日本が「本土決戦」を考えずに降伏＝敗戦を決定すれば、この作戦は、実行されずに済む。
　・では、日本政府は降伏（＝敗戦）を考えて、いたのか？　いなかったのか？
　→考えていなかった・・・
⑧・新聞・ラジオなどでは、しきりに「本土決戦」を国民に呼びかけていた。「国民は、抗戦すべし」と。そして、その戦い方の指示も出されていた。それが【資料：2】にある『国民抗戦必携』だ。
　・でも、軍部は、兵隊ではない一般の国民が戦う場合、何を武器に、どのように戦えと指示していたのか？
　→竹槍・鎌・出刃包丁などで・後ろから襲う・柔道の技で絞め殺す・・・
⑨・はたしてそれで本当にアメリカ兵を倒すことができるのか？
　→無理だ・できるわけない・・・
⑩・それでも訓練も十分にやった（【資料：2・3】に挿絵や写真も載せてある！）。しかし、日本の敗北は、もう決定的だった。
　・それなのに、なぜ日本政府は「降伏すること」を考えなかったのか？
　→・・・
⑪・「日本の敗戦」が濃厚となっていった時期、日本の指導者たちは何を考えていたのか？
　→・・・

2．日本の指導者たちは、何を守ろうとしていたのか？

①・ミッドウェー海戦以来、敗北を続けていた日本軍は[アメリカ軍との戦いで]何とか挽回しようと、1944 年 10 月フィリピンのレイテ沖海戦にかけた。
　・で、結果は？[挽回できた？]
　→できなかった・・・
②・ここでも、敗北。海軍は連合艦隊を全滅させられ、航空機も大量に失った。あとは、「日本周辺でアメ

- 118 -

リカ軍を迎え撃つ」という本土決戦しかなかった。これで、いよいよ「降伏して、日本の敗戦を認めるのか」　それとも、「本土決戦か」という重大な選択を迫られた。
　・当時の状況から考えると、どっちを取るべきなのか？ [降伏？　本土決戦？]
　　→降伏・本土決戦・・・
③・そうしているうちに、アメリカ軍はフィリピン・ルソン島に上陸。ここでも、「日本軍の敗北」が決定的となった。その直後、日本の指導者たちは本土決戦のための計画を決定した。そして国民も物資も、そのために「総動員せよ」という命令を下した。
　・ところが一方では、日本の指導者たちは、長野県松代に何を造らせていた？
　　→防空壕・松代大本営・・・
④・「松代大本営」とは、天皇や政府・軍部が入るための巨大な何だった？
　　→防空壕
⑤・指導者たちは、「自分たちの安全」は確保しようとしていた。そして、1945年2月（東京大空襲・沖縄戦・原爆投下の前）に、元首相の近衛文麿は、重要な上奏文を天皇に提出していた。
　・【資料：4】に載っている！
　▷【資料：4】
⑥・この中で、近衛文麿は天皇に対して、何と言っているのか？
　　→敗戦となることは、もはや決定的
⑦・敗戦は必至。しかし、そうなると「守り抜いていけるかどうか、心配なことがある」と言っている。
　・この期に及んで、日本の指導者たちは、いったい何を心配していたのか？
　　→国体
⑧・その「国体」とは、何なのか？
　　→・・・
※・たぶん、この発問に対しての答えは期待できないので、すぐに次の説明をする。

3．日本の指導者たちは、何を考えていたのか？
①・「国体」とは、「『天皇が国を治める』という日本の国のあり方」のこと。
　・ということは、日本の指導者たちは、誰のことを一番に心配していたということなのか？
　　→天皇
②・だから、「敗戦よりも『もっと恐れるべきこと』が起こるかもしれない」ということを心配していた。
　・何が「起きる」と言うのか？
　　→（ 共産 ）革命
③・革命だ。
　・でも、誰が革命を起こすというのか？
　　→国民・・・
④・革命とは、世の中の仕組みをひっくり返すこと。
　・でも、どうして、日本の指導者たちは「天皇が治める日本の国のあり方をひっくり返す革命を、日本国民が起こす」と考えていたのか？
　　→・・・
⑤・指導者たちは、これまで国民に対して何をしてきたのか？
　　→戦争に引き込んだ・いろいろな統制をした・・・
⑥・これまで日本の指導者たちがやってきたことを考えると、革命が起こると不安がるのは、当然？　それとも、考え過ぎ？
　　→当然・・・
⑦・それなら、なおさら指導者たちは国民のことを考えるべきなのに、国民より天皇のことを優先して考えていた。
　・でも、どうして「天皇」だったのか？
　　→・・・
⑧・『大日本帝国憲法』では、日本の「統治支配権」「軍隊を動かす統帥権」は天皇にあった。その上、当時、天皇は現人神として恐れ敬われていた。国民も、そう教えられ信じていた。「日本が降伏する」に

しても、その後アメリカが「皇室をどう扱うのか」が、日本の指導者たちにとっては、大きな問題だった。そのため、最後に一つでも「戦果」をあげようと考えた。戦果をあげてから「和平交渉」をおこなった方が、有利になるからだ。
- ・でもそれは、誰に取って有利だというのか？
→天皇・政府・国民・・・
※・あるいは「日本にとって有利になるのか」と発問した方がいいかもしれない。

⑨・しかし、戦果をあげるどころかアメリカ軍の空襲が本格化し、1945年3月10日の東京大空襲となってしまった。そして、4月には日本海軍の予想と異なり、アメリカ軍は台湾を飛び越えて沖縄に上陸してきた。そして、あの沖縄戦の悲劇が引き起こされていった。すでに同盟国であるイタリアは無条件降伏し、4月にはムッソリーニは銃殺。同じく、ドイツも5月には無条件降伏をし、ヒトラーは自殺していた。国内では、空襲が大都市から中小都市へと広がっていった。いよいよ、本土決戦の準備が具体化してきた。まず大本営と天皇の居所を長野県松代に移し、その上で本土決戦の作戦を実行。
- ・その「本土決戦のやり方」だが、【資料：2】から考えてみると、あの「沖縄戦のとき」とは、違うのか？ 同じなのか？
→同じ・・・

⑩・そこに、7月26日、アメリカなど3国は日本に対してポツダム宣言を示した。[日本に対し]「降伏」を求めてきた。ここで「日本がどうするのか」は、国民にとって重大な態度決定となる。
※・この後に、「国民としては、この時期、A：本土決戦に賛成派が多かったと思う？ それとも、B：反対派が多かったと思う？」という発問を入れてもよい。

⑪・では、日本は、どういう態度を取ったのか？
→黙殺・本土決戦・あくまで戦う・降伏する・・・

4．日本の降伏条件とは、何だったのか？

①・その直後の8月6日、原爆が投下された。
- ・それは、どこだった？
→広島

②・そして、8日には、ついにソ連が参戦し、日本に攻めてきた。
- ・どこに[攻め込んできた]？
⇨満州（ 中国東北部 ）

③・そこで、8月9日、2発目の原爆が落とされた。
- ・今度は、どこに？
→長崎

④・このときの「原爆投下」のニュースは、次のようなものだった。
▷（【新聞の復刻版】のコピーを提示 ）

⑤・このニュースでは、原爆に対しては、「軍服程度の衣類を着用していれば火傷の心配はない」「防空頭巾・手袋を併用していれば完全に護れる」とか、「最も簡単な手当て方法は、この爆弾の火傷には油類を塗るか、または温水で湿布すればよい」などと国民に知らせている。
- ・それは、事実？ 事実じゃない？
→違う・事実じゃない・・・

⑥・大変な被害を受けていたにもかかわらず、「『原爆』の威力・破壊力・恐ろしさ」については、ほとんどの日本国民がよくわかっていなかった[あるいは、知らされていなかった]。そんな中、8月9日になって、天皇・指導者たちは御前会議を開いた。再び「ポツダム宣言を受け入れるかどうか」で、意見は対立した。
- ・この話し合いで、最終的に決定権があるのは、誰？
→天皇

⑦・だから、「最後に天皇の考えが述べられて、ポツダム宣言受入れが決定された」とされている。

・【資料：5】を見てみよう！
▷【資料：5】
⑧・外務大臣案の中で、天皇が「一番重要と思った」のは、どこだかわかる？
→皇室のこと
⑨・だから、天皇は、何と言って受諾することを決定しているの？
→忍び難きを忍び、人民を破局より救い、世界人類の幸福のため ～ 決定する
⑩・どうだろうか、「世界人類の幸福のため」に受諾を決定し、戦争をやめることを決定したこの天皇の考えは？
・A：これは、「責任ある発言だ」と思う人［ 挙手 ］！
▷（ 挙手による人数の確認 ）
・B：いや、「無責任な発言だ」と思う人［ 挙手 ］！
▷（ 挙手による人数の確認 ）
⑪・しかし、こうして ポツダム宣言受諾 が相手国（＝アメリカ）に告げられ（ 8月14日 ）、 日本の敗戦 が決まった。
・それを国民に公表したのが何月何日？
⇨8月15日
⑫・ポツダム宣言を受け入れ、日本が降伏することを国民に知らせたのは、誰だった？
⇨天皇

5．原爆は、「落とされて良かった」と言えるのか？
①・こうして本土決戦はなくなり、最初の作戦地図も実行されなかった。しかし、ここで考えて欲しい。
・「敗戦」の決定は本当に、A：これで良かったのか？　それとも、B：もっと早くすべきだったのか？
・A：事情を見れば、「8月15日の敗戦でやむを得ない」と思う人［ 挙手 ］！
▷（ 挙手による人数の確認 ）
・B：いや、「もっと早くすべきだった」と思う人［ 挙手 ］！
▷（ 挙手による人数の確認 ）
※・時間があれば、ここで班内でのはなしあいをさせる。時間がなく、はなしあい→討論ができなければ、次のような問答をおこなう。
②・B：「もっと早くすべきだった」と言うのなら、それは、いつの時点なのか？
8月6日 以前なら、 原爆投下 は、なかったはず。 4月1日 以前なら、 沖縄戦 は、なかったはず。 3月10日 以前なら、 東京大空襲 は、なかったはず。
・という具合に、時間を逆上っていくと、いつ頃だったのか？
→・・・
③・ただし、「もっと早くすべきだった」という場合、日本の被害ばかりではなく、日本の加害についても考えておかなければならない。つまり、日本が攻撃を受けているのは「日本が戦争を続けている」からであり、日本が戦争を続けていることは、「日本軍が多くの人々の命を奪っている」ということでもあった。つまり、日本が早く戦争をやめれば、それだけ「日本軍により虐殺されるアジアの人々の数も少なくなる」ことも意味している。
④・今日は、「日本の敗戦」について、更に新しい事実が出てきた。では、そのことも考えに入れて、もう一度考えてみよう。
・原爆が落とされたことは、結果的に良かったと、言えるのか？　言えないのか？
→・・・
※・ここも時間があれば、班内のはなしあいをさせ、討論へと発展させる。
※・最後に、できるだけ峠三吉の詩を一つ紹介して、終わる。そして、この詩を次時の授業につなげるようにする。

```
         にんげんをかえせ
 ちちをかえせ　ははをかえせ　としよりをかえせ　こどもをかえせ
   わたしをかえせ　わたしにつながる　にんげんをかえせ
  にんげんの　にんげんのよのあるかぎり　くずれぬへいわを　へいわをかえせ
```

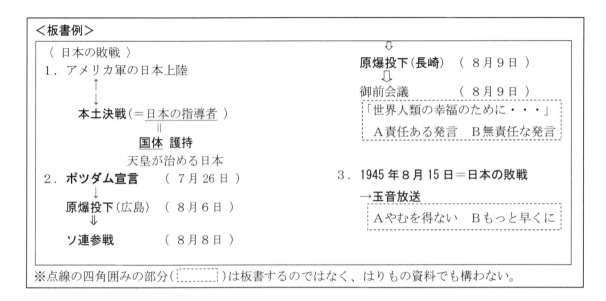

★授業〈 日本の敗戦 〉について

　この授業案では、これまでの学習内容を大きく振り返って、さまざまな事実を再確認しながら授業を進めている。その中で、日本の指導者たちの考えを押さえながら、原爆投下～日本の敗戦の流れを見ていく形で、もう一度「原爆投下について、どう考えるのか」を生徒自身が考え、意見プリントにまとめさせて終わらせている。当時の状況を知れば、原爆投下が良かったなどとは決して言えないことを理解させたい。

　この授業で、15年戦争の単元のほぼまとめの段階にきているために、ここで話し合い活動をおこなった方がいいと考えてはいる。しかし、時間の都合上やや無理があり、話し合い活動まではできないこともある。時間がないのであれば、そのための時間をつくればよいのだろうが、この授業案では削れるような指導言はないため、結果的には意見プリントを書くだけで終わることもある。

　なお、指導言が多いということは、学習内容が多いということでもある。学習内容が多過ぎると、生徒の理解や整理ができにくくなる。そのため、ここでは歴史の流れがつかみやすいように、歴史の事実をカードに書いて貼っていく。具体的には 1944年10月レイテ沖海戦 から 1945年8月15日日本の敗戦 までのカードを説明とともに貼っていく。教師の言葉による説明のみでは、生徒の記憶には残らない。だから、そうすることで視覚的にも歴史的事実の流れが整理できるように工夫をしている。

　峠三吉の詩「にんげんをかえせ」は、次時の授業のはじめに黒板に貼り、生徒全員で声に出して読ませてもよい。その後「仮包帯所にて」を教師が感情を込めて読んであげると、より詩の内容が伝わりやすい。

歴史 学習プリント 〈15年戦争：14-1〉

■ついに日本は自ら始めた戦争に負けた！ でも、日本の敗戦は、誰が？ どのようにして決定したのか？ また、こんな決定のしかたで、はたして良かったのだろうか？

1：【 本土上陸作戦 】

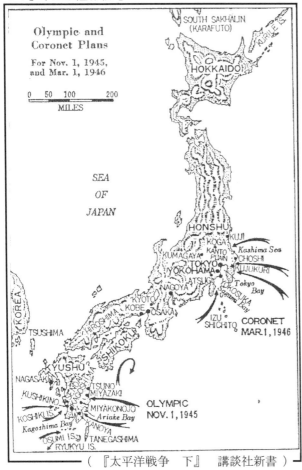

（『太平洋戦争 下』 講談社新書）

2：【 国民抗戦必携 】アメリカ兵との戦い方

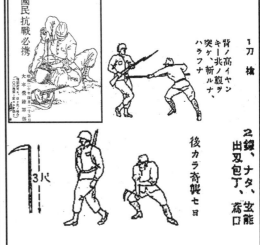

1945年4月、大本営陸軍部は、『国民抗戦必携』を作成した。

「銃、剣はもちろん、刀、竹槍から鎌、ナタ、玄能（＝大型のかなづち）、出刃包丁、鳶口に至るまで、これを白兵戦闘兵器として用いる。・・・（中略）・・・格闘になったら柔道の手を用いて絞殺する。一人一殺でよい。とにかく、あらゆる手を用いて、何としてでも敵を殺さねばならない」

3：【 本土決戦にそなえて 】　　九州防衛担当第16方面軍参謀長：稲田正純中将の回想より

　20年5月頃までは、戦場の住民は霧島－五家荘（八代東方30kmの山中）地域に事前に疎開するよう計画されていたが、施設・食料・輸送などを検討すると全く実行不可能であって、6月に全面的に疎開計画を廃止し、（住民は）最後まで軍隊と共に戦場にとどまり、弾丸が飛んでくれば一時戦場内で退避することとした。なお、この退避行動は各師団毎に決定することにし、また健康な者は男女とも国民義勇戦闘隊となって戦うことにした。

（『岩波講座 日本歴史（21）』 岩波書店）

歴史 学習プリント 〈15年戦争：14－2〉

■日本が敗戦を受け入れるときに、政府は、天皇は、いったい、どんなことを一番に考えていたのか？
　日本の敗戦に、原爆が投下されたことは、どんな意味があったのか？

4：【 敗戦は、決定的であります！ 】　　　　　　　　　　　元首相＝近衛文麿

　残念ながら、敗戦となることは、もはや決定的であると思います。以下のことを前提にして申し上げます。

　敗戦となれば、わが"国体"にキズがつくことになります。が、米・英の世論は、現在のところ「国体を変革せよ」というところまでは進んでいません。従って、敗戦ということだけであれば、国体の上では心配はありません。国体を守りぬいていく上で最も心配すべきことは、"敗戦"ではなく、敗戦にともなって起こる可能性のある"共産革命"であります。

　国の内外を見るに、共産革命に進むべき好条件が、しだいに成長しつつあり、今後、戦局がさらに不利になれば、なおさらそうなります。この戦局を、「少しでも有利にできる」という望みがあるのなら話は別ですが、「敗戦が決定的である」情勢では、勝利の見込みのない戦争を、これ以上続ければ、共産党の手にのるようなものです。従って、国体を守り抜こうとするには、1日も早く、戦争を終わらせる方法を考えるべきだと確信いたします。

　ただ、戦争終結する上で最大の障害は、今日まで戦争を推進してきた軍部内の一味です。この一味を一掃して、軍部を立て直していけば、共産革命から日本を救うことが可能になります。ここでこそ非常の御勇断をお願い申し上げます。
　　　　　　　　　　　　　　　　　　　　　　　　　　　　　　　　－ 1945.2.14 －

5：【 1945年8月9日の御前会議 】　　　天皇や政府や軍は、なぜ敗戦を受け入れたのか？

| 外務大臣 | ：本日の事態を見れば、ポツダム宣言受諾はやむを得ない。受諾する条件として、これだけは受け入れられないというものだけをあげるべきである。
　皇室のことは、絶対問題である。これは、将来の民族発展の基礎なのだ。 |

| 陸軍大臣 | ：まったく反対だ。一億国民、枕を並べて倒れても、天皇が示された道に従い、あくまで戦争を継続すべし、戦う力は十分ある。 |

　　　　　　⇩

| 天　　皇 | ："外務大臣案"を採る。
　九十九里浜の築城もでき上がっていない。新設の師団に渡すべき兵器も整っていない。これでは、あの機械力を誇る米英軍に勝てる見込みはない。
　ここで、忍び難きを忍び、人民を破局より救い、世界人類の幸福のため、以上のように（外務大臣案を採ることを）決定する。 |

御前会議の様子

歴史 意見プリント 15年戦争：14〈日本の敗戦〉

3年　　　組　　　号（　）班：名前

■次の質問に対して、自分の考えを書いてみよう！

1. 質問

■原爆投下については、「日本は、やっと目が覚めた」とも言えるので、「結果的には良かったのではないか」という意見がある一方、当時の政府・指導者たちは、君主である天皇をどう守るのか（＝国体護持）ということだけを考えていたこと・原爆のニュースは正確には報道されていなかったこと・国民の多くも戦争の継続は願っていなかったことなどの事実もある。では、やはり「原爆は投下されて良かった」と言えるのか？

2. 結論

A：「結果的には良かった」と言えると思う　　B：「良かった」などとは決して言えないと思う。

I（これまでの授業内容）	II（今回の授業内容）
日中戦争　南京大虐殺　アジア太平洋戦争　強制収容所　アウシュビッツ　731部隊　戦争犯罪　情報操作　勤労動員　強制連行　集団疎開　学徒出陣　原子爆弾　広島　長崎　人体実験　アジアの解放	本土決戦　国体護持　天皇　国民　現人神　東京大空襲　沖縄戦　イタリア　ドイツ　松代大本営　御前会議　ポツダム宣言　日本の敗戦　日ソ中立条約　8月15日　朝鮮　台湾　中国

※「自分の考え」には、結論を出した根拠となる**歴史的事実**を上のⅠ・Ⅱから最低1つ以上を選び〇でかこみ、必ず下の文章に書き入れること

3. どうして、そのような結論を出したのか？（「自分の考え」）

〈 授業方法・内容について質問・意見・考え・感想などあったら自由にどうぞ！ 〉

[95] 二度とくり返すな

> ◎これまでの授業を振り返りながら、「戦争の恐ろしさ」について考え、二度とこんな戦争をくり返さないために、国民として、どんなことを考えておかなければならないのかで討論をおこなう。また、国民の戦争責任についても考えさせる。

1：『原爆詩集』を聞こう！

① ・日本の敗戦について国民に公表されたのは、いつだったのか [何月何日]？
 → 8月15日

② ・この（8月15日の敗戦の）決定は、やむを得ない時期だったのか？　それとも、遅すぎたのか？
 → 遅すぎた・・・

③ ・遅すぎたのであれば、もっと早く敗戦を決定すべきだったことなる。
　・では、一体それはいつだったのか？
 → ・・・

④ ・「敗戦の決定が遅れた」ことは、日本の侵略によるアジアの国々の被害が長引いたことでもあった。
　・ということは、日本の敗戦の決定が遅れたことについては、アジアの国々に謝らなければならないのではないだろうか？
 → そうだ謝らなければならない・その必要はない・・・

⑤ ・敗戦の決定が遅れたことで、日本だけではなく、アジアの国々の被害も大きくなってしまった。
　そんな日本の戦争被害については、広島の平和公園に、峠三吉という人の詩碑がある。
　峠三吉は自らも被爆し、1953年（敗戦から8年後）に亡くなった人物だ。
　・その人の詩を紹介しよう！
　▷『原爆詩集』より

※・できるだけ感情を込めて、オーバーに読み上げた方がよい。

仮包帯所にて

　あなたたち　泣いても　涙の出どころのない　わめいても　言葉になる唇のない　もがこうにもつかむ手指の皮膚のない　あなたたち　血と　あぶら汗と　淋巴液とにまみれた四肢をばたつかせ　糸のように塞いだ眼をしろく光らせ　あおぶくれた腹に　わすがに下着のゴム紐だけをとどめ　恥ずかしいところさえはじることをできなくさせられた　あなたたちが　ああ　みんな　さきほどまでは愛らしい　女学生だったことを　誰が本当と思えよう　焼けただれたヒロシマの　うす暗くゆらめく　焔のなかから　あなたでなくなった　あなたたちが　つぎつぎと　とび出し　はい出し　この草地にたどりついて　ちりちりのラカン頭を　苦悶のほこりに埋める　なぜ　こんな目に遭わなければならぬのか　なぜ　こんなめにあわなければならぬのか　何のために　なんのために　そして　あなたたちは　すでに　自分が　どんなすがたで　にんげんから　遠いものにされはててしまっているかを知らない　ただ思っている　あなたたちはおもっている　今朝がたまでの　父を　母を　弟を　妹を　（いま逢ったって　だれがあなたとしりえよう）　そして　眠り　起き　ごはんを食べた家のことを　（一瞬に垣根の花はちぎれ　いまは灰の跡さえわからない）　おもっている　おもっている　つぎつぎと動かなくなる同類のあいだにはさまって　おもっている　かつて娘だった　にんげんのむすめだった日を

※・ここで提示する原爆の被害にあった少女の写真は、広島の写真ではなく長崎（大村）での写真である。「仮包帯所にて」の詩の内容を視覚的にとらえさせるために用いている。

⑥ ・こんな、「人間を苦しめる戦争」は、二度と再びくり返してはならない。だから、これからもし戦争が起こりそうになったら、絶対にくい止めるべきだ。今日は、そのために「いくらか、考えておかなければならないこと」を確認していこう。

2．日本の敗戦の日、日本で、中国で、どんな反応があったのか？

① ・まず、「日本の敗戦」について。昨日までの授業でやったことは、 広島への原爆投下 のあと、 ソ連参戦 。そして 長崎への原爆投下 、 ポツダム宣言の受諾 。これで 日本の敗戦 となった。
　・ところで、こうした事実を、日本国民は知っていたのか？
 → 知らなかった・知っていた・・・

②・では、日本国民は、日本の敗戦を、どうやって知ったのか？
　　→放送で・・・
③・1945年8月15日、正午の時報とともに、次のような放送が全国に流された。
　　・玉音放送と呼ばれるものだが、「誰が」「何を言っているのか」を、よく聞いておくように！
　　▷【玉音放送のテープ】を流す！
④・放送しているのは、誰？
　　→天皇
⑤・日本の最高指導者だった天皇が、何と言っているのかわかった？
　　→わからない・よく聞き取れない・・・
⑥・しかし、これで、日本の敗戦を、天皇は[国民に]知らせた。
　　・さて、この天皇からの「敗戦の知らせ」を聞いた、当時の日本国民の反応は、どうだったのか？
※・もし、すぐに発言がなければ、右の選択肢を提示する。

| A：よろこんだ |
| B：くやしがった |
| C：おどろいた |
| D：よくわからなかった |
| E：不安になった |

⑦・【資料：1】には、当時の国民の反応が載せてある！
　　▷【資料：1】
⑧・さて、国民の反応は、どうだろう？
　　→・・・
※・この発問は、投げかけのみでもよい。国民の反応といっても、様々なものがあったことがわかればよい。
⑨・ところで、【資料：3】には、「日本と、一番長く戦争を続けていた国」の反応も載っている。
　　・それは、どこの国？
　　→中国・アメリカ・・・
※・「中国との戦争が一番長かった」ことを意識していない生徒が多いために、ここで確認を取っておく必要がある。
⑩・はたして、中国の反応は、日本と同じだったのか？　違っていたのか？
　　→違っていた・・・
⑪・中国が、一番強調しているところに線引きをしなさい！
　　▷【資料：3】への線引き
⑫・中国の反応は、明らかに、日本の反応とは違う。
　　・日本の侵略で、15年もの長い間苦しめられてきた中国なのに、どうしてこんなことが言えるのか？
　　・グループではなしあい[1分間]！
　　▷班内のグループでのはなしあい
※・ここから班内のグループでのはなしあい　→　グループごとの発表
⑬・戦争の加害国：日本と被害国：中国とは、その反応が、あまりにも違い過ぎるようにも思える。
　　・中国が、日本との戦争が終わったときに、一番考えていたことは何なのか？
　　→再び戦争が起きないこと・報復をしないこと・仕返しをしないこと・・・
⑭・これまでの意見プリントのみんなの意見の中には、「日本のやったことに対して、中国が仕返しをしてくる」という内容があった。「仕返しをされても当然かもしれない」と思えることもあった。しかし、国家としての中国の対応は違っていた。

3．戦争の恐ろしさとは、いったい何なのか？

①・中国国民は、戦争の「恐ろしさ」というものを、イヤというほど知っていた。だから、本当に心の底から平和の実現を願っていたのだろう。もちろんそれは、日本国民も同じだった。しかし、やはり何か違うものがあり過ぎるような感じが強い。とにかく、戦争は恐ろしい。
　　・その「恐ろしい」戦争の中でも、「一番恐ろしい」こととは、どんなことなのか？
　　→・・・
※・もしも、すぐに発言がない場合には、次の選択肢を提示する。

| A：徴兵令で、「嫌でも兵隊として連れて行かれる」恐ろしさ |
| B：戦場では、「嫌でも敵と戦わなくてはならない」恐ろしさ |
| C：自分の意志に関わらず「虐殺をやらされる」恐ろしさ |
| D：「人を虐殺することが当たり前の精神になる」恐ろしさ |

> E：いったん「戦場となったら、逃れようがない」恐ろしさ
> F：「戦火の中を逃げ惑う」恐ろしさ
> G：「統制され自由がなく、毎日が苦しみの連続」という恐ろしさ
> H：「本当のことを知らされないで生活を送る」恐ろしさ
> Ｉ：何でも犠牲にして、「お互いで監視し合う」恐ろしさ

② ・いろいろと意見が出たが、その中の、どれが、戦争の一番の恐ろしさなのか？
　・班内ではなしあい［ 3分間 ］！
　▷班内でのはなしあい
※・ここから班内でのはなしあい　→　学級全体での討論へとつなげる。

4．日本は、どうしてこんな恐ろしい戦争をやることになってしまったのか？

① ・ところで、この15年間にも及んだ戦争の責任は、いったい誰にあるのか？
　→ 政府 ・ 軍部 ・ 天皇 ・ 財閥 ・・・
※・当然、国民というのも、出てきてもいいはずだが、出てこなければ、教師からつけ加えて説明をする。
② ・本当に、国民は「恐ろしい」戦争を体験した。しかし（日清戦争、日露戦争、第1次世界大戦とそれまでも戦争を体験していたわけだから）、戦争をすれば、どうなるのかある程度知っていたはずだ。なぜなら、戦争とは、人と人との殺し合いなのだから。
　・であれば、国民は、この戦争に「強く反対した」のか？　それとも、逆に「やるべし」という感じだったのか？［ どっち？ ］
　→ やるべし・反対しなかった・戦争賛成だった・・・
③ ・反対した人はいた。軍隊に入隊後、「人を殺したくない」と言って、銃を返上した人もいた。そして、平和を訴えた人たちもいた。しかし、そんな人たちは治安維持法によって逮捕されていった。だから大きな流れには、なり得なかった。それどころか、逆に、国民の間には「満州へ行こう」という空気もあったことも事実だ。「早く中国をやっつけろ」という雰囲気も強かった（それは、みんなの意見の中でも出てきていた）。
　とすると、今日の授業で、一番考えなければならないことは、こんな戦争をやってしまったことに対して、「国民にも責任があったのではないか」ということだ。
　・Ａ：やはり、国民にも責任があったと思う人［ 挙手 ］！
　▷（ 挙手による人数の確認 ）
　・Ｂ：いや、国民には責任はなかったと思う人［ 挙手 ］！
　▷（ 挙手による人数の確認 ）
　・どうなのか、班内ではなしあい［ 3分間 ］！
　▷班内でのはなしあい
※・ここから班内でのはなしあい　→　学級全体での討論へとつなげる。
④ ・これまでの事実をふり返ると、「国民は反対できなかった」「戦争をするように仕向けられていた」というのもわかる。
　・確かにそうだが、そう仕向けていたのは、どんな人たちだったのか？
　→ 政府・軍部・・・
⑤ ・その政府や軍部などが国民を駆り立てていき、国民が「それにのってしまった」のも、また事実だった。
　・では、そうすると戦争責任は日本の国民にもある？　それとも、戦争責任は国民にはない？
　→ ある・ない・・・
⑥ ・ここで出てきた意見を参考に、最後に自分自身の考えを意見プリントに書きなさい！

<参考文献>
安井俊夫「二度とくりかえすな」『歴史の授業108時間　下』地歴社
安井俊夫『学びあう歴史の授業』青木書店
峠三吉「仮包帯所にて」『原爆詩集』青木書店
「玉音放送」『平和への伝言』あけび書房

<板書例>
```
〈 二度とくり返すな 〉
 1．日本の敗戦 ― 反応の違い           3．戦争の責任
     Ａ日本       Ｂ中国                   国民には？
    （加害国）    （被害国）                 ┌─────────────┐
                                           │Ａあった　　Ｂなかった│
                                           └─────────────┘
 2．戦争の恐ろしさ
```
※点線の四角囲みの部分（ ┊　　　┊ ）は板書するのではなく、はりもの資料でも構わない。

★授業〈 二度とくり返すな 〉について

　この15年戦争の単元の最後の授業では、国民の戦争責任について考えさせている。以前は、この授業での討論を受けて、更にあと1時間を使って従軍慰安婦や軍票、戦後処理の問題を取り扱った上で、現在の私たちに戦争責任があるのかどうかの討論までおこなっていた。そこまでやると、更に生徒も自分たちの問題として考えられるようになる。しかし、この単元自体が学年末の授業となることが多かったため、その1時間を取ることはほぼ不可能な状況だった。そのため最近は、そこまでの授業はできていない。その結果、この授業が15年戦争の単元のまとめの授業となっている。ただし3年生での授業となると、その1時間の授業の確保は可能になると思われる。実施可能になるのかどうかは、今後の実践しだいである。

　提言2（戦争の恐ろしさとは何なのか）の助言①（戦争の中で一番恐ろしいことは何か）の戦争の恐ろしさには、ここに取り上げた以外にもある。しかしここでは、この単元の各授業で取り扱った内容に限定して、これまでの授業を振り返る形で選択肢を設定しているため、これだけの内容にしかなっていない。

　ここでは、一番恐ろしいことを決めるのではなく、戦争について思い出させ、授業内容をふり返らせることを目的としている。そのことが中国の反応の意味を深めることにもなる。

歴史 学習プリント 〈15年戦争：15−1〉

■1945年8月15日、ついに日本は自ら始めた戦争に敗れた。日本の降伏を決定したのはソ連の参戦だったのか？ それとも、広島・長崎への原爆投下だったのか？

1：【 峠三吉の詩碑 】

■ 仮包帯所にて ■

あなたたち
泣いても　涙の出どころのない
わめいても　言葉になる唇のない
もがこうにも　つかむ手指の皮膚のない
あなたたち

血と　あぶら汗と　淋巴液とにまみれた四肢をばたつかせ
糸のように塞いだ眼をしろく光らせ
あおぶくれた腹に　わずかに下着のゴム紐だけをとどめ
恥ずかしいところさえ　はじることをできなくさせられた　あなたたちが
ああ　みんな　さきほどまでは愛らしい
女学生だったことを
誰が　本当と思えよう

歴史 学習プリント 〈15年戦争：15－2〉

■1945年8月15日、ついに日本は自ら始めた戦争に敗れた。その敗戦で日本と中国ではどんな反応があったのか？　この戦争を、私たちはどう考えなければならないのか!?

2：【 戦争が終わったとき 】　　　　　　　　　　　　　　　　　　　　日本国民の反応

A　私たちは、ぼう然としてしまって、「目を見開いた人形の群れ」みたいに見えたに違いない。私たちは、ぼんやり、あてどもなく歩き回った。
　　3日間というもの、誰も仕事が手につかなかった。
　　　　　　　　　　　　　　　　　　　　　　　　　　　　　　　　　　〈 日本のある農民の話 〉

B　靖国神社と宮城に行った。
　　どちらでも国民がひざまずき、くやしさに声をあげて泣いていた。

C　友だちの中には泣いている人もあったが、私は"悔しい"というよりは、もっと複雑な思いがしていた。それは、戦争も"やめられる"ものであったのか!?という"発見"であった。私には、戦争というものが永久に続く冬のような天然現象であり、人間の力ではやめられないもののような気がしていたのだ。
　　　　　　　　　　　　　　　　　　　　　　　　　〈『昭和戦争文学全集14』「人間の魂は滅びない」〉

D　とうちゃんが帰ってくる。私は、いつもの土手にかけ登り「戦争が終わったい！　とうちゃん！」。私は、ただ嬉しかったんです。しかし、日本が負けるなんて考えもおよびませんでした。
　　だが、"終戦"は、やっぱり嬉しかったです。
　　　　　　　　　　　　　　　　　　　　　　　　　　　　　　　　　　　　　〈 日本の少年 〉

3：【 戦争が終わったとき 】　　　　　　　　　　　　　　　　　　　　　　　中国の反応

　我々は一貫して、正義に背いて戦争を始めた「日本の軍閥を敵とし、日本の人民を敵としない」と声明してきた。今や敵軍は、我々の盟邦によって倒された。我々は、厳しく彼らに責任を持たせ、あらゆる降伏条件を忠実に実行させなければならないが、しかし、我々は決して報復を企画してはならない。
　・・・もしも暴行を持って敵の従来の暴行にこたえ、侮辱を持って彼らの従来の誤った優越感にこたえるならば、「恨みに報いるに、恨みを持ってする」こととなり、永久に終止することはなく、それは決して我々に仁義の軍の目的でないということを知らねばならない。ひとりの軍民同胞が、今日、特別に注意しなければならないことである。

〈　蒋介石　抗日勝利の演説より　〉

歴史 意見プリント　15年戦争：15〈二度とくり返すな〉

3年　　組　　号（　）班：名前_____

■次の質問に対して、自分の考えを書いてみよう！

1. 質問

■戦争は、本当に恐ろしい！　しかし、その恐ろしい戦争を、なぜ日本は経験しなければならなかったのか？　こんな戦争をやってしまったことについては、「国民にも責任がある。戦争に反対すべきだったのに、黙っていたのが良くなかったのだ」とも言える。では、本当に、国民にも戦争の責任があるのか？　それとも、国民にはないのか？

2. 結論

A：やはり日本の国民にも責任はあったと思う　　**B：いや日本の国民に責任はなかったと思う**

I（これまでの授業内容）	II（今回の授業内容）
日中戦争　南京大虐殺　太平洋戦争　戦争犯罪　報道規制　勤労動員　強制連行　学徒出陣　731部隊　人体実験　アジアの解放　本土決戦　国体護持　東京大空襲　沖縄戦　松代大本営	原爆投下　広島　ソ連参戦　長崎　ポツダム宣言の受託　日本の敗戦　玉音放送　天皇　最高指導者　加害国　被害国　中国　報復　仕返し　戦争の恐ろしさ　政府　軍部　財閥　国民

※「自分の考え」には、結論を出した根拠となる**歴史的事実**を上のI・IIから最低1つ以上を選び○でかこみ、必ず下の文章に書き入れること

3. どうして、そのような結論を出したのか？（「自分の考え」）

_____
_____
_____
_____
_____
_____
_____
_____
_____
_____

〈 授業方法・内容について質問・意見・考え・感想などあったら自由にどうぞ！ 〉

2 戦 後

- 01 もう戦争はしない
- 02 冷たい戦争
- 03 火を噴く38度線
- 04 講和と安保
- 05 経済大国日本
- 06 ベトナムと沖縄

[96] もう戦争はしない

◎敗戦直後の国民生活の苦しさを紹介しながら、占領改革の中から国民が生活向上のために、どのように行動したのかをとらえさせる。

1．敗戦直後の国民は、どんな暮らしをしていたのか？

※・はじめに15年戦争のおさらいをする。天皇の戦争責任を考えさせるときの参考とさせるため、最低でも以下の事実については確認をおこなう。はりもの資料を掲示しながら、生徒との問答でテンポよく流していく。

　1931年９月＝満州事変　（関東軍による柳条湖事件→若槻内閣の黙認）
　1939年９月＝第２次世界大戦　（ドイツのポーランド侵入）
　1941年12月＝太平洋戦争　（日本の真珠湾への奇襲攻撃）
　1943年９月＝イタリアの無条件降伏　（ムッソリーニは銃殺→逆さづり）
　1945年５月＝ドイツの無条件降伏　（ヒトラーは自殺）

①・【資料：1】のＡ・Ｂともに、1946年５月の「食糧メーデー」のデモ行進の写真！
　▷【資料：1】＆拡大コピー

②・この２枚の写真からわかる「敗戦直後の日本のようす」とは何か？
　→食糧不足・食べ物がない・・
③・だから、【資料：2】のような写真もある！
　▷【資料：2】＆拡大コピー

④・食料の買出しに行く人が、列車の屋根にまで群がっている。
　・この人たちは、食糧を求めて、どこへ向かっているのか？
　→農村・田舎・・・
⑤・農家へ直接出向いて、米やイモなどを分けてもらう。
　・それにしても、なぜ列車の屋根まであふれているのか？
　→人数が多いため・食料を必要としている人が多かったので・・・
⑥・こんな「買出し」をしないと、食べ物が手に入らなかった。みんな生きるのに懸命だった。しかし、「ない」のは「食料」だけじゃなかった。
　・【資料：3】の写真の子どもたちには、何が「い　なかった」のか？

　→親・両親・・・
⑦・父親を戦場で、母親を空襲で亡くしたのかもしれない。【資料：4】は、満州から引き揚げてきた子たちを写した写真。右の女の子は、「白いもの」を胸のところに持っている。
　・これは何？
　→（両親の）遺骨
⑧・戦争の末期、満州にはソ連軍が攻めてきた。
　・このとき満州を守っていた日本軍は、どうしたと思う？
　→・・・
⑨・住民を見捨てて逃げてしまった。そのため、残された住民は大混乱となった。この子たちは、その時に両親を失ったのだろう・・・。しかし、中国人が引き取ってくれた場合もあった。その子どもたちが、戦後60年以上もたった今でも、日本に肉親を求めてやってきている。
　・敗戦後、満州で肉親と生き別れて中国人に養育された、そんな人たちのことを何と言っているのか？
　⇨中国残留日本人孤児
⑩・1945～1946年、こういう悲劇や混乱の中ではあるが、国民は戦争のない平和な暮らしを始めていた。

2．天皇の戦争責任は問うべきか？

①・ところで、敗戦によって日本はどうなっていたのか。
　・まず、日本政府は、どこの指令を受けて改革に取り組んだ？
　⇨連合国軍総司令部（ＧＨＱ）
②・日本が負けた相手は、アメリカやイギリスなどの連合国。
　・連合国は、降伏した後の日本をどうした？

⇨占領した
③・ただ「連合国」とはいっても、その主力は、どこ［ の国 ］だった？
　⇨アメリカ
④・「連合国」とは名ばかりで、実際はアメリカ軍による単独占領だった。
　・そのときの最高司令官が、この人物（ コピーの提示！ ）。
　・この人物は、誰？
　⇨マッカーサー

⑤・さて、占領された日本では、陸軍・海軍などの軍隊をどうした？
　⇨解散した
⑥・問題は、その軍隊を動かしていた人たちだった。
　・日本政府は、戦争を指導した者や協力した者を、どうしたのか？
　⇨公共の仕事から追放した
⑦・更に、1946年、戦争犯罪者を裁くため、何も始まった？
　⇨極東国際軍事裁判
⑧・この裁判で、天皇はどうなったのか。
　・1946年、「天皇が神の子孫であること」を否定して出された宣言が、何？
　⇨人間宣言

⑨・このことにより、天皇は戦争犯罪の裁判にかけられなかった。
　・でも、戦争犯罪者を裁くための裁判に、どうして天皇はかけられなかったのか？
　→・・・
⑩・アメリカは、（「20個師団の味方」と言われた）天皇の権威の利用価値と、当時の日本国民が天皇制の解体を強く求めていなかった状況から、天皇は 現人神ではなく 人間 であるという形で天皇を残すことにした。だから、戦争当時の最高指導者であった天皇の戦争責任は、問われなかった。
　・でも、この決定は、Ａ：妥当な決定だったのか？　Ｂ：間違った決定だったのか？
　・Ａ：これは妥当な決定だったと思う人［ 挙手 ］！
　▷（ 挙手による人数の確認 ）
　・Ｂ：いや、間違った決定だったと思う人［ 挙手 ］！
　▷（ 挙手による人数の確認 ）
　・（ 班内の ）グループではなしあい［ 1分間 ］！
　▷班内のＡ・Ｂ各グループでのはなしあい
※・この後、グループでのはなしあい　→　グループ毎の意見発表へと進める

3．日本を占領した総司令部は、何を考えていたのか？
①・国民を苦しめていた 治安維持法 は、どうなったと思う？
　→廃止された・なくなった・・・
②・また、総司令部の指令により、民主化を進めるため、何と何が認められたのか？
　⇨政党の自由な政治活動　　⇨20歳以上の男女の普通選挙
③・労働者に対しては、何と何が認められたのか？
　⇨労働者の団結　　労働組合を組織すること
④・これで、政党や労働組合の活動が盛り上がった。選挙権では、「20歳以上の全ての男女」による普通選挙が認められた。国民の生活のことを第一に考えてくれる代表を選ぶことができるようになった。
　・また、同時に、戦前の選挙とは違うことが、【資料：5】の写真に写っている！
　▷【資料：5】＆拡大コピー

⑤・婦人が初めて「参政権」を行使したのは、1946年。このことによって、女性の意見も政治に反映されるようになった。
　・しかし、総司令部は、なぜこういう思い切ったことをしたのか？
　→・・・
⑥・日本の占領は、日本を戦争へと導いた勢力を除去する ・ 民主主義を復活する という世界的な世論に沿っておこなわれた。

4. 再開された学校は、どんなようすだったのか？
　①・敗戦後、学校では授業も再開された。
　　・【資料：6】の2枚の写真は、1947年のある学校のようすだ！
　▷【資料：6】＆拡大コピー

　②・Aの写真を見ると、この子どもたち、どこで勉強していることがわかる？
　　→階段・・・
　③・Bの写真では［　どこで勉強している　］？
　　→外・運動場・・・
　④・どうして、階段や運動場なんかを教室にして勉強していたのか？
　　→教室がなかった・校舎がなかった・・・
　⑤・都市の学校は、こうした 青空教室 のような形での授業が多かった。ただ大事な
　　　のは形よりも中身だ。少し前までは 教育勅語 の 忠君愛国 が原則だった。しかし、
　　　戦争につながるような「教育勅語」は、その失効と排除が議会で確認された。
　　・それは、1947年に何という法律が制定されたからだったのか？
　　⇨教育基本法
　⑥・この教育基本法の制定で、どんなことが教育の目標として目指されるようになったのか？
　　⇨① 教育の機会均等　　⇨② 男女共学　　⇨③ 個性の尊重
　⑦・こうした目標のもと、学校では、どんな勉強が始まったのか？
　　→（　投げかけのみ　）

5. 文部省は何を伝えたかったのか？
　①・まず、教育基本法と同時に出された 学校教育法 により、学校制度が大きく変った。
　　・［　その学校教育法により　］小学6年と中学3年の9年間が、何になったのか？
　　⇨義務教育
　②・これで、小学校6年生になると、翌年は全員が中学1年生となった。だから、新制中学 と言われた。
　　・この最初の中学1年生が、社会科の時間に勉強したのが、これだ！
　　▷【『あたらしい憲法のはなし』文部省　復刻版】
　③・【資料：7】の絵を見てみよう！
　▷【資料：7】
　④・「戦争放棄」という巨大なツボに捨てられ、燃やされているものは、何？
　　→戦車・爆弾・戦闘機・大砲・・・
　⑤・では、武器、兵器を捨てて、そこから新しく生れているものは何？
　　→ビル・電車・船・自動車・鉄塔・・・
　⑥・つまり、当時の文部省は、「日本は新しい憲法をつくって、戦力はすべて捨て去り『戦争を放棄した』
　　　のだ」と言っているわけだ。
　　・この新しい憲法を、何と言うのか？
　　⇨日本国憲法

6. 日本国憲法の中身は、どんなものだったのか？
　①・日本国憲法では、主権は、誰にあることになったのか？
　　⇨国民
　②・この［　主権が国民にある　］ことを何と言うのか？
　　⇨国民主権
　③・これで日本の政治は、国民がやることになった。
　　・戦前は、主権は誰にあったのか？
　　→天皇
　④・それを、大きく改めた。
　　・では、その天皇は、どうなったと思う？

→・・・
⑤・敗戦時、当時の指導者が一番に心配していた天皇の地位は、象徴 の形で新しい憲法に明記された。
　　・このことは、どうなのか？　こうした形で天皇を残すことは、Ａ：とりあえずは良いのか？　それとも、Ｂ：これでは良くないのか？
　　・Ａ：とりあえずは良かったと思う人［　挙手　］！
　▷（　挙手による人数の確認　）
　　・Ｂ：これでは良くないと思う人［　挙手　］！
　▷（　挙手による人数の確認　）
　　・（　班内の　）グループではなしあい［　１分間　］！
　▷班内のＡ・Ｂ各グループでのはなしあい
※・この後、グループでのはなしあい　→　グループ毎の意見発表と進める
⑥・こうした曖昧な形ではなく、戦前とは明らかに違って「尊重する」ことになったのは、何だった？
　⇨**基本的人権**
⑦・戦前は、「戦争反対の意見」も抑えられていた。しかし、基本的人権が尊重されると、言論の自由も思想の自由も、日本国憲法により「最大限に尊重される」ことになった。そして、戦争について。これは、日本国憲法には、「再び起こさない」ことが書かれた。
　　・このことを何主義と言うのか？
　⇨**平和主義**
⑧・このことが、さっきの『あたらしい憲法のはなし』になった。
　　・平和主義・戦争放棄 を、中学生には、どう説明しているか、【資料：７】を見てみよう！
　▷【資料：７】
⑨・ただ、「戦力が無くなる」ことは、中学生も不安を持つ。そのため、文部省は力を入れて説明した。
　　・特に「力説している」と思ったところに下線を引いてみよう！
　▷【資料：７】への線引き
⑩・どこに下線を引いたか？
　　→戦争放棄・日本は正しいことを他の国より先におこなった・世の中に正しいことぐらい強いものはない・・・
⑪・（　文部省が　）そこを力説したのは、なぜだと思う？
　　→国民が平和主義・戦争放棄を実現するため・・・

7．民主化の動きとして、どんなことがあったのか？

①・憲法の考え方と同じ考えでおこなわれたことも、この時期には、かなりある。
　　・たとえば、経済の民主化では、何がおこなわれた？
　⇨**財閥解体**
②・日本の「海外侵略を経済面で支えてきた」ということで、財閥は解体された。しかし、農村では、もっと大きな変化が起きた。
　　・何と言う改革がおこなわれた？
　⇨**農地改革**
③・農地改革により、何が大幅に増えたのか？
　⇨**土地を持つ農民（　自作農　）**
④・つまり、小作人が土地を持つようになった。

8．日本国憲法は、総司令部がつくったのか？

①・ところで、こうした日本国憲法は、どのようにして制定されたのか。
　　・日本政府は、誰の指示で「新しい憲法」の制定に着手し始めたのか？
　⇨**総司令部**
②・1945年10月25日、日本政府は憲法問題調査会を設置。1946年２月１日、その内容が毎日新聞社にスクープされて、国民に明らかにされた。
　　・日本政府が作っていた憲法とは、【資料：９】のＡ・Ｂ・Ｃのどれだったのか？

→Ｂ・Ｃ・Ａ・・・
③・この中で、［ 日本政府が作っていた憲法とは ］明らかに違うのは、どれ？
　　→Ｃ・・・
④・（ どうしてＣは違うのか？ ）Ｃは、何なのか？
　⇨大日本帝国憲法・・・
⑤・Ａは、それ（ 大日本帝国憲法 ）と、同じなのか？　違っているのか？
　⇨同じ（ ようなもの ）・・・
⑥・だから、そんな日本政府の憲法原案に、総司令部は、どんな判断をした？
　⇨民主化が徹底されていない
⑦・そして、総司令部は、1946年2月13日に自ら憲法の原案を示し、「もっと民主的な憲法をつくるように」と言ってきた。
　・こうした憲法の制定の過程から、日本国憲法は、何と言われることもあるのか？
　⇨「総司令部のおしつけ」
⑧・これが、「今の日本の憲法は、外国に『押しつけられたのだ』」という意見だ。その後、日本政府は、総司令部の示した憲法草案にもとづき、憲法の改正案をつくった。それが【資料：9】のＢだ。
　・ただ、このときには、新しい時代に対する、当時の何が盛り込まれていた？
　⇨国民の期待
⑨・こうして今の日本国憲法ができあがった。その内容が『あたらしい憲法のはなし』に書かれていた。
　・こうした憲法の内容やその制定の過程から考えると、この憲法は、Ａ：総司令部が作ったと、言えるのか？　それとも、Ｂ：（ 総司令部が作ったとは ）言えないか？
　・Ａ：日本国憲法を作ったのは総司令部だと思う人［ 挙手 ］！
　▷（ 挙手による人数の確認 ）
　・Ｂ：総司令部が日本国憲法を作ったとは言えないと思う人［ 挙手 ］！
　▷（ 挙手による人数の確認 ）
　・さて、どっちなのか？
　・では、班内でのはなしあい［ 3分間 ］！
　▷班内でのはなしあい
※・ここから3分間、班でのはなしあい　→　その後、学級全体での討論へと進める。

<参考文献>
安井俊夫「新しい出発」「もう戦争はしない」『歴史の授業108時間』地歴社

★授業〈 もう戦争はしない 〉について
　この授業案は、提言が8つにもなっていて、とても1時間扱いで授業することは無理である。授業の流し方によっては、急いで進めていけば何とか1時間で授業できないわけではないが、かなり無理が生じる。そこで2時間扱いで授業をする場合には、提言2（天皇の戦争責任は問うべきか）の助言⑩のグループのはなしあいまでを1時間目におこなうことをめどにして、時間があれば提言3（日本を占領した総司令部は、何を考えていたのか）まで進めるようにしている。
　ただそうすると1時間の提言が2～3と少なくなってしまうので、提言2の助言⑩のグループでのはなしあいもあるため、授業の初めに15年戦争の復習をテンポよく問答でおこなうようにしている。
　15年戦争の復習は、生徒の様子を見ながら、個人を指名して発言させたり、あるいは班を指名して発言させたりする。そのときに答えられなかったら、すぐに次を指名して2順目に発言させるなどしている。こうしたやり方をするのは、授業のリズムをつくることと、天皇の戦争責任について考えさせる場合の参考として、ドイツやイタリアの指導者の最期を思い出させることをねらってのことである。
　そうやって2時間扱いの授業にしても、この授業案の山場となるのは2時間目に授業内容となる提言

8(日本国憲法は総司令部がつくったのか)の助言⑨(憲法の内容やその制定の過程から考えると、日本国憲法は総司令部が作ったことになるのか)であることには変わりはない。だから、そこまで15年戦争の授業内容を思い出させながら、テンポよく流していくように心がけている。

　ただ、そうした工夫をしたとしても、全体的には何となく固い授業案になっている。それは、授業案が物語風ではなく説明調になっているからだ。「15年戦争が終わり、その反省の基に戦後このようなことがおこなわれました」と解説している構成を変えると、もう少し生徒を引き付けやすい授業になるように思われる。

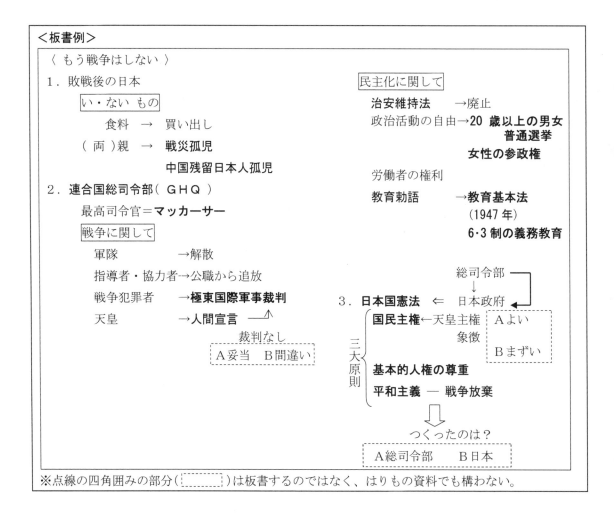

　なお、この〈戦後〉の単元から意見プリントの中の語群をなくしている。その理由は、この単元の授業の実施時期と関係している。

　以前は、この〈戦後〉の単元は、〈15年戦争〉の次に2年生で実施していた。15年戦争の単元は、歴史学習のまとめとして位置づけているため、戦後の単元は、そのまとめを受けて3年生の公民の授業へつなげていくための学習となっていた。つまり生徒は、15年戦争までの授業で身に付けた事実を取り上げ、それらの事実を基に自分の考えをまとめ・表現することができるようになっていなくてはならなかった。そのため、この戦後の単元では、あえて語群を設けずに、生徒が自分自身で重要だと考えた語句(歴史的事実)を自分で取り上げて意見を書くようにさせていた。

　しかし、〈15年戦争〉と〈戦後〉の2つの単元は、3年生で実施することになり、学年の初めの時期での授業となった。そうすると、1年生の初めに意見プリントの書き方を指導しないのと同じ理由

で、この２つの単元での意見プリントには語群を設けないことになる（このことについては②巻の〈奈良の都〉の「意見プリントの変更について」において説明をしている）。つまり、意見は生徒の書き方にまかせることになる。しかし、小学校から中学校へ上がってきた１年生と中学校３年生に対する指導では、発達段階などを考えても同じにはできない面がある。また、２年生からの持ち上がりで授業をする場合には、生徒は意見プリントの書き方には慣れているため、15年戦争の単元から意見プリントに載せる語群を無くしても、そう大きな影響はないとは思われる。ただ15年戦争では取り扱う内容が多いことと、３年生の初めに学習する単元となることもあって、書き方の確認のためにも、初めに意見プリントの書き方の指導はおこなう方がよい。そのため15年戦争の単元での意見プリントには語群を載せ、戦後の単元では無くしているのである。

　一方、新たに３年生の授業を担当することになった場合にも、やはり同じような理由で意見プリントの書き方の指導のために15年戦争の単元の授業では語群を載せておき、意見の書き方の指導をおこなっていく。つまり、３年生初めての単元の学習においては、歴史的事実を取り上げて自分の意見をつくっていくことを、具体的に体験させながら身につけさせていくようにしているのである。そして、その次の戦後の単元では、生徒に自分で重要だと考えた歴史的事実を取り上げていき、意見を書かせるようにしている。こうした段階的な指導のために、戦後の単元の意見プリントからは語群を無くしている。

　もしこれで、生徒が事実を取り上げての意見を上手く書けないのであれば、公民の授業での意見プリントに語群を再度設けることになる。

歴史 学習プリント〈戦後：1-1〉

■空腹の小学生たちが「給食をして下さい」と訴える。焼け跡の中から、日本はどんな出発をはたしたのか？　敗戦後の国民生活は、どうなっていたのか？

1：【 食糧メーデー 】

1946年5月

※ Aの写真のプラカードにある「雑炊ニハ無用」とは、何を意味しているのか？

※ Bの写真の「即時復活」とは、何の復活を要求しているのか？

2：【 買い出し列車 】

3：【 戦争孤児たち 】

※ この子どもたちの（両）親は、どうなってしまったのか？

4：【 満州からの引揚者 】

5：【 婦人の参政権 】

歴史 学習プリント 〈戦後：1－2〉

■戦争に負けた日本が再出発をしたときに、国民は、どんな生活をしていたのか？ 何が変わっていったのか？ そして、新しくつくられる憲法とは、どんな内容を持っていたのか？

6：【 再開された学校 】

■Aは、どこで授業がおこなわれているのか？ Bは、どこなのか？ どうして、こんな場所で勉強をしているのか？

7：【 新しい憲法のはなし ① 】

　みなさんの中には、こんどの戦争にお父さんや兄さんを送り出された人も多いでしょう。ご無事にお帰りになったでしょうか。それとも、とうとうお帰りにならなかったでしょうか。また、空襲で家やうちの人を亡くされた人も多いでしょう。今やっと戦争は終わりました。二度とこんな恐ろしい悲しい思いをしたくないと思いませんか。こんな戦争をして、日本の国は、どんな利益があったでしょうか。何もありません。ただ恐ろしい悲しいことがたくさん起こっただけではありませんか。戦争は、人間を滅ぼすことです。世の中の良いものを壊すことです。だから、今度の戦争をしかけた国には大きな責任があると言わなければなりません。この前の世界戦争の後でも、もう戦争は二度とやるまいと多くの国々ではいろいろ考えましたが、またこんな大戦争を起こしてしまったのは、まことに残念なことではありませんか。

　そこで今度の憲法では、日本の国が決して二度と戦争をしないように、二つのことを決めました。その一つは兵隊も、軍艦も、飛行機もおよそ戦争をするためのものは、一切持たないということです。これから先、日本には陸軍も海軍も空軍もないのです。これを戦争の放棄と言います。

　しかし、みなさんは決して心細く思うことはありません。日本は正しいことを、他の国より先におこなったのです。世の中に正しいことぐらい強いものはありません。もう一つは、よその国と争いごとが起こったとき、決して戦争によって相手を負かして、自分の言い分を通そうとしないと言うことを決めたのです。おだやかに相談して、決まりをつけようと言うのです。なぜなら戦をしかけることは、結局自分の国を滅ぼす羽目になるからです。また戦争とまでは行かずとも、国の力で相手を脅すようなことはしないことに決めたのです。これを戦争の放棄と言います。

歴史 学習プリント〈戦後：1-3〉

■戦争に負けた日本が再出発をしたときに、日本は、どんな憲法をつくったのか？ また、その憲法は、誰がつくったと言うべきなのか？ その憲法の内容から考えてみると・・・？

8：【 新しい憲法のはなし ② 】

　この前文には、誰がこの憲法をつくったかと言うことや、どんな考えでこの憲法の規則ができているかということなどが記されています。この前文というものは、二つの働きをするのです。その一つは、みなさんが憲法を読んで、その意味を知ろうとするときに、手引きになることです。つまり今度の憲法は、この前文に記されたような考えからできたものですから、前文にある考えと違ったふうに考えてはならないということです。

　もう一つの働きは、これから先、この憲法を変えるときに、この前文に記された考え方と、違うような変え方をしてはならないということです。

　それなら、この前文の考えというのは何でしょう。いちばん大事な考え方が三つあります。それは「民主主義」と「国際平和主義」と「主権在民主義」です。「主義」という言葉を使うと、何だか難しく聞こえますけれども、少しも難しく考えることはありません。主義というのは、正しいと思う、もののやりかたのことです。それでみなさんは、この三つのことを知らなければなりません。

9：【 新しい憲法をつくる 】

A
- 3条　天皇は、至尊（この上なく尊い）にして侵すべからず。
- 11条　天皇は、軍を統帥する。
- 28条　日本臣民は安寧（おだやか）秩序を妨げない限りにおいて信教の自由を有するものとする。
- 29条　日本臣民は、すべて法律によらず、その自由と権利を侵されることはない。

B
- 1条　天皇は、日本国の象徴であり、日本国民統合の象徴である。この地位は、主権を有する国民の総意に基づくものであって、・・・。
- 8条　国権の発動たる戦争は、廃止する。いかなる国であれ他国との紛争解決の手段としては、武力による威嚇または武力の行使は永久に放棄する。陸軍・海軍・空軍その他の戦力は、将来も与えられることはなく・・・。
- 13条　すべての自由人は法の前に平等である。人種・信条・性別・社会的身分・・・によって差別されることを・・・容認してはならない。
- 20条　集会・言論・出版その他一切の表現の自由はこれを保障する。検閲はしてはならない。

C
- 1条　大日本帝国は、万世一系の天皇がこれを統治する。
- 3条　天皇は、神聖にして侵すべからず。
- 11条　天皇は陸海空軍を統率する。
- 28条　日本臣民は、安寧（おだやか）秩序を妨げず、義務に背かない限りにおいて、信教の自由を有するものとする。
- 29条　日本臣民は法律の範囲内において言論・著作・印行・集会そして結社の自由を有する。

歴史 意見プリント　戦後：01〈もう戦争はしない〉

3年　　　組　　　号（　）班：名前＿＿＿＿＿＿＿＿＿＿

■次の質問に対して、自分の考えを書いてみよう！

1. 質問　　■日本国では、15年間にも及ぶ戦争に敗れ、その反省の下に、新しい日本の国の憲法がつくられた。当時の政府の文部省が出した「あたらしい憲法のはなし」の内容や新しい憲法がつくられた過程などを考えると、この憲法は誰がつくったというべきなのか？　連合国総司令部なのか？　それとも、違うのか？

2. 結論

　　A：やはり総司令部がつくったとみるべきだ　　B：いや、総司令部がつくったとは言えないと思う

3. どうして、そのような結論を出したのか？（自分の考え）

＿＿＿
＿＿＿
＿＿＿
＿＿＿
＿＿＿
＿＿＿
＿＿＿
＿＿＿

〈　授業方法・内容について質問・意見・考え・感想などあったら自由にどうぞ！　〉

[97] 冷たい戦争

◎植民地の独立、社会主義勢力の拡大に対して、アメリカがどのように対決しようとしたのかを示して、冷戦が形成されていく過程をとらえさせる。

1．第2次大戦後、アジアでどんな動きがあったのか？

①・【資料：1】の写真に写っている建物は、何だか知っている？
　⇨国際連合（ 本部ビル ）

②・(その本部が【資料：1】の写真だが)どこの国にあるのか(知っている)？
　→アメリカ合衆国

③・アメリカの、どこの街にある(のか知っている)？
　→ニューヨーク

④・かつて、この国連の総会で、エチオピアの皇帝が演説をしたことがある。
　・その内容が、【資料：1】の文章として載せてある！
　▷【資料：1】

⑤・演説内容は少し難しいかもしれないが、国際連合がつくられた目的は、何を実現させることだったのか？
　→世界平和・・・

⑥・国際連合では、平和のための機関として 安全保障理事会 が設けられた。安全保障理事会は、 常任理事国 と 非常任理事国 で構成されている。中心となるのは、5つの常任理事国だ。
　・では、その常任理事国である5つの国は、どこなのか(わかる)？
　→ アメリカ ・ イギリス ・ フランス ・ ソ連 ・ 中国

⑦・この中で、アメリカ・イギリス・フランスは、アジアに植民地を持っていた。第2次世界大戦後、そんなアジアでは次々と独立運動が起きて、独立が実現されていった。
　・そんな独立を果たしたアジアの国は、どんな国々があった？
　⇨フィリピン ・ インド ・ インドネシア ・ ベトナム

⑧・たとえば、 フィリピン は、どこの国から独立した？
　→アメリカ・・・

⑨・ インド は(どこの国から独立した)？
　→イギリス・・・

⑩・ インドネシア は[どこの国から独立した]？
　→オランダ・・・

⑪・インドシナでも、 ベトナム が独立宣言をおこなった。
　・ベトナムが戦った相手国とは、どこの国だった？
　⇨フランス

⑫・こうしたアジアの動きを見ると、今後、世界は平和の方向で進むと、言える？　言えない？
　→言える・・・

⑬・しかし、問題はヨーロッパで起きた。

2．第2次戦後、ヨーロッパでどんな動きがあったのか？

①・ヨーロッパでは、どんな動きがあったのか。たとえば、ヨーロッパでの敗戦国ドイツは、4ヶ国に占領された。これは日本の占領とは違ったやり方だった。
　・ドイツを占領した4ヶ国とは、どこの国々だった？
　→ アメリカ ・ イギリス ・ フランス ・ ソ連

②・4ヶ国に占領されたドイツは、どうなった？
　⇨東西に分けられた

③・東西に分けられた東ドイツはソ連が、西ドイツはアメリカ・イギリス・フランスの3ヶ国が占領。ここで問題になったのは、首都ベルリンだった。
　・なぜなら、ベルリンは、ここにあった(地図を提示)！

- 145 -

▷【地図のコピー】
④・ベルリンは、ソ連の占領地区の東ドイツにあった。
　・ということは、ベルリンは、A：ソ連の単独占領にするのか？　B：4ヶ国占領にするのか？
　・A：それは、ソ連の単独占領がいいと思う人［ 挙手 ］！
　▷（ 挙手による人数の確認 ）
　・どうして、そう思うのか理由が言える人［ そのまま挙手 ］！
　→・・・
　・B：いや、4ヶ国の占領がいいと思う人［ 挙手 ］！
　▷（ 挙手による人数の確認 ）
　・どうして、そう思うのか理由が言える人［ そのまま挙手 ］！
　→・・・
⑤・4ヶ国占領となった。そして、東ベルリンをソ連が、西ベルリンをアメリカなど3ヶ国が占領した。そのためソ連の占領地区（東ドイツ）の真ん中に、アメリカなど3ヶ国の占領地区（西ベルリン）ができてしまった。
　・ソ連は、経済的には何主義の国？
　→ 社会主義
⑥・それに対して、アメリカなどは？
　→ 資本主義
⑦・つまり、ソ連の占領地区は、東ドイツも東ベルリンも社会主義。しかし、西ベルリンは東ドイツの中にあるが、資本主義側の占領地区という形になってしまった。これでは、何か対立が起きない方がおかしい。きっかけは、1948年にアメリカが西ベルリンだけで通貨改革をおこなったことだった。ソ連は、そんな通貨が「東ベルリンに入り込まないように」と、西ドイツと西ベルリンを結ぶ道路を封鎖するという実力行使に出た。このソ連のベルリン封鎖に、アメリカは西ドイツから食料や生活物資を飛行機で空輸して対抗した。
　・つまり、悪いのは、A：アメリカ？　B：ソ連？　どっち？
　・A：それは、アメリカが悪いと思う人［ 挙手 ］！
　▷（ 挙手による人数の確認 ）
　・どうして、そう思うのか理由が言える人［ そのまま挙手 ］！
　→・・・
　・B：いや、ソ連が悪いと思う人［ 挙手 ］！
　▷（ 挙手による人数の確認 ）
　・どうして、そう思うのか理由が言える人［ そのまま挙手 ］！
　→・・・
⑧・アメリカは、「ソ連の処置は、一方的なやり方だ」として100台の戦車をベルリンへと差し向けた。
　・そのアメリカの軍事行動に対して、黙っていなかった国が・・・？
　→ ソ連
⑨・ソ連からも、戦車部隊が出動。そして、アメリカとソ連との間で、小さな衝突が起き始めた。が、それ以上の事態には発展せず、とりあえず大きな戦争の危機は去った。
　・でもこの時、第2次大戦後に再び戦争の危機を招いたのは、アメリカ？　ソ連？
　→ アメリカ・ソ連・・・

⑩・その後、壁だけは東西対立の象徴として残った。それが ベルリンの壁 と呼ばれた。そして、ドイツも2つの国として別々に建国された。

3．米ソの対立は、どのように形成されたのか？
①・こうした対立と関係して、ヨーロッパでのもう1つの大きな動きがあった。それは、イタリアやフランスで 社会主義 勢力が伸びたことだった。
　・でも、どうして第2次世界大戦後に社会主義の勢力が伸びたのか？
　→・・・

② ・社会主義勢力は、第２次世界大戦中「ある勢力」に対する民衆の抵抗の中心となっていた。
　　・その「ある勢力」とは（何だったのか）？
　→ ファシズム
③ ・そんな社会主義勢力の中心となった国は、どこだった？
　⇨ ソ連
④ ・そして、そのソ連のような社会主義の国家になっていった地域が、【資料：２】を見ると、どの地域だったことがわかる？
　→東ヨーロッパ（ポーランド・ユーゴスラビア・アルバニア・ブルガリア・ルーマニア・チェコスロバキア・東ドイツ・ハンガリー）
⑤ ・1945年以降、東ヨーロッパの国々が次々に社会主義国家に変わっていった。
　　・その数、何ヶ国？
　→ ８ヶ国
⑥ ・この社会主義国に対して、資本主義の勢力を強めようと中心になった国は、どこだった？
　⇨ アメリカ
⑦ ・そんなアメリカの考えが、【資料：３】に書かれている。
　　・その中で、アメリカは「何をしなければならない」と言っているのか！
　▷【資料：３】への線引き作業
⑧ ・アメリカは、「封じ込め」とか「永久に包囲」とか言っている。
　　・アメリカの考えとしては、そうすることで、何を狙っていたのか？
　→・・・
⑨ ・ロシア革命のときを思い出してみよう。あの時は、アメリカや日本は、ロシアに兵力を送り込んだ。
　　・その出来事を何と言った？
　→ シベリア出兵（1918年）
⑩ ・でも、今度は「封じ込め」や「包囲」というやり方。
　　・具体的には、何を張り巡らせると言っているのか？
　→軍事基地の網
⑪ ・軍事基地をソ連のまわりに張り巡らせようと考えていた。しかしそれは、他の資本主義の国々と共に取り組まないとできないことだった。そこで、1949年にソ連の進出に対抗してつくられた組織が 北大西洋条約機構 。
　　・通称、何と言うか知っている？
　→ ＮＡＴＯ

 ４．冷たい戦争は、日本の近くにもやってくるのか？
① ・ではソ連側は、どうするのか。1955年になりソ連が中心となって作った組織が ワルシャワ条約機構 。
　　・その２つの軍事組織の対立状況が【資料：４】に描かれている！
　▷【資料：４】
② ・では、これで戦争が始まるのか？
　→始まる・始まらない・・・
③ ・この状況で、どちらかが攻撃を仕掛けたら、一体どうなるのか？
　→お互いに大きな被害が出る・・・
④ ・これでは迂闊には手が出せない。しかし、だからといって絶対に「戦争にはならない」保障はない。実際には戦争が起きているわけではないが、その緊張が続く。
　　・そんな直接には戦火を交えない資本主義諸国と社会主義諸国との対立を何と呼んだのか？
　⇨冷たい戦争（冷戦）
⑤ ・さて、この冷たい戦争は、Ａ：日本にもかかわりが出てくるのか？　それとも、Ｂ：そんなことはないのか？
　　・Ａ：やはり、日本にもかかわりが出てくると思う人［ 挙手 ］！
　▷（挙手による人数の確認）
　　・Ｂ：いや、そんなことにはならないと思う人［ 挙手 ］！

▷（挙手による人数の確認）
⑥・さて、どうなのか？
　・班内でのはなしあい［ 3分間 ］！
▷班内でのはなしあい
※・ここから3分間、班でのはなしあい　→　その後、学級全体での討論へと進める。

<参考文献>
安井俊夫「冷たい戦争」『歴史の授業108時間』地歴社

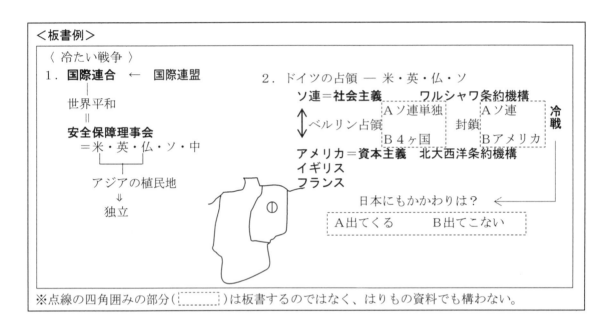

※点線の四角囲みの部分（　　　）は板書するのではなく、はりもの資料でも構わない。

★授業〈 冷たい戦争 〉について
　この授業案は全体としてみると、ほぼ目安通りの指導言の数でできている。それは指導案に無理がない（内容を詰め込み過ぎていない）ということなので、できるだけ生徒の発言が活発に出てくる形で授業を進めたい。そこで、提言2（第2次大戦後、ヨーロッパでどんな動きがあったのか）の助言③（ベルリンは、ソ連の単独占領にするのか4ヶ国占領にするのか）や助言⑥（ベルリンでの米ソの動きを見ると、悪いのはアメリカ、ソ連）は、グループでのはなしあいでもいいのだが、意見が言える生徒に、自分から発言していけるように場面を設定している。これまでも、まず立場をはっきりさせ、そして班でのはなしあいはせずに、その理由を発表させる場面の設定をしている。そうしたやり方にしているのは、活発な発言がある授業にするためである。
　発言の仕方としては、［ はなしあい → 発表 ］の形だけでなく、できるだけ指名発言から代表発言 → 挙手発言、そして自由発言へと発展させていくことをめざしてのやり方である。ここでもその方法を取っているが、それが教師の思惑通りにすんなりと意見が出てくればいいのだが、そう上手くいかないこともあり得る。
　たとえば、この授業案では、「Aのソ連の単独占領がいいと思う人［ 挙手 ］！」で、どっちの立場なのかをはっきりさせて、その後に「その理由が言える人［ そのまま挙手 ］！」と指示を出して、手の挙がったままの生徒と個人問答をするために指名発言に持っていくように計画している。Bについても、同じようにして指名発言に持っていき、個人に意見を述べさせるようにしている。
　ところが、「その理由が言える人［ そのまま挙手 ］！」の指示で、全員が手を下ろしてしまうことが

ある。ここで、Aの立場の生徒の全員が手を下ろしてしまうと、次のBの立場の生徒も同じような行動を取る可能性が高くなる。すると、生徒が誰も意見を言わない状況になってしまう。それでは授業にならないので、そんな場合には、2通りの対応をしている。

　1つは、「では、もう一度確認する」と言って、「Aのソ連の単独占領がいいと思う人［挙手］！」で手を挙げさせたら、「いま手を挙げている人たちは、全員起立！」との指示を出して、その場に起立させる。そして、挙手発言により教師から指名を受けて意見を述べた生徒から座らせていく。もし、このとき起立している生徒の人数が多いようであれば、たとえば意見を述べた生徒が属する班員に対して、「今の意見で良いという人は、一緒に座りなさい」「別に意見があるという人［挙手］！」と指示を出す。そうすると、ほとんどの場合（たとえ意見が同じでなくても）同じ班の生徒は座ってしまう。こうして班毎に意見を言わせてから座らせていく。

　もう1つやり方は、再度挙手により立場をはっきりさせた後に、グループでのはなしあいをさせる。そしてその後に、グループ発言をさせるためにグループ指名をして、意見を発表させる。これは発言方法のレベルを上げようとしたのだが、それが無理だったために1つ前の段階に戻っただけに過ぎない。

　意見が言えるのに、何かの拍子で発言しにくい雰囲気ができる時がある。そんな場合には、多少強引だと思いながらも、こうした方法を取ることがある。そうやって「言えるのに言わない」雰囲気をつくらせないことも、授業では必要になる。こうして意見を出させていくために、この冷たい戦争で悪いのはどっちなのか（どっちもなのか）を生徒は自分で考えていけるようになる。

　自分で考えること、及びその考えを表明することの大切さは、前単元の〈15年戦争〉の授業で学んでいるため、もし意見が出にくい雰囲気であれば、「自分の考えを表明することは、自分にとっても周りのみんなにとっても大事なこと（学習になること）だ」と説明していきながら、発言していくことをうながしていく。歴史の授業のまとめと位置付けている15年戦争の単元では、学習内容だけでなく授業で学ぶことや学び方の意義まで学習をしてきているわけだから、こうした指導言には重みがある。

　こうして世の中の出来事について自分自身で考え、自分から関わりをつくりながら、最後に提言4（冷たい戦争は日本の近くにもやってくるのか）の助言⑤（冷たい戦争は日本にもかかわりが出てくるのか）で討論をさせるような授業案としている。

歴史 学習プリント 〈戦後：2－1〉

■第2次世界大戦で協力して戦ったアメリカとソ連は、戦後、どうして対立するようになったのか？
植民地にされていたアジアの国々では、どんなことが起きたのか？

1：【 平和への最後の希望 】
(『国際連合』岩波新書より)

　27年前、私はエチオピア皇帝として、スイスのジュネーブにある国際連盟の演壇から、「ファシスト侵略者によって無防備な私の国に対して加えられた暴挙から救ってくれるように」訴えました。

　私は世界の良心に対し、また良心のために呼びかけたのでした。そのときには、私の言葉に耳を傾ける者は誰もおりませんでした。しかし、1936年に私が出した警告が正しかったことは、歴史が示している通りです。

　いま私は信用を失った前任者 国際連盟の跡目を継いだ世界機構の前に立っております。国際連合には、私がジュネーブで求めて得られなかった集団的安全保障の原理が大切にしまわれています。この総会場には、人類が平和のうちに生き延びることへの最良の、そして、たぶん最後の希望がかけられています。

－第18回 国連総会にて　エチオピア皇帝の演説－

2：【 国際連合憲章　前文 】

　われら連合国の人民は、われらの一生のうちに二度まで言語に絶する悲哀を人類に与えた戦争の惨害から将来の世代を救い、基本的人権と人間の尊厳及び価値と男女及び大小各国の同権とに関する信念をあらためて確認し、正義と条約その他の国際法の源泉から生ずる義務の尊重とを維持することができる条件を確立し、一層大きな自由の中で社会的進歩と生活水準の向上とを促進すること、並びにこのために寛容を実行し、且つ善良な隣人として互いに平和に生活し、国際の平和及び安全を維持するためにわれら力を合わせ、共同の利益の場合を除く外は武力を用いないことを原則の受諾と方法の設定によって確保し、すべての人民の経済的及び社会的発達を促進するために国際機構を用いることを決意して、これらの目的を達成するために、われらの努力を結集することに決定した。

3：【 ドイツの占領 】

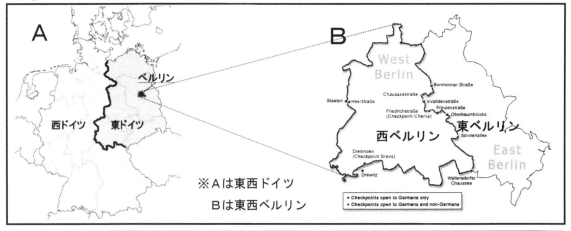

※Aは東西ドイツ
　Bは東西ベルリン

歴史 学習プリント〈戦後：2-2〉

■第2次世界大戦で協力して戦ったアメリカとソ連は、戦後、どうして対立するようになったのか？
植民地にされていたアジアの国々では、どんなことが起きたのか？

4：【 社会主義国の拡大 】

1917年	ソ連
1922年	モンゴル
1945年	ポーランド
	ユーゴスラビア
1946年	アルバニア
	ブルガリア
1947年	ルーマニア
1948年	北朝鮮
	チェコスロバキア
1949年	東ドイツ
	ハンガリー
	中国

5：【 ソ連を封じ込めよう！ 】

ソビエト政権ができたのは、"歴史的な偶発事件"であって、いずれは資本主義が回復するだろう。ソ連の共産主義制度は、もとより根絶しなければならない。そのためには資本主義側が、ソ連に対して非協力で封じ込めていく必要がある。そうすればソ連は自己崩壊するだろう。

封じ込めの具体策としては、ソ連の周りの重要な地点に軍事基地の網を張り巡らして、ソ連を永久に包囲することだ。

国連総会

6：【 北大西洋条約機構（ NATO ） 対 ワルシャワ条約機構 】

A：北大西洋条約機構(NATO)	B：ワルシャワ条約機構
アメリカ カナダ イギリス イタリア ベルギー オランダ ルクセンブルク ノルウェー デンマーク アイスランド ポルトガル ギリシア トルコ 西ドイツ	ソ連 ポーランド チェコスロバキア 東ドイツ ハンガリー ルーマニア ブルガリア

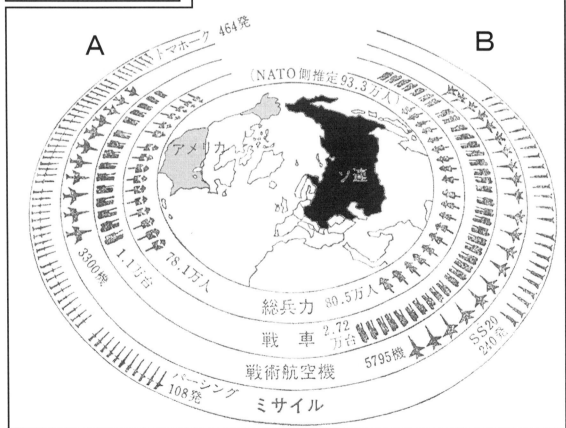

歴史 意見プリント　戦後：02〈 冷たい戦争 〉

３年　　　組　　　号（　）班：名前 _____

■次の質問に対して、自分の考えを書いてみよう！

1．質問
■第二次世界大戦後、早くも米ソの対立（ 資本主義 対 社会主義の対立 ）が目立ってきた。具体的には、ベルリンでの衝突、東西の軍事同盟（ 北大西洋条約機構とワルシャワ条約機構 ）での兵器の配備などがあったが、こうした対立（ 冷戦 ）は、日本にも関わりが出てくるのか？　それとも、そんなことはないのか？

2．結論

　　A：やはり、日本にも関わりは出てくると思う！　　　B：いや、そんなことにはならないと思う！

3．どうして、そのような結論を出したのか？（ 自分の考え ）

_____
_____
_____
_____
_____
_____
_____
_____
_____

〈　授業方法・内容について質問・意見・考え・感想などあったら自由にどうぞ！　〉

[98] 火を噴く38度線

◎中華人民共和国の成立をめぐるアジアの情勢、朝鮮戦争の勃発を紹介して、こういう情勢が日本にどんな影響を与えるのかを考えさせる。

1．東アジアで、どんな動きがあったのか？

① ・【資料：1】の写真で使用している武器は何？
  →バズーカ砲

② ・そのバズーカ砲の射撃訓練がおこなわれているのは、1951年の宇都宮近くでのこと。
  ・ということは、ここに写されている軍隊は、どこの国の軍隊なのか？
  →日本・・・
③ ・しかし、日本は太平洋戦争後に、戦力は放棄したはずだ。
  ・そんな日本で、あり得ること？　あり得ないこと？
  →あり得ないこと・・・
④ ・これは、「冷たい戦争」が日本に、押し寄せてきたということなのか？　それとも、それとは関係ないことなのか？
  →押し寄せてきたということ・・・
⑤ ・そのことは、日本の近くで起きたことを中心に調べればわかる。中国で大きな出来事が起きた。
  ・日本が敗戦した後、中国国内で内戦をおこなっていた2つの勢力とは、何党と何党だった？
  ⇨中国国民党と中国共産党
⑥ ・この対立に対して、中国国民党を援助した国があった。
  ・さて、それは、どこの国だったのか？
  →アメリカ
⑦ ・どうして、アメリカが（中国共産党ではなく）中国国民党を援助したのか？
  →共産主義を抑えたい・社会主義の勢力を広げさせない・・・
⑧ ・アメリカは、中国国民党に武器援助を中心に、かなりの肩入れをした。

2．中国では、どんなことが起きていたのか？

① ・こうなってくると、中国共産党と中国国民党の対立は、どちらに有利になっていったのか？
  →中国国民党
② ・しかし、アメリカが中国国民党に援助していた武器が、「大量に中国共産党の人民解放軍の手に渡る」という信じられない出来事が目立ってきた。
  ・何があったのか（わかる）？
  →・・・
③ ・中国国民党の兵士が、「武器を持ったまま、中国共産党の人民解放軍に次々と投降する」ということが起きていた。でも、なぜそんなことが起きたのか。
  ・中国共産党は、どんな取り組みを進めていたのか？
  →・・・
④ ・地主の持つ土地証文を焼き、土地を農民に分配するという土地革命を進めていた。中国共産党の人民解放軍の行くところでは、こうしたことが展開されていた。
  ・中国国民党の兵士は、この土地改革をどう見ていたのか？（賛成？　反対？）
  →賛成・・・
⑤ ・1949年、対立に決着がついた。
  ・1949年10月に政権を取ったのは、何党だった？
  ⇨中国共産党
⑥ ・そして、成立した国が何？
  ⇨中華人民共和国
⑦ ・アジアに巨大な社会主義国家が誕生した。そのことを宣言したのが、【資料：2】の写真の天安門に掲

- 153 -

げてある写真の人物。
　　・この人物は、誰？
　⇨毛沢東

⑧・では、中国国民党は、どうなったのか。
　　・どこへ逃れた？
　⇨台湾
⑨・これが現在の台湾政府に続いている。アメリカは、依然としてこちらの支持を続けていった。

3. 朝鮮で、どんなことが起きたのか？
①・アジアでも社会主義国が誕生した。しかし、それに伴ってアメリカの動きが気になり出した。そんな状況の中、中華人民共和国の成立から１年も経たない 1950 年 6 月に戦争が始まった。
　　・これが何戦争？
　⇨朝鮮戦争
②・朝鮮は、日本の植民地支配から独立した。しかし、このとき南北それぞれに国が成立した。
　　・その２つの国を、それぞれ何と言った？
　⇨大韓民国（ 韓国 ）　・　朝鮮民主主義人民共和国（ 北朝鮮 ）
③・両国の国境線は北緯 38 度線だった。この２つの国の誕生には、米ソの対立が関係していた。戦争が始まった 1950 年は、第２次世界大戦が終ってわずか５年後。当然、国連が、このことを問題にした。
　　・では、国連として朝鮮戦争を止めさせるには、戦っている２つの国の、Ａ：どちらかを一方を支援した方がいいのか？　それとも、Ｂ：どちらかを支援するのではなく、中立の方がいいのか？
　　・Ａ：どちらか一方を支援した方がいいと思う人［ 挙手 ］！
　▷(挙手による人数の確認)
　　・Ｂ：どちらかを支援するのではなく中立がいいと思う人［ 挙手 ］！
　▷(挙手による人数の確認)
　　・(班内の)グループで討論［ １分間 ］！
　▷班内のＡ・Ｂ各グループでの討論
※・この後、グループでの討論　→　グループ毎の意見発表へと進める
④・結局、国連は、どんな決定をしたのか。
　　・支援した国は、どこだった？
　⇨韓国
⑤・このときの国連軍は、どこの国の軍隊を中心としたものだった？
　⇨アメリカ（ 軍 ）
⑥・アメリカが中心となると、「なぜアメリカが、この朝鮮戦争に参加するのか」が問題になる。
　　・アメリカの参戦理由は、【資料：２】にある！
　▷【資料：２】
⑦・アメリカ大統領トルーマンは、韓国を援助する理由を何と言っているのか？
　→共産主義者が独立国を征服するために（ 今や ）武力侵略と戦争に訴えてきたから
⑧・それがアメリカの考えだ。アメリカを中心とする国連軍は、北朝鮮軍を北へと追い、北緯 38 度線を突破して更に北へ進んだ。そして北へ進み過ぎて、中国との国境線まで侵入して行った。しかしこうなると、すでにこの戦争は「南北朝鮮の戦争」という形を超えてしまっている。
　　・だから、ここで北朝鮮に義勇軍として軍隊を派遣した国が、どこだった？
　⇨中国
⑨・このときの中国の声明が【資料：３】に載せてある！
　▷【資料：３】
⑩・中国が義勇軍を派遣したのは、アメリカが、どんなことをしているからだと言っている？
　→朝鮮民主主義人民共和国を破壊することにとどまらず、中国を侵略し、アジアを支配しようと(している)
⑪・中国義勇軍の攻勢で、国連軍は押されて南下させられていった。このとき、アメリカは形勢を挽回するために、「ある兵器」の使用を考えたと言われている。
　　・さて、その「ある兵器」とは、何だったのか？

→原爆

4．日本の進路は、間違っていないのか？

① ・もっとも原爆使用は、実行するには至らなかった。
　　・結局、激しい戦闘の末、1953年に何が結ばれたのか？
　⇨休戦協定

② ・この休戦協定では、軍事境界線は北緯何度に沿った形になっているのか？
　⇨北緯38度線

③ ・ところで、アメリカ軍は朝鮮へ出兵するときに、どこの国に置いた基地を利用していたのか？
　⇨日本

④ ・この事実は、日本が朝鮮戦争と重大な関係があったことを意味している。ところが、経済の面から見るとどうだったのか。日本は、朝鮮戦争の間に軍事物資などの生産を引き受けていた。
　　・そのことを何と言うのか？
　⇨特需

⑤ ・その特需の結果、日本では何が進んだのか？
　⇨経済の復興

⑥ ・たとえば、日本企業にアメリカ軍から大量の注文がきた。トヨタにトラックの受注が3329台。翌年には月産1500台。それまでが300台だったので、何と5倍も生産が伸びた。しかし、このとき連合国総司令部が、日本につくらせたものがあった。
　　・それは、何だった？
　⇨警察予備隊

⑦ ・それが最初に見た、演習の写真だ。ところが、日本は、すでに憲法により戦力を放棄していた。それを無視して、こうしたモノを持たせるということは、アメリカに考えがあってのことだ。
　　・それは、アメリカのどんな考えかわかる？
　→日本を利用する・・・

⑧ ・そうしたアメリカの考えに従っていくのは、A：正しいのか？　B：（正しいとまでは言えないが）仕方ないのか？　C：間違っているのか？
　　・A：アメリカの考えに従っていくことは正しいと思う人［挙手］！
　▷（挙手による人数の確認）
　　・B：（正しいとまでは言えないが）仕方がないと思う人［挙手］！
　▷（挙手による人数の確認）
　　・C：このアメリカの考えに従うことは間違っていると思う人［挙手］！
　▷（挙手による人数の確認）
　　・どうなのか、班内ではなしあい［3分間］！
　▷班内でのはなしあい
※・ここから班内でのはなしあい　→　学級全体での討論へとつなげる。
　　・班でのはなしあい［3分間］！
　▷班内でのはなしあい
※・ここから3分間、班でのはなしあい　→　そして学級全体での討論へと進める。

<参考文献>
安井俊夫「火をふく38度戦」『歴史の授業108時間』地歴社

★授業〈 火を噴く38度線 〉について
　前時の〈 冷たい戦争 〉の授業での討論を受けて、この〈 火を噴く38度線 〉の授業へとつなげていくように授業案を考えている。ここでは「2回の大きな世界大戦を経験してきたはずの人類が、どうして再び大きな対立を生んでしまうのか」との疑問が出てくる（このことは、15年戦争の事実を知って

いれば、なおさらのことだ)。そして、この対立では、アメリカと中国の動きが中心になっている。であれば、当然、授業内容としてはアメリカと中国とは同じにならないといけない。しかし、そうはなっていない。

　助言や資料から見ると、どちらかというとアメリカの方に分が悪い内容構成になっている。しかし、中学生の発想から考えると、こうした構成でもいいのではないかと考えている。それは、中学生は「どうしてアメリカは、他国のことに口を出してくるのか」と考える傾向があるからだ。だから、「そのアメリカに日本が従って行くことは、どうなのか (本当にそれでいいのか)」を提言4 (日本の進路は間違っていないのか)の助言⑨ (日本としてアメリカの考えに従っていくのは正しいのか、仕方ないのか、間違っているのか)での討論としている。

　生徒はアメリカそのものに悪いイメージは持っていない。それは、「アメリカは力があり、今の日本にはアメリカが必要だ」「アメリカは日本の仲間なんだ」と考えているからのように感じている。一方、アメリカの行動を知ると、そんな「アメリカに従って行くのが、本当に正しいことなのか (考え直すべきではないのか)」との疑問が出てくるため、討論が成立すると考えている。

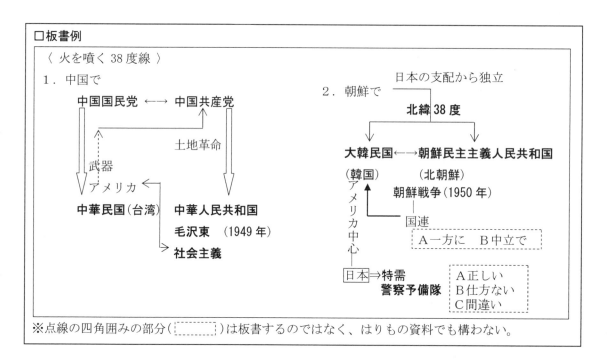

- 156 -

歴史 学習プリント〈戦後：3〉

■第2次世界大戦が終わったにもかかわらず、どうして日本で軍備や訓練が見られるようになったのか？ 朝鮮半島では、どんな動きが出てきたのか？ 隣国の動きに日本としては・・・？

1:【 バズーカ砲の射撃訓練 】

2:【 天安門の毛沢東の写真 】

⇦どこの国の射撃演習の様子なのか？

3:【 朝鮮戦争 】　　　アメリカの参戦

国内の安全維持のために武装していた韓国政府軍が、北朝鮮から侵略攻撃を受けた。国連安全保障理事会は、侵略軍に撤退を要求した。ところが、彼らは逆に攻撃を強化してきた。

こういう状況の下で、私はアメリカの空・海軍部隊に対して、韓国政府軍に援助するように命令した。韓国に対する攻撃は、共産主義者が独立国を征服するために、今や武力侵略と戦争に訴えて来たことを明らかにしたものだ。

　　　　　　　　　　　　1950.6.27
　　　　　　－トルーマン大統領の声明－

4:【 中国の声明 】　　　　　　　1950.11.4

アメリカを中心とする帝国主義者の朝鮮侵略の行動は、今や中国の安全に重大な脅威となってきた。彼らは朝鮮侵略戦争を引き起こしたが、それは朝鮮民主主義人民共和国を破壊することにとどまらず、中国を侵略しアジアを支配しようと言うものだ。彼らは第七艦隊を我が台湾海峡に侵入させ、我が国の台湾解放に対して武力干渉をおこなっている。さらに彼らの空軍は、我が国東北（満州）領空に侵入し、爆撃をおこなった。

中国人民が朝鮮人民の抗米戦争を支援するのは、隣を救うことが自らを救うことだからである。

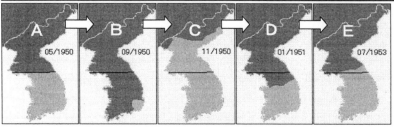

■左からA：1950年5月→B：1950 9月→C：1950年11月→D：1951年1月→E：1953年7月→の朝鮮戦争での南北の勢力図となっている

歴史 意見プリント 戦後：03 〈 火を噴く38度線 〉

3年　　組　　号（　）班：名前

■次の質問に対して、自分の考えを書いてみよう！

1．質問
■1950年の朝鮮戦争を機会に、日本に警察予備隊がつくられた。しかし、日本は憲法により戦力を持つことを禁止している。当時まだ連合国、つまりアメリカの占領下にある日本にとって、その考えに沿って警察予備隊をつくることは、正しいのか？（正しいとまでは言えなくても）仕方ないことなのか？　それとも、これは間違っているのか？　国際社会の中で日本の判断は、どうだったのか？

2．結論

A：これは正しいと思う　B：（正しいとまでは言えないが）仕方ないと思う　C：いや間違っていると思う

3．どうして、そのような結論を出したのか？（ **自分の考え** ）

_____
_____
_____
_____
_____
_____
_____

〈 授業方法・内容について質問・意見・考え・感想などあったら自由にどうぞ！ 〉

[99] 講和と安保

◎アメリカ中心にどんな講和条約が準備されていたのかを紹介し、当時の日本のとるべき方向は、この単独講和か、それとも全面講和かを考えさせる。そして、アメリカの核実験以後の世界の動きを踏まえた上で、1960年の安保改定の要点から、この時点での日本の方向の可能性を考えさせる。

1．講和条約をめぐる情勢は、どうなっていたのか？

① ・【資料：1】に6人の男たちのサインが載せてある！
  ▷【資料：1】＆コピー
② ・それぞれ何と書いてあるのか、わかる？
  →吉田茂・池田勇人・苫米地義三・星島二郎・徳川宗敬・一万田尚登
③ ・一番目は「吉田 茂」（コピーの提示！）。

  ・この人は、どんな人？
  →当時の首相（内閣総理大臣）
④ ・二番目は池田 勇人［いけだ はやと］。この人は、大蔵大臣で、後に首相になった人物（コピーの提示！ 以下同じ要領）。三番目は苫米地 義三［とまべち ぎぞう］。この人は、国民民主党の代表。四番目は星島 二郎［ほしじま にろう］。この人は、自由党の代表。五番目は徳川 宗敬［とくがわ むねよし］。この人は、緑風会（参議院）の代表。六番目は一万田 尚登［いちまだ ひさと］。この人は、日本銀行総裁。つまり、この人たちは日本を代表する人物ばかりだ。その人たちがおこなったこの署名は、その後の日本に重大な結果をもたらした。
  ・では、この署名には、一体どんな意味があったのか？
  →・・・
⑤ ・朝鮮戦争が起きた後、アメリカが日本で急いだことがあり、1951年に会議が開かれた。
  ・何と言う会議？
  ⇨サンフランシスコ講和会議
⑥ ・「講和会議」とは、戦争が終わった後の世界を、どうやって平和な状態にしていくのかについての条約を話し合う会議だ。
  ・つまり、これは何という戦争についての講和会議だったのか？
  →アジア・太平洋戦争・・・
⑦ ・会議では、主に敗戦国に対する内容が中心となった。
  ・この「敗戦国」とは、どこの国（のこと）？
  →日本・・・
⑧ ・そうすると、このサンフランシスコ講和会議で、どんな平和条約を結ぶのかは、日本にとって非常に大切になってくる。そこでアメリカは、ダレスという人物を特使として日本に送り、平和条約の中身の方向付けをおこなった。
  ・【資料：2】のAの前半部分にある！
  ▷【資料：2】のAの前半
⑨ ・ダレスは、「このまま何を日本に置く」と言っているのか？
  →アメリカ軍
⑩ ・「軍隊を置く」ということは、「何をする」ことを意味しているのか？
  →戦争・・・
⑪ ・でも、日本にいるアメリカ軍は、どこの国と戦うことを想定しているのか？
  →中国・朝鮮・ソ連・・・
⑫ ・1951年当時、アメリカは中国と朝鮮（戦争）で戦っている真っ最中だった。
  ・しかし、日本にアメリカ軍を置き続けるとなると、日本と中国の関係は、どうなるのか？
  →悪くなる・悪化する・・
⑬ ・それなのに、【資料：2】・Aの後半では、日本の首相は、どんなことを確認している？
  →中国の共産政権とは条約を結ぶ意図がないこと

- 159 -

2. 単独講和か？　全面講和か？　日本の取るべき態度は？

① ・つまりこのままで平和条約を結ぶと、社会主義国となった中国を除外することになる（ここでも冷戦がかかわってきている）。
　・第2次世界大戦で、日本はアメリカと何年戦った？
　→4年間（1941年～1945年）

② ・一方、中国とは何年間戦った？
　→15年間（（柳条湖事件）・満州事変から14年・日中戦争から8年）・・・

③ ・しかも日本は、中国に対しては、大変な被害を与えてきた。
　・たとえば、どんなことがあった？
　→南京大虐殺・無差別爆撃・731部隊による人体実験・・・

④ ・にもかかわらず、中国とは「講和しない」と言う。
　・果たして、それでいいのか？
　→よくない・しかたがない・・・

⑤ ・この流れでいくと、日本はアメリカを中心とした国々とだけ結びつくことになる。しかし、そうすることでアメリカの占領を早く終せ、日本は独立を果たすことができる。このやり方を 単独講和 と言った。この単独講和に対しては、当然、対立意見が出た。
　・その対立した意見の中で、どんなことが必要であるという意見もあったのか？
　⇨社会主義国を含めた全ての国と講和を行うことが必要である（という意見）

⑥ ・「全ての国との講和をおこなう」という意見を何と言ったのか？
　⇨全面講和

⑦ 【資料：2】のBにある全面講和の意見の中で、重要なことを言っている部分に線引きをしなさい！
　▷【資料：2】のBへの線引き作業

⑧ ・アメリカ側だけとの「（単独講和は）日本国憲法に違反し、日本や世界の破壊に力を貸すものだ」と言っている。では、日本としては、どちらの考えで講和条約を結ぶべきなのか。
　・A：単独講和でいくべきなのか？　それとも、B：全面講和でいくべきなのか？
　・A：アメリカを中心に単独講和でいくべきだと思う人［挙手］！
　▷（挙手による人数の確認）
　・B：社会主義国まで含めた全面講和でいくべきだと思う人［挙手］！
　▷（挙手による人数の確認）
　・（班内の）グループではなしあい［1分間］！
　▷班内のA・B各グループでのはなしあい
※・この後、グループでのはなしあい　→　班毎の意見発表へと進める

⑨ ・日本としては、アメリカが進めたサンフランシスコ講和会議での条約にサインするかどうかは、かなり迷うところだ。
　・では、日本は、サインを、したのか？　しなかったのか？
　→した・しなかった・・・

⑩ ・その答えが、【資料：1】のサインだった。
　・サインをしたということは、日本が取ったのは、単独講和？　全面講和？
　→単独講和・・・

⑪ ・でも、本当に、それで良かったのか？
　→まずかった・よかった・・・

⑫ ・アメリカを中心とした48の国と日本が結んだ、1951年の条約を何と言った？
　⇨サンフランシスコ平和条約

3. 講和会議は、どのように展開したのか？

① ・こうして結ばれた平和条約だから、その中身が問題となる。
　・まず領土に関することで、日本が認めたことは何だった？
　⇨朝鮮の独立

② ・次に、日本が権利を放棄したのは、どこだった？

⇨台湾　・　千島列島　・　南樺太
③・それらは、日本が戦争で奪った植民地だが、1つだけ例外がある。
　　・それは、どこ？
　→千島列島
④・千島列島は、日本固有の領土だった。その「権利を放棄する」というのだから、これは重大問題だった。しかし、もう1つ重要なことがあった。
　　・引き続きアメリカの管理下に置くことになったのは、どこだった？
　⇨沖縄や小笠原諸島
⑤・つまり、この平和条約にサインすることは、千島列島・沖縄・小笠原諸島には日本の施政権が及ばないことを認めることになる。ところで、この条約とあわせて日本はアメリカとの間で、もう1つの条約を結んでいた。
　　・それが、何という条約？
　⇨日米安全保障条約
⑥・この（日米安保）条約で、日本は何を認めた？
　⇨アメリカ軍が（日本）国内に軍事基地（施設及び区域）を置くこと
⑦・この安保条約を結んだ結果、アメリカ軍は、この後も日本国内の基地に駐留することになった。ではこうした日本の動きを、他の国々はどう見ていたのか。講和会議に出席していたが、平和条約への調印を拒否した国があった。
　　・それは、どこ［の国］だった？
　⇨ソ連
⑧・平和条約に反対して、講和会議への出席を拒否した国もあったが、それはどこだった？
　⇨ユーゴスラビア　・　ビルマ（ミャンマー）　・　インド
⑨・日本と戦った国や日本の植民地になっていた国なのに、講和会議に招かれなかった国は、どこだった？
　⇨中国　・　朝鮮（南北ともに）
⑩・こうした国際関係や日本の領土面・安全面から考えてみると日本は、この平和条約にサインして、良かったのかどうか。
　　・A：やはり、サンフランシスコ平和条約にサインして良かったと思う人［挙手］！
　▷（挙手による人数の確認）
　　・B：いや、この平和条約にはサインすべきではなかったと思う人［挙手］！
　▷（挙手による人数の確認）
　　・各グループではなしあい［1分間］！
　▷班内のA・B各グループでのはなしあい
※・この後、グループでのはなしあい　→　班毎の意見発表へと進める

4．反核の動きが、どうしてつくられていったのか？

①・その後、これ（ゴジラのポスターを提示しながら）の登場で、日本の安全が危なくなった。
　▷ゴジラの映画ポスターのコピー
②・ゴジラは現実の生物ではないが、映画『ゴジラ』は、日本の漁船：第五福竜丸が被曝した事件をきっかけに作られた映画だった。
　　・でも、何によって日本の漁船が被曝したのか？
　⇨アメリカの水爆実験
③・水爆（水素爆弾）は、原爆の400〜1000倍もの威力がある核兵器だ。
　　・そんな核兵器をアメリカが開発していたのは、どこの国との兵器開発に勝つためだったのか？
　→ソ連・中国・・・
④・冷戦による軍事兵器の開発競争は、とんでもない兵器を生み出していた。だから、この対立の動きの中で、世界では「新たに独立した国々の団結」や「冷戦からの中立を求める動き」が出てきた。
　　・その動きを何と言った？
　⇨非同盟主義

⑤・「米・ソいずれの陣営とも同盟を結ばない」という意味で、非同盟主義と言った。
  ・この動きの中から、1955年にはインドネシアで何が開かれた？
  ⇨アジア・アフリカ会議
⑥・このとき、何の路線が確認されたのか？
  ⇨平和共存
⑦・資本主義や社会主義の違いはあっても、「平和の実現のため共存していこう」という考えだ。この平和共存の動きの中で、日本でも先の「日米安保条約を改定する動き」が出てきた。でも、「どんな改定をおこなうのか」が、問題となった。
  ・【資料：6】の2つの資料を見てみると、1960年の安保条約は、1952年の安保とはかなり違うことがわかる！
  ▷【資料：6】
⑧・1960年の安保で、大きく「違う」と思ったことは何？
  →いずれか一方に対する武力攻撃に対して、これを共通の危険として対処するように行動する
⑨・つまり、この改定をおこなうと、日・米いずれかが攻撃を受けたら「アメリカ軍と自衛隊が共同して戦う」ことになる。
  ・だから、この改定に反対する人々は、どんな危険があると反対運動をおこなったのか？
  ⇨アメリカの戦争に日本が巻き込まれる（危険）
⑩・そのときの反対運動を何と言った？
  ⇨安保闘争
⑪・【資料：6】の写真にもあるように、安保闘争は最大時で33万人の大集会となった！
  ▷【資料：6】の写真

⑫・しかし、自由民主党の強行採決によって、日米安全保障条約は改定された。
  ・今から考えてみると、1960年の日本政府・自民党の判断はどうだったのか？
  ・A：安保改定は強行採決で良かった（そうするしかなかった）と思う人［挙手］！
  ▷（挙手による人数の確認）
  ・B：いや、安保改定反対でいくべきだった（間違いだった）と思う人［挙手］！
  ▷（挙手による人数の確認）
  ・班内でのはなしあい（3分間）！
  ▷班内でのはなしあい
※・ここから3分間、班での話し合いに入らせる。

<参考文献>
安井俊夫「講和と安保」「ふりかかる死の灰」『歴史の授業108時間』地歴社

★授業〈 講和と安保 〉について

　この授業案は、前時の〈 火を噴く38度線 〉の授業での討論を受けて、更にアメリカとの関係を考えさせる内容になっている。この授業の導入部でも人物の顔のコピーを見せている。授業に登場する人物は、名前だけではなく、その人の顔があれば、生徒の印象にも記憶にも残りやすいと考えてのことだ。
　近現代史では、資料として写真があるので良いのだが、前近代史では肖像画などの絵画しかなく、更に最近は定説が覆されたりしているので、コピーで顔を見せる場合には気をつけておかないといけない。
　この授業案も、提言が4つで基本的な形にできている。ただ内容的にはタイトルが示すように、前半の提言3（講和会議はどのように展開したのか）までは講和について、後半の提言4（反核の動きがどうしてつくられていったのか）が安保と大きく2つになっている。前半は提言2（単独講和か全面講和か、日本の取るべき態度は）の助言⑥（日本は、単独講和か全面講和か）での単独講和か全面講和かのはなしあいを受けて、提言3の助言⑩（国際関係や領土面・安全面から考え、日本は平和条約にサイン

して良かったのかどうか）でサンフランシスコ平和条約締結の是非について、更にはなしあいを設定している。ここではグループでのはなしあいとしているが、内容的には学級での討論として考えさせたい程の大事な問題である。ただ１時間では収まり切れないため、グループでのはなしあいにとどめている。

　後半の安保改定は、前半でのはなしあいがしっかりおこなわれていれば、この提言４の助言⑪（安保改定は強行採決で良かったのかどうか）の討論が深まることになる。この問題も重要な内容なので、公民的分野でも沖縄の基地問題や自衛隊との関わりで学習していくことになる。

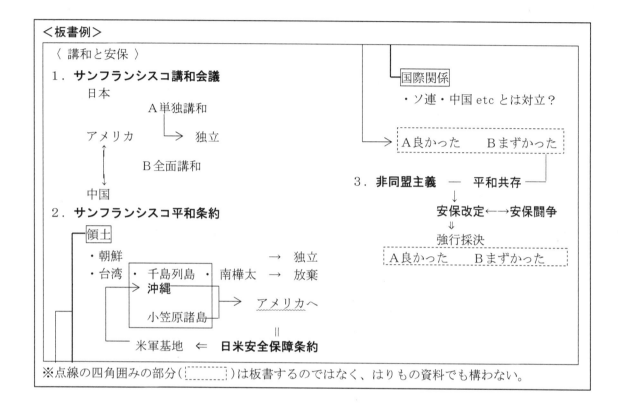

歴史 学習プリント〈戦後：4-1〉

■講和条約を結んで占領を終らせたい。しかし、どんな国と、どんな条約をむすぶべきなのか？ その約10年後アメリカとの安保条約で、日本のその後の方向が問われた。果たしてどうすべきか？

1：【 6人の男のサイン 】

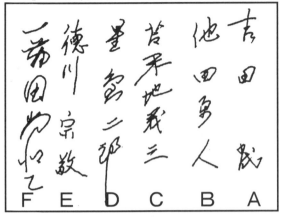

吉田茂 A
池田勇人 B
苫米地義三 C
星島二郎 D
徳川宗敬 E
一万田尚登 F

2：【 どんな講和条約にすべきか 】

A：アメリカとの結びつきを強くすべき

「もし日本が希望するなら、アメリカ政府は日本の国内と周辺にアメリカ軍を維持しておくことを、国情を持って考慮するだろう」と述べたところ、日本政府は、この提案を歓迎した。
　　　　　　　　　　　　　　（ ダレス特使 ）

中国の共産政権は、強力を持って日本政府を転覆せんとする日本共産党の企図を支援しつつあると考えられる。従って、日本政府は中国の共産政権とは条約を結ぶ意図がないことを確認する。
　　　　　　　　　　　　　　（ 吉田首相 ）

B：全ての国と講和条約を結ぶべき

（ アメリカ中心の ）単独講和は、我々を対立する2つの陣営の一方に投じ、それとの結合を強めるが、他方との間に依然として戦争状態を残す。さらに、それとの間に敵対関係も生み出して、世界的対立を激しくするばかりである。単独講和に伴い、特定の国に軍事基地を提供するなどということは憲法に反し、日本および世界の破滅に力を貸すものである。日本の運命は、自主独立の道を歩むことによって開かれる。
　　　　　　　　　　　　（ 平和問題懇談会 ）

3：【 水爆大怪獣映画　ゴジラ 】

■東京湾に係留された第五福竜丸

歴史 学習プリント〈戦後：4-2〉

■南太平洋の島で、ある実験がおこなわれた。その後、世界はどのように変わっていったのか？ また1960年に日米安保条約は、どうなったのか？ そのことが日本の進路にどうかかわったのか？

4：【 ビキニ諸島での出来事 】

5：【 非同盟諸国 】

非同盟諸国首脳会議	第1回(1961)	第2回(1964)	第3回(1970)	第4回(1973)	第5回(1976)	第6回(1979)	第7回(1983)	第8回(1986)	第9回(1989)	第10回(1992)
開催地	ベオグラード	カイロ	ルサカ	アルジェ	コロンボ	ハバナ	ニューデリー	ハラレ	ベオグラード	ジャカルタ
参加国数	24	47	54	75	86	94	102	99	102	108

安保反対の大集会→

6：【 日米安全保障条約 】

1952年：アメリカ合衆国が陸海空軍を日本国内とその周辺に配備する権利を、日本国は許与する。この軍隊は、極東の安全と平和のために、そして外部からの武力攻撃に対する日本国の安全のために使用できる。	1960年：日本国とアメリカ合衆国は、武力攻撃に抵抗する能力を相互援助によって維持発展させる。両国は、いずれか一方に対する武力攻撃に対して、これを共通の危険として対処するように行動する。

1952年と1960年（要点）

7：【 安保改定（1960年）は危険です 】

　今度の改定で、日本は共同防衛の義務を負い、それによって自衛隊の増強や核装備が要求されるでしょう。また、中国やソ連を攻撃する基地を進んで引き受けることになり、憲法が否定されて民主主義と平和の基調が崩されていきます。これは日本の将来のため、由々しき重大事であります。
　私たちは、日本の安全保障は、いかなる軍事ブロックにも加入せず、自主独立の立場を守って積極的な中立外交を貫くことによってこそ確保されると信じます。このことは、平和憲法をゆがめずに厳守することによって実現することは可能であると思います。　　　　　（安保改定阻止国民会議）

歴史 意見プリント　戦後：04〈講和と安保〉

3年　　組　　号（　）班：名前

■次の質問に対して、自分の考えを書いてみよう！

1．質問
■安保改定となると「アメリカ軍と自衛隊が共同して戦う」ことになってしまう。だから、日本国民の間からは激しい反対運動が起きた。しかし、日本政府（自民党）は強行採決で改定を決定した。この政府の判断は、当時の状況から考えると、そうするしかなかったのか？　それとも、あくまで安保改定には反対すべきだったのか？　どっちだったのか？

2．結論
　A：安保改定を強行するしかなかったと思う　　B：いや、あくまで安保改定には反対すべきだった

3．どうして、そのような結論を出したのか？（自分の考え）

〈　授業方法・内容について質問・意見・考え・感想などあったら自由にどうぞ！　〉

[100]経済大国日本

◎日本は、どのようにして経済を高度成長させようとしたのか？ それによって、日本が占めた国際的な地位と問題点を示し、今後もこの方法を取り続けるべきかどうかを考えさせる。

1．経済発展を遂げる日本で、何があったのか？

① ・【資料：1】は、1973年11月の新聞！
　▷【資料：1】＆拡大コピー
② ・（新聞の）見出しから、このころ「節約大号令」が出されたことがわかる。
　　その結果、起きたことを写したのが新聞の2枚の写真だ。
　・街では、どんな変化が起きたのか？
　→ネオンが減った・電気の節約・・・
③ ・「夜の照明などムダだ、早く消せ」というわけだ。東京・銀座の街は、まだ9時なのに、まるで深夜のようになった。
　・ところで、こんな大号令を出したのは、誰だったのか？
　→政府・・・
④ ・戦時中でもないのに、どうして政府が、そんな大号令を出したか。（1973年というと）今から40年程前のことになる。日本のように経済の発展した国では、考えられないことだった。実は、この新聞が出された1973年には、ある事件が起きていた。
　・さて、その（1973年に起きた）事件とは、何だったのか？
　⇨石油危機
⑤ ・「オイルショック」とも言った。
　・この石油危機は、どんなことの影響を受けて起きたのか？
　⇨中東で起きた戦争
⑥ ・石油は、それまで「最も低コストの資源」とされていた。ところが、中東戦争の影響で、産油国であるアラブ諸国が石油の価格を一気に4倍に引き上げた。そのことが日本経済に大きな影響を与えた。
　・1950年代の中頃から15年以上、日本は経済を急速に発展させていたが、この急成長は何と呼ばれたのか？
　⇨高度経済成長
⑦ ・その高度経済成長の結果、1968年には日本の国民総生産は、世界で何位になった？
　⇨第2位
⑧ ・【資料：2】のグラフを見ると、日本国内でのいろいろなものの生産の変化がわかる！
　▷【資料：2】＆拡大コピー
⑨ ・生産の伸び方の特徴は、何と言えばいいのか？
　→急激・数年で数倍に・・・
⑩ ・世界生産順位でいうと、テレビは11位から1位、自動車は8位から2位と、すごい躍進。それに伴って、【資料：5】にあるようなコンビナートが海を埋め立てて作られ、日本の国土は巨大な工業地帯へと変貌していった。この結果、日本各地で健康を害する人々が続出することになる。

2．石油危機以後、どのようにして経済を発展させたのか？

① ・しかし、この高度経済成長も石油危機のためにストップした。
　・（このままでは、まずい）では、どうするのか？
　→・・・
② ・日本は輸出を増大させることで、この状況を乗り切ろうと考えた。1970年の日本の輸出高は193億ドルだったのが、1985年に（輸出高）は1756億ドルとなっていた。
　・何倍になっている？
　→約9倍・・・
③ ・こうした日本の輸出の増大は、天気に例えて集中豪雨と言われた。これが、日本経済を安定成長させるテコとなった。1987年には、一人当たりの国民所得は、日本は15,500ドルとなった。アメリカの

（一人当たりの国民所得）15,026ドルを追い抜いてしまった。そのため世界からは、金持ちニッポンとか経済大国などと言われた。
　・でも、一体どうやって輸出を増大させたのか？
　→・・・
④・企業活動の合理化をおこなった。
　・それは、具体的には、どんなことをおこなったのか？
　→・・・
⑤・1つは、Micro Electronics（ME）といって半導体電子素子など超微細化に関する高度な技術での省力化を図った。もう1つは、働く人をこれ以上増やさない、いや、できる限り減らすことにした。つまり、「働く人は減らしても、生産は増やす」というやり方だった。
　・でも、そんなことが実際に可能だったのか？
　→・・・
⑥・たとえば、1982年、アメリカのGM（ゼネラル・モーターズ）は労働者一人当たり年間6台の自動車を作っていた。
　・それに対しトヨタは、この年、労働者1人当たり何台生産していたのか？
　→・・・
⑦・67台。実際に少ない人数で、生産を限りなく増やしていた。そのためコストは低くなり、輸出に強くなった。しかし、この数字を比較してGMとトヨタの労働者の1日の生活を考えると、「かなり違っている」と思われることがある。
　・それは、どんなことなのか？
　→・・・

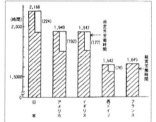

⑧・（働く人たちの）労働時間だ。
　・【資料：4】で、日本とアメリカとの労働時間を比較してみる！
　▷【資料：4】&拡大コピー
⑨・さて、日米の年間労働時間の違いは、何時間？
　→約220時間（2168－1949＝219時間）
⑩・（1日8時間労働で考えると）日本の労働者は、（アメリカの労働者よりも）年間で約30日［219÷8=27.37日］も多く働いている。
　・西ドイツと比較してみると、更に何時間の差があるのか？
　→約520時間（2168－1642＝526時間）
⑪・年間では2ヶ月以上（≒65日［526÷8=67.75日］）も、日本の労働者は多く働いている。つまり日本は、労働者の人数は減らして、その少なくなった労働者に長時間働いてもらうことで、生産を高めていた。こうして、経済大国の地位を築いていった。

3．今後も、この方法を続けるべきなのか？
①・日本は、「経済の発展がすごい」と、世界各国から注目された。しかし、こうして経済が発展すればするほど、深刻になっていくこともあった。
　・60年代の高度経済成長によって、人々の生活が豊かになる一方で、何が次々と起こっていった？
　⇨公害問題
②・公害が全国各地で引き起こされ、死者も多数にのぼっていった。
　・その中で、深刻な被害を生んだ四大公害病といわれたものには、何があった？
　⇨水俣病　・　新潟水俣病　・　四日市ぜんそく　・　イタイイタイ病
③・【資料：5】のA・B・Cに、それぞれの公害病に関する資料が載せてある。
　・Aは、何と言う公害病？
　→水俣病
④・Bは、何（と言う公害病）？
　→四日市ぜんそく
⑤・Cは（何）？
　→イタイイタイ病

⑥・そんな社会状況は、怪獣映画にも取り上げられた。
　・【資料：6】で、ゴジラの戦っている怪獣の名前はわかる？
　→ヘドラ

⑦・ゴジラと戦う怪獣「ヘドラ」。ヘドラは、工場の排水からできたヘドロの怪獣だった。公害は、まさに人々の生活を襲い被害を生む怪獣として描かれていた。
　・そのため公害病事件への対策がとられるようになっていく。しかし、一方では働く人の労働時間は、ますます長くなっていた。
　・【資料：7】を見ると、残業が長く、自宅での自由時間が非常に短いことがわかる！
※・左端＝8時頃に帰宅・12時前に就寝（自宅での自由時間＝3時間46分）
　　右端＝0時過に帰宅・2時頃に就寝（自宅での自由時間＝1時間37分）
　　何と、夜、家に帰ってから寝るまで2時間しかない人も多い。
⑧・でも、家に帰ってから寝るまでの2時間ですることには、何がある？
　→夕御飯を食べる・お風呂に入る・ＴＶを見る・明日の支度をする・・・
⑨・それが、何日間続くのか？
　→毎日・6日間・・・（右端＝1日6時間の残業として1ヶ月で150時間以上の残業となる）
⑩・そんな日本の状況に対して、西ドイツの学生が書いた手紙が【資料：8】だ。
　・さて、この手紙で、西ドイツの学生は、日本に対して何が言いたいのか？
　▷【資料：8】への線引き作業
⑪・「日本は、これまでのやり方をやめて、西ドイツのようにすべきだ」と言っている。でも、日本は日本のやり方で経済大国と言われるまでに発展してきたのだから、むしろ西ドイツが日本のやり方に合わせるべきだとも考えられる。
　・Ａ：やはり、日本が西ドイツなどに合わせるべきだと思う人［ 挙手 ］！
　▷(挙手による人数の確認)
　・Ｂ：いや、西ドイツが日本に合わせるべきだと思う人［ 挙手 ］！
　▷(挙手による人数の確認)
　・班内でのはなしあい［ 3分間 ］！
　▷班内でのはなしあい
※・ここから3分間、班での話し合いに入らせる。

<参考文献>
安井俊夫「経済大国日本」『歴史の授業108時間』地歴社

<板書例>
〈 経済大国 日本 〉
１．高度経済成長（1950年代中頃～）
　　│
　　（1973年）　石油の値上げ
　石油危機　←　中東戦争
　（オイルショック）
　　│　　　　　　　　　　┌省力化技術
２．輸出の増大　←　企業の合理化
　　＝　　　　　　　　　└労働者削減
　経済大国　　　　　　　　　　＝
　　↑　　　　　　　　　労働時間の増大

３．公害問題　─　四大公害病　→　死者
　　　　　　　　残業　←
　　　　　　　　　⇩
　　　　　西ドイツからの手紙
　　　Ａ日本は西ドイツに　Ｂ西ドイツが日本に

★授業〈 経済大国日本 〉について
　この授業案は、高度経済成長期とその後の「安定成長期」を取り扱っている。最後の提言3（今後もこの方法を続けるべきか）の助言⑦（日本は西ドイツのようにすべきなのか、西ドイツが日本のやり方

に合わせるべきなのか)の発問は、地理の授業でも取り扱うことがある。地理の授業では、ヨーロッパの学習でドイツを取り上げ、ドイツと日本で労働に対する考え方(優先すべきは生活か仕事か)や環境に対する考え方(優先すべきは、自然や環境保護か生活や経済活動か)の違いがあるが、どちらがいいのかを考えさせたりする。公民の授業でも労働状況を比較して、どのような労働であるべきかを考えさせることがある。

　こうして何度も学ぶようにしているのは、戦後日本やこれからの日本の在り方を考える大事な内容だからである。同じ内容を学んでいるようだが、それぞれの学年で考え方が違ってくるし、また、それまでの知識なども違ってくるので、当然毎回同じ結果にはならない。そのことが大事なのだと思う。

歴史 学習プリント 〈戦後：5-1〉

■経済の発展した日本で、節約のための命令が出た。何が起きたのか？ 石油危機以降、日本は、どのようにして経済を発展させていったのか？ その結果、どれほどの実力をつけたのか？

1：【 節約大号令 】

2：【 国内生産の伸び 】

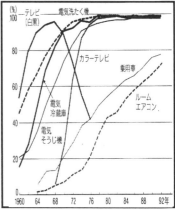

3：【 高度経済成長の時代 】

↓コンビナート

4：【 労働時間の国際比較 】

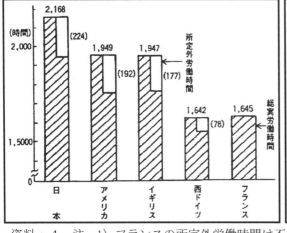

資料：4　注　1）フランスの所定外労働時間は不明。
　　　　　　 2）事業所規模は、日本5人以上、アメリカ全規模、その他は10人以上。
　　　　　　 3）常用パートタイムを含む。
　　　　　　（EC及び各国資料　労働省賃金時間部労働時間課推計）(『平成元年版労働白書』)

歴史 学習プリント〈戦後：5-2〉

■高度経済成長を遂げた日本。しかし、その陰では、どんな問題が起きたのか？ さらに働く人たちの生活に、どんな変化が出てきたのか？ 日本が考えるべき、経済の発展の方法とは？

5：【 四大公害病 】

A：チッソ水俣工場を包囲する原告・弁護団・・・・・・・・・・・・（　　　　　　　　）
B：あまりにも人家に近すぎるコンビナート工場・・・・・・・・・（　　　　　　　　）
C：汚染された水田を調査する総合調査班・・・・・・・・・・・・（　　　　　　　　）

6：【 ゴジラ対公害怪獣（＝　　　　）】　7：【 なくなる自由時間 】

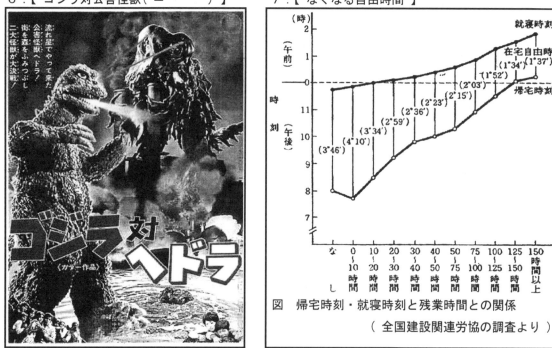

図　帰宅時刻・就寝時刻と残業時間との関係
（全国建設関連労協の調査より）

8：【 西ドイツの学生の主張 】　　　　　　　　　　　　　　『豊かさとは何か』より

「私たちは、南アフリカから輸出される商品を、その背後にある人種差別社会のゆえにボイコットする運動をしています。しかし考えてみると、日本から輸出される安い自動車やコンピューターの背後にも同じ問題があります。自動車を作っている労働者の長い労働時間やウサギ小屋の住居。少ない有給休暇や退職した後の老人福祉の貧しさ。そんな犠牲の上に作られた日本の商品と競争するためには、ヨーロッパの国も同じレベルまで勤労者の生活を落とさねばなりません。

しかし、そうなれば人々が営々と何百年もかけて積み重ねてきた基本的人権や福祉の社会は経済競争のために崩されてしまいます。日本の方が国際社会の進歩に合わせるべきでしょう。

日本人が日本の中だけで生きていくのなら、長時間労働でも何でもすればよいけれど、国際社会の中で生きていこうとするのなら、国際社会のルールに従って欲しい」

歴史 意見プリント 戦後：05〈 経済大国日本 〉

３年　　　組　　　号（　　）班：名前

■次の質問に対して、自分の考えを書いてみよう！

1. 質問

■日本は、企業の合理化や労働者の大変な苦労、そして公害問題など引き起こしながらも「経済大国」と言われるまでに戦後の経済を発展させた。しかし、そんな日本のやり方に対して、西ドイツの学生から「そんなやり方は、やめるべきだ」との意見が出された。はたして、日本は西ドイツのようなやり方をしていくべきなのか？　それとも、その逆なのか？

2. 結論

A：日本は西ドイツなどに合わせるべきだと思う　　B：いや、西ドイツが日本に合わせるべきだと思う

3. どうして、そのような結論を出したのか？（ 自分の考え ）

_____
_____
_____
_____
_____
_____
_____
_____

〈　授業方法・内容について質問・意見・考え・感想などあったら自由にどうぞ！　〉

[101]ベトナムと沖縄

◎ベトナムに介入したアメリカの目的と作戦、そんなアメリカに対するベトナムの抵抗を紹介し、そのベトナムとの関連で、アメリカ軍統治下の沖縄の状況とそこから起きる日本への復帰運動や基地撤去の運動を紹介する。そして、以上をもとに日米両政府が取り決めた返還協定をどう見るか、考えさせる。

1．なぜ二重体児が産まれるようなことになったのか？

※・始めに板書をおこない、南北ベトナムの位置や対立関係を理解しやすいようにする。

①・【資料：1】の写真に写っている赤ちゃんは、何人(なんにん)と言えばいい？

→2人・1人・・・？

②・考えることや食べることを考えると2人のようだが、どこかへ移動することを考えると1人？（赤ちゃんはかわいいけど）2人の将来を考えると、どうなるか不安になる。

・ところで、この子たちが産まれた国は、どこなのか？

→ベトナム・・・

③・ベトナムで二重体児が産まれる原因とは、何だったのか？

→・・・？

④・枯葉剤、つまり除草剤だ。ただし、この枯葉剤の中に ダイオキシン という猛毒性の薬物が含まれていて、微量でも体に浴びると、この赤ちゃんのような奇形やガンを発生させた。

・では、そんな枯葉剤をベトナムに対して使ったのは、どこの国だったのか？

→アメリカ・・・

⑤・アメリカがベトナムに対しておこなった、このときの戦争を何と言うのか？

⇨**ベトナム戦争**

⑥・しかし、どうしてアメリカは、こんな作戦をおこなったのか？

→・・・

2．アメリカは、どのようにベトナムを攻撃したのか？

①・第2次世界大戦まで、ベトナムを支配していたヨーロッパの国は、どこだった？

→・・・フランス

②・ベトナムは、そのフランスと戦って勝利し、北ベトナムに国を建国した。

・その国の正式名称は、何と言った？

⇨**ベトナム民主共和国**

③・このベトナム民主共和国は、社会主義の国として建国された。そのため、アメリカが介入してきて、南ベトナムに国を建て支援した。

・アメリカが支援した、その国の名称は［ 何 ］？

⇨**ベトナム共和国**

④・しかし、ベトナム共和国（南ベトナム）の人たちは「これではベトナムが南北に分裂してしまう」「統一したベトナムをつくるべきだ」と活動を始めた。

・そうしてベトナム共和国（南ベトナム）につくられた民族の解放をめざす勢力を何と言った？

⇨**南ベトナム解放民族戦線**

⑤・アメリカは、その（南ベトナム解放）民族戦線やベトナム民主共和国を、どう見ていたのか。

・アメリカの考えが、【資料：3】に具体的に載せてある！

▷【資料：3】

⑥・アメリカは、（南ベトナム解放）民族戦線やベトナム民主共和国の存在を、社会主義（共産主義）勢力の拡大と見ていた。その結果、「危険である」「たたくべし」となり、（南ベトナム解放）民族戦線をつぶすことに全力をあげた。ところが、アメリカが力を入れれば入れる程、南ベトナム解放民族戦線の勢力は、かえって拡大した。その理由は、（南ベトナム解放）民族戦線の戦い方にあった。（南ベトナム解放）民族戦線は、強力な武力を持つアメリカ軍と正面から戦っても勝てないため、アメリカ軍が攻撃をするとジャングルに隠れた。そして、それを追ってきたアメリカ軍がジャングルの中で

- 174 -

迷うところを狙った。この攻撃によりアメリカ軍は逆にたたかれ、兵力を失っていったからだった。
　・そこでアメリカ軍が考えたのが、どんな作戦だったのか（わかった）？
→ジャングルをなくす・枯葉剤散布・・・
⑦・「ジャングルを全てなくしてしまえ」と、枯葉剤作戦が計画・実行された。
　・その結果が【資料：1】や【資料：2】の写真だった！
▷【資料：1】・【資料：2】

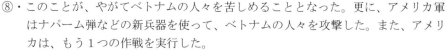

⑧・このことが、やがてベトナムの人々を苦しめることとなった。更に、アメリカ軍はナパーム弾などの新兵器を使って、ベトナムの人々を攻撃した。また、アメリカは、もう1つの作戦を実行した。
　・その作戦で、「南ベトナム解放民族戦線の勢力が拡大するのは、北ベトナムが支援しているからだ」と見たアメリカは、何をおこなったのか？
⇨北ベトナムへの爆撃と軍隊の派遣
⑨・この北ベトナムへの爆撃は北爆と言われ、ベトナムに大変な被害をもたらした。
　・【資料：4】を見ると、その激しさがわかる！
▷【資料：4】＆拡大コピー

⑩・ここはドンロック村、人口2600人。この一つの村は、2507回も爆撃を受け、まるで月世界のようなありさまになった。アメリカは、こうして北ベトナムを攻撃するだけでなく、南ベトナムだけでも一般の民衆を5万人も殺した（それでも、ベトナムは屈しなかった）。
　・そんな頃、1枚の写真が世界に衝撃を与えた！
▷（コピーの提示）
⑪・これは、南ベトナム解放民族戦線の捕虜を路上で射殺する南ベトナム国家警察長官の写真だった。この写真が報道されたことで、「アメリカは、ベトナムで一体何をしているのか」という声が沸き起こった。そして、ベトナム戦争が長引くにつれて、アメリカ国内で「ある変化」が出てきた。
　・それは、どんな変化だったのか（わかる）？
→戦争反対・兵役拒否・・・
⑫・アメリカの若者は兵役を拒否し、「ベトナムへは行かない」と叫ぶなどの動きが広がっていった。
　・そして、アメリカ国内では、若者たちが兵隊の銃口に花を挿して何を訴えたのか？
⇨反戦と平和
⑬・若者たちの反戦の動きは、大きく広がった。そして、日本でも医療品をベトナムに送る、ベトナムから来たアメリカの戦車を修理させないなどの支援行動が続いた。こうして世界各国でも、反戦の声が高まり、アメリカはベトナムから撤退を始め、南ベトナム民族解放戦線が戦争に勝利した。
　・その結果、1976年に何という国が成立したのか？
⇨ベトナム社会主義共和国

3．なぜ、沖縄にアメリカ軍基地があるのか？

①・ところで、先の北爆をおこなったB52爆撃機は、どこの基地から飛び立っていたのか？
→沖縄・日本・・・
②・でも、どうして沖縄に、ベトナムを攻撃するアメリカ軍基地があるのか？
→・・・
③・それは、「ある条約」によるものだった。
　・その条約とは何だったか、覚えている？
→サンフランシスコ平和条約
④・平和条約第3条により、アメリカの統治下にあった沖縄には、アメリカ軍の基地がつくられた。
　・現在でも、沖縄には、こんなにもアメリカ軍基地がある！
▷コピーの提示
⑤・こんなに軍事基地があると、当然、危険なことがある。

・たとえばそれは、どんなこと？
→・・・事故

⑥・そんな事故についての新聞記事が、【資料：6】に載せてある！
▷【資料：6】&コピー

⑦・大量の爆弾を積んだアメリカのB52爆撃機が墜落した。
・場所は、どこ？
→沖縄・嘉手納基地・・・

⑧・朝4時過ぎのこと。沖縄の人たちは、驚いて飛び起きた。大火柱・爆風・地鳴り、100戸以上の家がメチャクチャになり、「戦争だ」と思ったのも無理なかった。
・ところで、このB52爆撃機は、どこへ行こうとしていたのか？
→ベトナム

⑨・アメリカ軍は、ベトナムばかりではなく、沖縄の人にとっても危険な存在だった。B52の基地がある嘉手納村では、当日の午後7時に急いで村民大会が開かれた。
・そこでは、どんな要求が村民から出てきたのか（わかる）？
→基地をなくせ・基地は危険だ・・・

⑩・「B52の撤去だけでなく、軍事基地そのものを撤去すべきだ」と、次々と声が上がった。アメリカ軍機が墜落して、沖縄の住民が被害を受けたことは、それまで何度もあった。だから「1日も早くアメリカ軍の占領をやめさせ、日本に復帰すべきだ」と運動が続けられていた。その運動が、ここにきて「B52を撤去させ、アメリカ軍の沖縄支配を、県民の力で変えさせるのだ」とストライキまで計画される勢いを見せた。商店は店を閉じ、漁民は海上デモ、村では全村休業。そして、何よりも基地で働く人がストライキを実行した。「ストが成功すれば、その効果はベトナムで現れる」と言われた。
・ベトナムで、どんな効果が現れるのか？[気づいたことを出してみよう]
→ベトナム戦争でアメリカが不利になる・ベトナムの力になれる・・・

⑪・軍事基地があると、住民は毎日が不安でしかたがない。だから、そうした意味では沖縄の人たちは被害者だ。
・しかし、毎日爆撃を受けているベトナムの人たちから見たら、沖縄はどんなところに思えるのか？
→自分たちを苦しめるもと・自分たちを殺しに来る基地・・・

⑫・つまり、被害者になるだけではない。ベトナムの人から見れば、沖縄の人は自分たちを攻撃する加害者だった。「ベトナム爆撃の協力者と見られてしまう」「何とかしてB52を沖縄から撤去しなければならない」という事情もあり、運動は盛り上がっていった。そしてついに日本政府も、沖縄の日本復帰についてアメリカと交渉を始めた。ただ問題は、アメリカ側が「日本復帰＝施政権の返還に応じてもいい」という考えに、なるのかどうかだ。もし応じるとしたら、「どんな形で日本復帰を認めるのか」そのことが日本との交渉の中ではっきりしてきた。
・【資料：8】に載せてある！（アメリカが譲りたくない理由は、何番？）
▷【資料：8】

⑬・ここに日本とアメリカの考えが、よくあらわれている。「日米安保条約が沖縄に適用される」とある。この協定内容で進められると、沖縄にアメリカ軍基地が残ってしまう。しかし、日米双方で認められれば、沖縄の日本への復帰が実現する。
・では、この協定内容、これで良いのか？　これでは良くないのか？
・A：この協定内容でいいのではないかと思う人[挙手]！
▷（ 挙手による人数の確認 ）
・B：この協定内容では良くないと思う人[挙手]！
▷（ 挙手による人数の確認 ）
・班内ではなしあい[3分間]！
▷班内でのはなしあい
※・この後、班内でのはなしあい　→　学級全体の討論へと進める

<参考文献>
安井俊夫「がんばれドクちゃん」「沖縄の願い」『歴史の授業108時間 下』地歴社

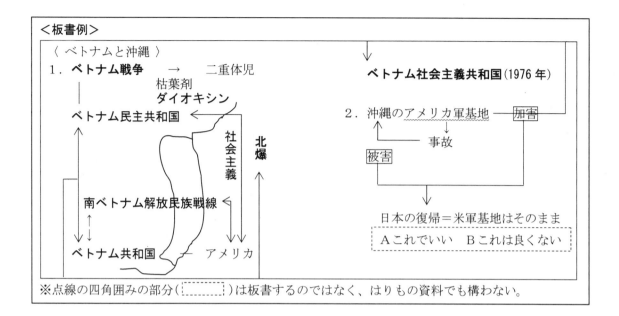

※点線の四角囲みの部分（▭）は板書するのではなく、はりもの資料でも構わない。

★授業〈 ベトナムと沖縄 〉について

　この授業案は、ベトナム戦争と沖縄復帰の2つの授業内容を扱っている。この2つは、本来は2時間で取り扱ってもいい内容である。それを1時間の授業でおこなっているために、授業内容が薄くなってしまっている印象はある。

　しかし、世界の大きな出来事は日本も必ず関わりがあること、沖縄の基地問題はどういう歴史があるのかを理解させ考えさせるために、あえて2つの内容を1つにまとめた方がいいのではないかと判断して、1時間扱いの授業とした。

　特に、沖縄の基地問題については現状からでは、その問題の大きさがわかりにくいこともあるため、現実の戦争などと結び付けて教える方が、生徒に理解しやすいと考えている。また、アメリカ軍の基地が沖縄に存在する理由としても、ベトナム戦争との関係で教える方が理解させやすいという意味もある（現状では、北朝鮮や中国などとの関係で教えた方が生徒の理解に結びつきやすいかもしれないが）。そのため、多少強引な感じを持ちながらも1時間扱いとしている。

歴史 学習プリント 〈戦後：6−1〉

■アメリカは、なぜベトナムに武力介入をしたのか？　また、どんな方法で、武力介入したのか？　ベトナムの人たちは、どんな抵抗をしたのか？　ベトナムは、アメリカに何を教えたのか？

1：【 二重体児の赤ちゃん 】

↑・この子たちが生まれた国は、どこなのか？
・なぜ、こんな姿で生まれたのか？

2：【 枯葉剤の大地 】

3：【 アメリカのねらい 】

（『ベトナム秘密報告書（上）』サイマル出版会より）

目　的
(1)　東南アジアの諸国が共産主義の勢力範囲に入ってしまうことを防ぎ、かつ、これら諸国が国の内外における共産主義に抵抗し、自由世界の強化に貢献する意思と能力を高めるのを援助する。

全面的考察
(2)　東南アジア全域が共産主義に支配されることは、どのような手段によるものであれ、短期的にはアメリカの安全保障上の利益を大きく危険にさらし、長期的には死活的な危険にさらす。
　(a)　東南アジア諸国のうち一国でも共産主義侵略によって失われることは、死活的に重要な心理的、政治的、経済的結果を招くだろう。効果的かつタイミングのよい対抗措置を取らなければ、一国が失われれば、恐らく同地域の残りの諸国も比較的速やかに共産主義に屈服するか、または共産主義に同調することになるだろう。さらに東南アジアの残りの国とインドが共産主義と同調することはまた、より長期的には、中東（少なくともパキスタンとトルコは恐らく除かれるだろう）をも十中八九まで共産主義に徐々に同調させることになるだろう。こうした共産主義との同調が拡大すれば、ヨーロッパの安定と安全は危険にさらされる。
　(b)　東南アジア全域を共産主義が支配することは、太平洋の大陸沿いの島々におけるアメリカの基本的な安全保障上の利益に重大な危険をもたらすだろう。

4：【 北爆で消えた村 】

B52 爆撃機の編隊

歴史 学習プリント 〈戦後：6-2〉

■米軍の占領が続く沖縄で、何が起きていたのか？ 住民はどう取り組んだのか？ 沖縄の基地から爆撃機がベトナムへ飛び立っていた。そんな沖縄とは、いったい・・・？

5：【 飛び立つB52爆撃機 】

※このB52爆撃機は、どこの基地から飛び立ち、どこへ攻撃に向かっているのか？

6：【 まるで戦争だ 】　朝日新聞 1968.11.19 夕刊

「戦争か」おびえる住民　沖縄のB52爆発

夜空を突破る大火柱　爆風と地鳴りに飛出す

B52が墜落、炎上　嘉手納基地

爆風、百余戸に被害　ベトナムへ離陸直後

毎日新聞 1968.11.19

7：【 沖縄の願いは実現されたのか？ 】

沖縄、26年ぶり復帰確定　来年4月実現を目標

日米両外相が協定に調印

縮小せぬ軍事役割

極東戦略拠点に残る

8：【 返還協定の要点 】

1. アメリカは講和条約で委ねられた沖縄の施政権を日本に返還し、日本はこれを引き受ける。
2. 日米安保条約など日米間の取り決めは、そのまま沖縄に適用される。
3. 日米安保条約によって、日本はアメリカに対し沖縄の基地の使用を許可する。
4. アメリカ軍占領下で起きた住民被害などに対して、日本は請求権を放棄する。
5. アメリカ軍占領下でおこなわれた裁判は、刑事裁判・民事裁判とも日本はその効力を認める（やり直し裁判などは、おこなわない）。

歴史 意見プリント 戦後:06 〈 ベトナムと沖縄 〉

3年　　組　　号(　)班:名前

■次の質問に対して、自分の考えを書いてみよう！

1. 質問
■アメリカの統治下に置かれ軍基地を強制的につくられた沖縄では、長い間、日本への復帰運動が続いていた。そして、やっと日本復帰が実現するときの協定内容は、「引き続き基地を残し」、「それまでのアメリカ軍からの被害については、沖縄（日本）には請求権がない」というものだった。では、この協定内容を認めるのか？ それとも、協定内容を拒否するのか？ 日本としては、どうすべきなのか？

2. 結論

A：日本復帰をさせるためなら認めるしかない　　B：日本復帰は望むが、この協定内容ではよくない

3. どうして、そのような結論を出したのか？（ 自分の考え ）

_____

_____

_____

_____

_____

_____

_____

〈 授業方法・内容について質問・意見・考え・感想などあったら自由にどうぞ！ 〉

第2部 授業方法
―授業方法再考―

1 問題プリントの答え合わせのやり方の変更

❖答え合わせに時間がかかり過ぎる場合
　近年、授業前段での問題プリントの答え合わせのやり方を変えるときがある。それは、これまでのような方法では、時間がかかり過ぎることがあるからだ。では、どのような方法に変更するのかといえば、答え合わせそのものをおこなわないか、あるいは教師がおこなう形にする。どちらの方法を取るのかは、授業の状況によって決めている。
　問題プリントは教科書の文章からつくっているため、余程のことがない限り答えがわからないことはない。だから授業前段での答え合わせを省いても、授業内容に関しては大きな問題はない。授業で発言を引き出すための雰囲気づくりには多少影響は出てくるが、授業全体を考えると致し方ない面がある。

❖答え合わせをしない場合の一斉問答
　問題プリントの答え合わせをおこなわない場合には、各班からの疑問・質問もなくなる。社会科係による一斉問答もおこなわない。そうした活動の代わりに、その日の授業で一斉問答として取り上げる問題の答えをカード（Ｂ４判の上質紙の横長半分の大きさ）に書いて、黒板の両端に貼る。生徒は、その貼られたカードを見て、問題プリントの中からその語句（＝答え）を探し、答えの問題番号を□（四角）で囲んでいく。そして、授業中に教師から一斉問答のための発問があったときに、生徒は問題プリントでのその答えを見るか、黒板に貼ってあるカードを見て一斉発言をおこなう。
　こうした活動をおこなうためには、教師は授業が始まる前には教室に入り、黒板にカードを貼ったり、部分的にでも虫食い板書を済ませておかなければならない。
　最近は問題プリントの答え合わせを教師がおこなうことが多いが、その場合には、班からの疑問や質問の受け付け、一斉問答も教師がおこなっている。これは、社会科係に担当させていたことを教師がおこなっているに過ぎない。しかし単なる交代では意味がないため、一斉問答の質問文は、問題プリントに書かれている文章を短くして読むなどの工夫をして、少しでも授業の時間を確保している。
　こうして問題プリントの答え合わせのやり方を変更していくと、そこでおこなっていることが「答え合わせ」ではなくなってきたため、現在では問題プリントの「答えの確認」という名称に変更している。

2 社会科係の仕事の変更

❖本来の方法が理想
　本来ならば、社会科係の仕事も学習集団の指導のために必要な活動の１つである。それは、生徒が自分たちの手で授業を始めていくように指導ができるからだ。しかし、授業がうまく流れない学年、あるいは年度によっては、授業前段での時間を短くして、授業での学習時間を確保することが必要になる。
　もっとも、簡略するとはいっても、教師が１年間やっていく場合もあれば、途中で社会科係に任せていく場合もある。どちらの方法でいくのかは、これも授業の状況を見て決めている。
　ただし、授業前段に一斉発言により生徒の全員に大きな声を出させていた方が、授業での発言を引き

出しやすいことは事実である。その方が授業中の発問に対しての反応（発言）はよい。それは、問題プリントに書いた答えや黒板に貼られた語句のカードを目で見て確認するだけでは、授業中の発言という具体的な行動に結びつきにくいからである。やはり、声を出すという行為が大事になっている。

　生徒の多くの声が響き楽しい雰囲気の授業を作り出すには、社会科係が教室の前に出て、学級の全体を動かしていく本来のやり方の方が効果がある。ただ良いとはわかっていても、教室の状況しだいで工夫して授業をおこなっているのが現状である。

❖ 試験対策の方法

　問題プリントの答えの確認を省いてしまうと、社会科係の仕事である「各班での問題プリントの答えの確認を進める」→「各班からの疑問・質問に答える」→「一斉問答をおこなう」までの流れも省くことになる。当然、社会科係との事前の打ち合わせもおこなわない。

　しかしそうすると、社会科係の仕事がなくなってしまう。ただし、単元テストや定期・実力テストなどの試験はあるため、社会科係は、授業が終わったら教師のところへ来て、テストに出る問題を教えてもらっている。そして、そこで教師から教えてもらった問題については、社会科係が学級での帰りの会のときに生徒全員に知らせている。こうした形で、1つでも社会科係りの仕事を残している。

　全ての仕事を無くしてしまったら、社会科係の存在が不要なものになってしまい、その後に社会科係に仕事を委譲していくこともできなくなる。それでは学習集団の指導の発展の芽を摘み取ってしまう。

3　意見プリントの形式の変更

❖ 意見プリントが書けなくなってきた

　授業では話し合い活動（はなしあいや討論）をおこなっているが、最後には、生徒個人の考えを意見プリントに書かせている。授業の最後を個人の活動にしているのは、授業の目的は話し合い活動の実施自体ではなく、その結果を個人の力として身に付けさせることにあるためである。そこで、「もっと意見（考え）を深めさせることはできないのか」と考えてみた。というもの、年々、意見プリントに書かれる内容・文章量が薄く少なくなっていることが気になっていたからだった。

　近年、生徒の書いた意見プリントを読んでいると、どんな出来事に対しても当てはまるような文章、事実が取り上げられていない文章、単なる思い付きの文章などの感想文的な文章が多く、事実にもとづく意見が書けなくなっているような傾向が見られる。そこで意見プリントの形式を、次の（意見プリントへの工夫例：1を参照）ように変更してみた。

❖ 語群の中のキーワード

　この工夫では、意見の中に事実を取り入れさせるために、授業で取り扱った歴史的事実をキーワードとして載せるようにした。キーワードは、本時（語群Ⅱ）と前時まで（語群Ⅰ）の2種類を載せるようにした。生徒には、授業の最後に意見プリントを書くときには、必ずその語群の中に書かれているキーワードの中から、最低1つの事実を取り出して文章に書き入れるように指示している。これは、授業で学んだ内容を、必ず意見の中に書き入れさせるためである。

　意見の形成の仕方から考えると、本来ならば3つ以上の歴史的事実を取り上げる必要があると考えてはいるが、そのことを条件にしてしまうと意見を書けない生徒が出てくる。そのため、「最低1つ」という条件に止めている（ただし、そのことすら難しい生徒がいるのも現実である）。

　なお、3つ以上の歴史的事実を取り上げる必要があると考えるのは、1つの歴史的事実だけでは、たとえば賛成・反対の結論は出せないからである（取り上げた事実以外に、その事実より大きな意味を持つ事実が存在する場合もあり得る）。2つの歴史的事実を取り上げたとしても、その2つが矛盾する

（あるいは対立する）こともある。そのため、最低でも３つの事実を取り上げて考えをまとめ結論を出すことができれば、事実を踏まえ、矛盾のない意見を形成することができると考えている。

❖意見プリントへの工夫例：１

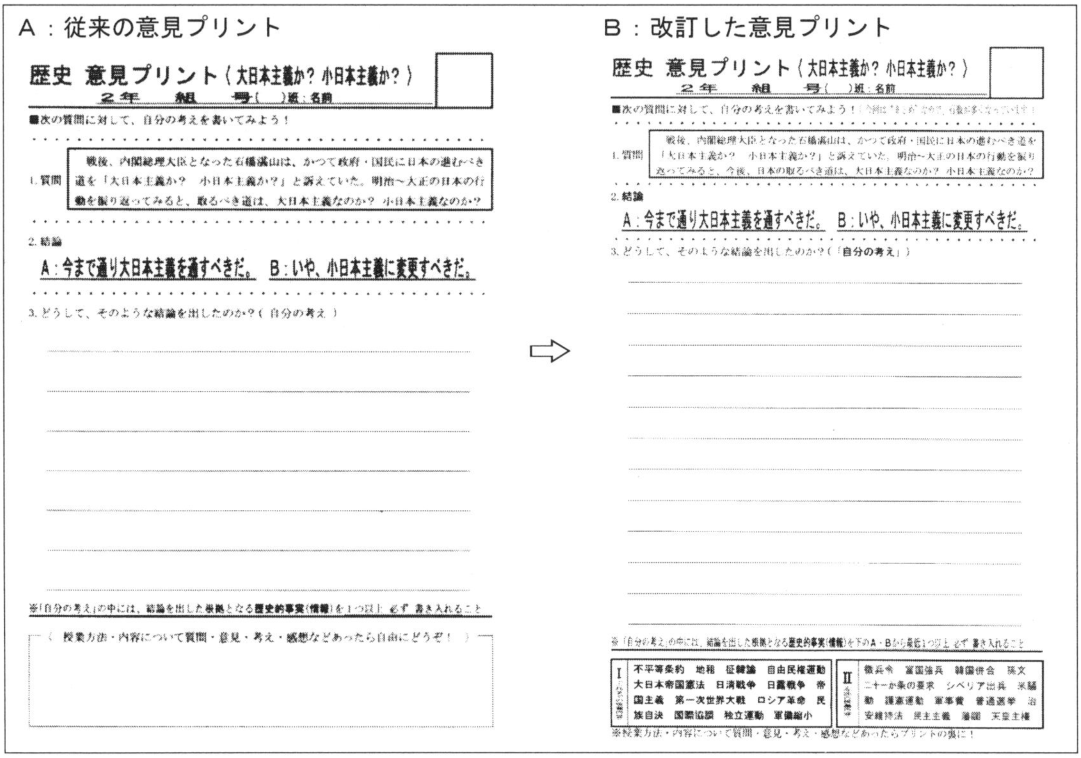

❖２つの語群

語群Ⅱのキーワードは、その日の授業に出てきた歴史的な事実やそれらの事実をつなげて考えていく場合に必要な語句を載せている。語群Ⅰのキーワードは、語群Ⅱと同じ視点で選んだ内容を載せているが、ここには、その日の授業以前の授業で出てきた歴史的な事実などを載せている。そのため、語群Ⅰと重複する語句（歴史的事実）は載せないようにしている。

その１時間の授業のみを考えれば、意見を書かせるのには語群Ⅱだけでもよい。しかし、そこにあえて語群Ⅰを設けているのは、単元を１つのまとまりとして授業内容を考え、１時間ずつの授業をつくっているからである。１つの単元として授業内容の繋がりを意識させることを、あるいは前の単元との繋がりを意識させることを目的としているために、２つの語群の欄を設けている。

❖概念図を書く

次に、取り出したキーワードを使って概念図を描かせるようにしてみた（意見プリントへの工夫例：２を参照）。概念図だから、事実のつながりをつくるためには１つの語句（歴史的事実）だけでは描けない。キーワードは語群Ⅰ・Ⅱの中から最低１つは取り出すのだから、それ以外は自分が必要だと思った言葉を使うことになる（あるいは、語群の中から２つ以上の言葉を取り出すことになる）。

語句（歴史的事実）を使って概念図を描くスペースには、（自分として）肯定的事実（左側）なのか、それとも否定的事実（右側）なのかを意識できるように（左・右の）スペースを指示した。なお、どちらとも判断がつきにくい場合には、その中間スペースに描くようにさせた。

その作業をおこなうことにより、生徒は、文章として表現する前に、一度おおまかに自分の考えをまとめることが必要になる。つまり、概念図を描くことで自分の考えをまとめ、その図をもとに自分の意

見を文章として表現させるようにした。
◆ 意見プリントへの工夫例：2

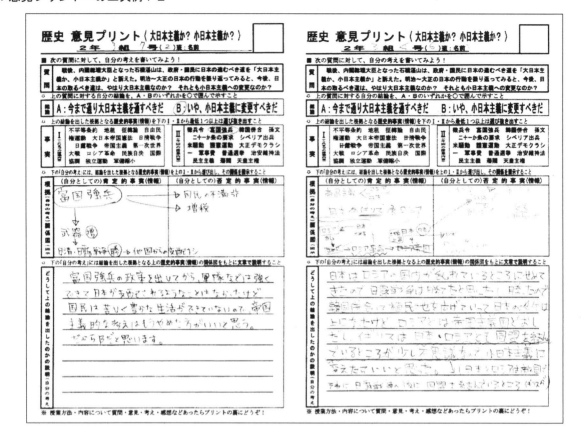

◆ キーワードと概念図を設けた理由
　キーワードとなる語群（歴史的事実）を意見プリントに載せるようになった理由は、試験問題に出題されることのある、「次の言葉を使い、簡単に説明しなさい」などの問題の応用として思いついたからでもあった。そのためキーワードには、その日のとその日までの授業内容から重要な事柄（歴史的事実）を選んで載せるようにした。
　また、自分の意見を書く場合に、語群の中からキーワードを選び、選んだキーワードを使ってまず概念図を描かせるようにしたのは、あるTV番組を見ていて思いついた方法だった。その番組では、おバカタレントと呼ばれていた出演者が、自分の考えを図として描くことで視覚化した上で、一生懸命に自分の考えを伝えるために図の説明をしていた。それを見ていて、「なるほど、こんな説明の仕方・自分の考えの表現方法があるのか」と気づかされた。そしてそれが、以前聞いたことのあったＰＡ（パフォーマンス・アセスメント）と似ていることを思い出し、その応用として考えてみた。
　この変更の結果、生徒たちの書く意見（＝文章）の中に事実が取り上げられるようになった。そのことが文章量の増加や内容の深まりにつながったようだった。

◆ 評価の基準
　意見プリントへの工夫がＰＡ（パフォーマンス・アセスメント）からの発想だったため、評価基準（ルーブリック）の作成についても取り組んでみた。
　初めは、授業毎の評価基準を授業案に沿った形で作ろうと試みた。しかし、評価基準を授業毎にいくつか作っていく段階で断念した。それは、１つの授業の評価基準ができあがる前に、次の授業へと進んでしまうからだった。つまり現実的には、評価基準を作る時間が取れなかったのである。

こうして授業毎の評価基準をつくることは、現実的には不可能と感じたため、毎時間の授業で共通に使える評価基準を作ることにした。その結果、次のような表としてまとめた。

Ⅰ	概念的知識		手続き的知識		推論とストラテジー		コミュニケーション	
Ⅱ	事実		方法		考え(方)		伝え方	
Ⅲ	・事実の取り出し		・取り出した事実と考えの結びつき		・事実と考えから導き出される結論の妥当性		・文章(関係図)での表現	
Ⅳ	・学習内容の中の事実が正しく理解され、(3つ以上)取り出されているのか?		・取り出した事実から本当に考えられることなのか?		・事実及びその事実から考えたことから導き出される結論になっているのか?		・考え(方)や結論が、きちんと相手に伝わる文章等になっているのか?	
Ⅴ	A＝a1, a2, a3,		A→B		(A→B)⇨C			
	3	a1, a2, a3,	1	A→Bの関係になっている	1	Cに妥当性がある	1	きちんと伝わる表現になっている
	2	a1, a2,						
	1	a1	0	A→Bの関係になっていない	0	Cに妥当性がない	0	きちんと伝わる表現になっていない
	0	事実なし						

❖算数の評価基準を応用する

　参考にした評価の項目(→表Ⅰの項＝概念的知識・手続き的知識・推論とストラテジー・コミュニケーション)は、算数の授業でのものだった。そのため初めは、それらの項目が社会科で当てはめられるのかどうかを考えてみた。

　まず「概念的知識」は、事実の取り出しのことなので、これは算数でも社会科でも同じものであり、単純に「事実」と考えた。次に、「手続き的知識」は、算数では問題を解くための(公)式のことなので、「方法」と考えてみた。「推論とストラテジー」は「考え(方)」ととらえることで、社会科での応用は可能だと判断した。「コミュニケーション」も同様であり、これは「伝え方」と考えた(→表Ⅱの項＝事実・方法・考え(方)・伝え方である)。ただし、これでは表現が単純過ぎてわかりくくもあったので、もう少しわかりやすく表Ⅲ・Ⅳの項のような表現に変更した。まとめると次のようになる。

- 事実＝事実の取り出し＝学習内容の中の事実が正しく理解され、(3つ以上の事実が)取り出されているのか?
- 方法＝取り出した事実と考えの結びつき＝取り出した事実から、本当に考えられることなのか?
- 考え(方)＝事実と考えから導き出される結論の妥当性＝事実及びその事実から考えたことから導き出される結論となっているのか?
- 伝え方＝文章(あるいは関係図)での表現＝考え(方)や結論が、きちんと相手に伝わる文章(あるいは関係図)になっているのか?

　以上のように考えていけば、算数の評価基準でも社会科での応用は可能だろうと判断した。ただこの中で、「方法」に関しては少し悩むことになった。というのは、この方法とは、もともとは算数の問題を解くための(公)式のことだったのだが、はたして社会科に問題を解くための(公)式があるのかということを疑問に思ったからだった。そのとき、大西忠治氏が授業での討論について書かれていた中に、三段論法の論理を使うことの重要性があったことを思い出し、その応用として三段論法的な思考方法を当てはめてみることにした。つまり、A(事実)→B(考え)⇨C(結論)という形式(→表Ⅴの項)を、その(公)式として考えてみたわけである。具体的には、次のようなことである。

　「まずAである(事実・情報・データを示す)」。ここでは、A＝a1, a2, a3・・・と3つ以上の事実を取り上げる必要があると考えた。それは、このとき取り上げる事実がa1と1つしかないと、そ

の事実だけで判断ができるかどうかが断定できないからである。だからといって、取り上げた事実がa_1・a_2と２つだと、その２つの事実が相反する事実の場合もあり得るので、その場合には結論が出せなくなる。そこで評価する基準には、３つ以上の事実が必要だと考えたしだいである。

そして次に、その「Ａという事実からＢということが考えられる（論拠を示す）」。つまりＡ → Ｂという形を考えた。ここでは「Ａ → Ｂと結びつくのか」「それで矛盾はないのか」を基準にした。

そして最後に、「（Ａ → Ｂ）だからＣということが推論できる（結論に至る）」かどうかを基準にした。こうした考えにより、「Ａ（事実）よって Ｂ（考え）、だから Ｃ（結論）」となる形で表現し伝えることを式＝方法として設定した。

```
  事実    よって   考え   だから   結論
（ Ａ  →   Ｂ ）  ⇨   Ｃ
```

❖ Ａ→Ｂ⇨Ｃ

たとえば、「核抑止論は正しいのか（質問）」に対して、「Ａ：核兵器の持つ破壊力・影響力・現状についての情報を知る（事実）。―(よって)→ Ｂ：そうした破壊力などを考えると、核兵器とは一瞬にして多くの人間を殺してしまう恐ろしい兵器である。核兵器を持つ国は、核兵器の使用を前提にしている。使えなければ兵器として造らないからだ。現在の世界情勢は紛争や対立が続いていて、大きな戦いに発展する可能性は大きい（考え）。＝(だから)⇨ Ｃ：戦争に発展した場合には、保有している核兵器が使用されることになる。だから、核抑止論は正しいとは言えない（結論）」という形で自分の意見を書くように、生徒に対しては説明をおこなったりする。これは説明のための例にすぎないので、「原子力発電所は必要なのか」でも「消費税は10％が望ましいのか」などを例として挙げて説明しても構わない。

❖ 意見プリントを読む場合の評価基準

Ａについては、次のことを評価基準とした。
- 質問に対する適切な事実の取り出しになっているのか？（いないのか？）
- 単なる事実の羅列になってしまっていないか？
- その事実を取り出すことに必然性はあるのか？

Ｂについては、次のことを評価基準とした。
- 取り出した事実（Ａ）から、本当に考えられることなのか？（考えることができるのか？）
  つまり、 Ａ → Ｂ という関係が成り立っているのか？（矛盾はないのか？）

Ｃについては、次のことを評価基準とした。
- Ａ → Ｂ という関係から導かれる結論になっているのか？（矛盾なく成り立っているのか？）
- 結論が、あやふやになってはいないか？
- Ａ → Ｂ ⇨ Ｃ という形式に関係のない、単なる感想文的文章（説明）になっていないか？

以上を評価基準として考えてみた。しかし結果としては、ＰＡでいうところのルーブリックとは違うものとなってしまった。それでも、意見プリントに書かれた内容を評価する基準には使えるため、この評価基準は、その後も使い続けている。次に載せているのは、意見プリントの質問と生徒の意見である。

❖ 生徒の意見

現代：03〈 社会主義国の誕生 〉より（意見プリントの形式変更前）

◇日本は、シベリア出兵により日露戦争に続く２回目の戦争をロシアとおこなった。では、このとき日本は、もっと軍隊を派遣すればよかったのか？　シベリア出兵などやめておけばよかったのか？

- 第一次世界大戦終了後にイギリスなどから恨まれていたから、同じ資本主義として社会主義を潰して、仲を取り戻すことができるかもしれないから。

（③：大柳）

- ここでもっと軍隊を派遣した方が、この戦争で日本が勝ったら他の国に「日本が強い」とまた見せつけられるから。　　　　　　　　　　　　　　　　　　　　　　　　　　　（⑤：里見）
- もっと軍隊を派遣して力をつけておけば、イギリスから攻められても対応できるし、戦争になっても勝てると思う。　　　　　　　　　　　　　　　　　　　　　　　　　　　（④：山田）

現代：07〈 大日本主義か？　小日本主義か？ 〉より（ 意見プリントの形式変更時 ）

> ◇戦後に内閣総理大臣となった石橋湛山は、かつて政府・国民に日本の進むべき道を「大日本主義か？　小日本主義か？」と訴えていた。明治～大正の日本の行動を振り返ってみると、取るべき道は、大日本主義なのか？　小日本主義なのか？

- 日本は日清戦争・日露戦争などの戦争で勝って、帝国主義をやり、植民地もいろいろ持つようになったから、今までの動きは、日本にとっていい方向に向かっていると思う。だから、今までの通り大日本主義を通すべきだと思う。　　　　　　　　　　　　　　　　　　　　（③：大柳）
- 日本は、今まで大日本主義でやってきたけど、それでいろんな国に手を伸ばして二十一か条の要求を突きつけたり、シベリア出兵など他の国も日本も苦しんでいるし、日本の中で不満がたくさん出てきているし、このまま大日本主義ではやっていけないと思う。
  だから、小日本主義で国民の意見をちゃんと聞いたり、小さなことからやっていって、日本に平和を導いた方がいいと思うから。　　　　　　　　　　　　　　　　　　　　　　（⑤：里見）
- 今までの政治は、国民の負担になるようなことばかりで、富国強兵と言っても兵力は強くなったかもしれないけど、国が豊かになったりはしていないと思うので、これからは国民のことを考えて、国を豊かにしていく方がいいと思う。　　　　　　　　　　　　　　　　　　　（④：山田）

15年戦争：13〈 にんげんをかえせ 〉より（ 意見プリントの形式変更後 ）

> ◇一瞬にして多くの人命を奪ってしまった原爆。その原爆の被害は、現在も続いている。原爆投下から23年もたったある日、広島に住む名越史樹くんは「ぼく、もっと生きたかった」と言い残して死んでいった。お母さんは『どんなにあやまっても、あやまり切れません』と言ったが、史樹くんにあやまるべき"本当の人物"は誰なのか？　また"あやまる"とは、どんなことをすることなのか？

- 日本軍部・日本政府が、謝るべきだと思う。日本軍部が日中戦争・太平洋戦争などをやらせてきたから、ポツダム宣言が出された。
  でも政府が黙殺して、原子爆弾が投下されて、史樹君の死につながった。だから、戦争をやめるということが謝ると言うことだと思う。　　　　　　　　　　　　　　　　　　（⑤：大柳）
- 日本の天皇や政府が謝らないといけないと思う。
  日本が戦争を作り出して、日本はポツダム宣言を黙殺したので、アメリカが早く戦争を終わらせるために原子爆弾を投下したので、日本が戦争をしなければ、こんな事にはならなかったと思うし、戦争をもう二度としないことが謝ることだと思う。　　　　　　　　　　　　（①：里見）
- 謝らないといけないのは、日本政府や日本軍だと思う。
  日本が最初から戦争しなければ、東京大空襲を受けることも原爆が落とされることもなかったと思う。けど、もうしてしまったことなので、これからは二度と戦争しないことが謝ると言うことだと思う。　　　　　　　　　　　　　　　　　　　　　　　　　　　　　　　　（⑤：山田）

　ここで紹介している生徒の意見は、授業時期や授業内容が違っているために、単純に比較はできない。また文章の書き方指導はおこなっていないので、文法的におかしな文章もある。ただ、ここに紹介していない意見を含めて、意見プリントの形式を変更したあとは、全体的には事実の取り上げや文章量が増え、内容的にも深まりが感じられるようになっていったことは事実である。

　この変更した意見プリントの形式は、かなり有効な方法だとは感じながらも、関係図を描き自分の考えを表現する方法では、図を描くための時間がかかってしまうという難点があった。そのため授業がうまく流れないと、関係図を描くための時間の確保が難しくなり、途中でやめざるを得なかった。そのた

め現在は、関係図を描く部分を除いた形式のもの（意見プリントへの工夫例：１）を使用している。

4　グループ活動再考

❖討論まで生徒の集中が続かない

　班内のグループの活動については、第①巻第２部「授業方法」で一度説明をしているが（詳しくは、第②巻「★授業〈貴族と百姓〉について」の中で説明している）、もう少し具体的に紹介する。

　授業では、生徒の全員が参加できることを考えている。そのため授業は基本的には問答で進めていき、ほぼ毎時間話し合い活動（はなしあい・討論）を実施するようにしている。そして、その話し合い活動は、１時間の授業の最後の場面に位置付けてきた。つまり、討論の場面を授業の山場として設定し、そこまで生徒を問答などで引っ張っていくというイメージである。ところが生徒の様子を見ていると、次第に話し合い活動に至るまでの途中が、問答だけではもたなくなっていることを感じるようになった。つまり、生徒の集中が続かないという現実が出てきた。

　そこで、討論に至るまでの途中の段階に何か活動を入れることの必要性を感じ、グループ毎の「はなしあい」や「討論」を入れることを考えてみた。その場合の理想的な流れとしては、１時間の授業の中で２回程度のグループでの話し合い活動（はなしあいや討論）を実施して、最後のまとめの段階で班毎のはなしあいから学級全体への討論へと広げられるようにした。

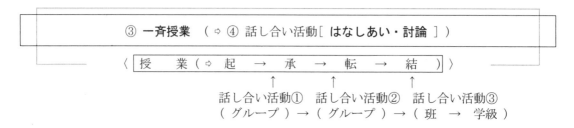

　授業の流れとしては、上図に書いているような形で２回のグループでの活動（＝グループでのはなしあいや討論）が入るように授業づくりを進めるのである。こうして、１時間の授業において３回の話し合い活動を実施することで、生徒を授業に参加させていくようにした。ただし、全ての授業において３回の話し合い活動が設定できるわけでもないし、必ず設定しなければならないということでもない。

❖グループでの話し合い活動

　グループとは１つの班を２つに分けたもので、黒板に向かって左側をAグループ、右側をBグループとしている。グループでの話し合い活動では、班での話し合い活動の場合とは違って、「はなしあい」と「討論」とで多少の違いを設けている。

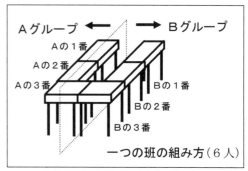

　グループでの「はなしあい」では、教師からの二者択一の発問に対して、いずれの立場でもよいので意見を述べるだけとしている。つまり、グループの生徒が自由に意見を出し合うだけなので、「はなしあい」としている。それに対して、グループでの「討論」では、二者択一の発問に対して、必ず２つの立場での意見を述べるように指示している。グループ内で両方の立場から必ず意見を出させるのは、その後の発表で、必ず対立する意見を述べさせるためである。だから、グループでの「はなしあい」ではなく、グループでの「討論」とした。

❖ グループからの発表

　グループでのはなしあい（討論）では、その発表のさせ方に一工夫している。発言方法は指名発言でおこなっているが、このときの指名発言の方法は、次の3つを使い分けている。それは、①個人（1人）発言・②ペア（2人）発言・③グループ発言の3つの指名方法である。グループや学級全体のはなしあい（討論）の様子を見て、いずれかの方法で指名して発言をさせている。

　①の個人（1人）発言とは、個人（1人）を指名する方法である。たとえば、「Aの1番の人、起立」と個人を指名する。そして、指名を受けた生徒が個人で発表する。この場合の発表内容は、自分の意見でもよいし、グループでのはなしあいで出てきた他の生徒の意見でもよいとしている。

　②のペア（2人）発言とは、グループ内の2人をペアで指名する方法。たとえば、「Aの1番とBの1番の人、起立」とペアで指名する。指名をされたら、2人のうちどちらかが意見を発表して、座る。

　③のグループ発言とは、AまたはBのグループを指名する方法。たとえば、「Aグループ全員、起立」とグループを指名する。そして、グループ全員が起立をしたら、そのグループ内の誰か1人が意見を発表して、その後全員が座る。

　こうした指名発言をおこなっているのは、発言することが苦手な生徒が指名された場合でも、一緒に指名を受けた生徒が発言をしてくれることを狙ったり、グループでの話し合い活動が上手くおこなわれていないときなど、きちんと意見を出し合わないと困るということを生徒に実感させるためである。

　グループでのはなしあいの後の発表では、1つ前に述べられた意見に関係なく、自由に発言してよい。それに対して、グループでの討論では、1つ前に述べられた意見に対して、必ず反対意見を発言しなければならない。反対意見が出せない場合には、発言は後回しにされ、もう一度1番最後に指名を受けることになる。その間は他の班が指名され意見を述べていくので、そのまま立って待っておかなければならない。そうならないためにも、グループ内で必ず反対意見を出しておかないといけなくなる。

　ただし、はなしあい・討論のいずれの場合でも、1番初めに述べる意見は、自由に発言してよいことにしている。だから、最初に発言する方が意見を言いやすいことになる。このやり方でいくと、「どうせ意見を言うのなら（言わされる（？）のなら）、自分が言いやすいときの方がいい」との感覚が働くのか、あるいは、発言があまり得意ではない生徒が指名をされている場合などには、最初に意見を述べる（あるいは、述べてしまおうという）生徒が必ず出てくる。最初に口火を切る生徒がいて発言がおこなわれると、その後が続きやすくなりスムーズな発表になっていく。

❖ グループの構成人数が違う場合の指名発言の方法

　ところで、全ての班に同じ指示で指名発言をさせようとしても成り立たない場合がある。たとえば、5人班の場合とか班内に欠席者がいた場合などには、ある班にはBグループに2人しかいない（つまり、Bグループの3番にあたる生徒がいない）こともある。そうなると、一律に「Bグループの3番（起立）！」という指名発言の指示が成り立たなくなる。右の図でいうと、Bグループには2人しかい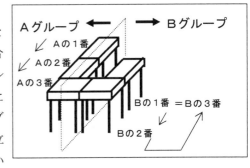ないので、「Bグループの3番（起立）！」という指名はできない。そこで、そうした場合には、折り返して番号を数えさせるようにしている。

　図で言えば、Bグループの前の方から1番、2番と数えていくと、Bグループには2人しかいないので2番で終わってしまうが、そこで、2番で数えるのをやめるのではなく、2番から折り返して数えさせ、次を3番とさせる。つまり、Bグループの1番を、今度は3番として数えさせる。この数え方でいけば、班によりグループ内人数のバラつきがあっても、一律な指示での指名発言ができることになる。

あとがき

　新採の頃、うまく授業をすることができず、「早く授業が上手にできるようになりたい」という願いを持っていた。その願いは、未だ十分に叶えられたとは言い難い。そのため、少しでも上手に授業ができるようにと、今でも日々取り組んでいる。

　授業が上手にできるようになるために勉強したり、生徒が楽しく感じられる授業をするために、いろいろな工夫を考え出したり、教材を見つけたりすることは、楽しくもあり、また苦しいことでもある。そうした思いもあり、つたない実践ではあるが、同じことに悩み取り組んでおられる社会科の先生方のお役に立てればと思い、私の授業について紹介をさせてもらった。

　私の授業づくりは、そのほとんどを安井俊夫氏の著書から学んでいる。そして、授業方法や学習集団の指導については大西忠治氏の著書から、授業内容（特に討論での論題など）については網野善彦氏の著書から、それぞれ学ばせてもらった。

　また、授業方法については、社会科以外の教科の指導法も参考にさせてもらった。具体的には、理科では仮説実験授業でおこなわれている仮説を立て予想し討論をおこない、そして実験で確かめる授業方法が大変参考になった。国語科で参考にさせてもらった実践には、科学的「読み」の授業研究会での文章（資料）の読み方と学習集団の指導がある。特に大西氏の模擬授業を受けた経験は、貴重な体験となった。その他、英語の授業からもカードの使い方や発言の仕方など参考にさせてもらったことは多い。

　そうした他教科から学ぶ場合に心掛けてきたことは、「まずは実践してみること」だった。教科は違っても、授業するという関わり方は同じなので、「これはおもしろそうだ」「これは使えそうだ」と思った授業方法については、実際に試してきた。

　これまでを振り返ってみると、ここに書いてきた実践を通して現在の私の授業がある。やってみて、「上手くいった」「いかなかった」「ここを修正しよう」「これは諦めよう」などいろいろとあったが、まずはやってみることが大切だった。やってみる、つまり実践することで、その方法の有効性や限界や不備などがわかってきたからだ。このことは逆に言えば、実践してみなければ、いつまでもわからなかったということでもある。

　そうした意味で、ここまで紹介してきた実践の1つでも、読んでいただいた方に「やってみよう」とやる気を喚起させることができれば幸いである。

　授業案は日々の授業のために必要にかられて書いたものに過ぎないが、授業方法については、これまで佐賀県民間教育研究集会や九州地区民間教育研究集会などで報告してきたレポートが元になっている。そうした民間の教育研究活動の中でお世話になった佐賀の重松先生や福岡の斎藤先生、そして長年サークル仲間として共に勉強を続けている渕上先生などとの活動を元に、私の実践を本にすることができ嬉しく思っている。今回、本としてまとめるにあたって、本当にいろいろな人とのつながりで自分の実践が成り立っていることが再認識できた。今後もそうしたつながりを広げていき、そして、たのしい授業を実現していくための更なる活動ができればと思っている。

　2015年3月

田中　龍彦

田中 龍彦（たなか たつひこ）
　1959年生まれ
　現　在　嬉野市立塩田中学校教諭
　住　所　佐賀県嬉野市塩田町大字馬場下甲1956

討論する歴史の授業⑤ーー シナリオ・プリント・方法

2015年 3月20日初版第 1 刷発行
2017年12月20日初版第 2 刷発行

著　者　　田中龍彦

発行所　地歴社　　東京都文京区湯島2-32-6(〒113-0034)
　　　　　　　　　Tel03(5688)6866／Fax03(5688)6867

製本所／坂田製本　　ISBN978-4-88527-222-6 C0037

●地歴社の本 　　　　　　　　　　　　　　　　　　　　　　　（本体価格）

続・討論する歴史の授業　シナリオ・プリント・方法	田中龍彦	予価 2300円
討論する歴史の授業①〜⑤　シナリオ・プリント・方法	田中龍彦	各2300円
歴史授業シナリオ〔上下〕"愛情たっプリント"付き	白鳥晃司	各2500円
探究を生む歴史の授業〔上〕プリント・資料付き	加藤好一	2300円
歴史授業プリント〔上下〕生徒をつかむ	加藤好一	各2000円
教師授業から生徒授業へ　社会科授業技術をどう活かすか	加藤好一	1900円
学びあう社会科授業〔上中下〕	加藤好一	各2000円
新・歴史の授業と板書	大野一夫	2000円
新々美しい日本史ノート	上田肇	1600円
資料で学ぶ日本史120時間	小松克己・大野一夫・鬼頭明成ほか	2500円
〔授業中継〕エピソードでまなぶ日本の歴史①②③	松井秀明	各2200円
エピソードで語る日本文化史〔上下〕	松井秀明	各2000円
子どもの目でまなぶ近現代史	安井俊夫	2000円
学校史でまなぶ日本近現代史	歴史教育者協議会	2200円
日本史授業シナリオ〔上下〕わかる板書付き	河名勉	2500円
考える日本史授業・4　今求められる《討論する歴史授業》	加藤公明	2500円
新・日本史授業プリント　付・ビデオ学習と話し合い授業	松村啓一	2600円
続・手に取る日本史教材　入手と活用	阿部泉	2000円
日本史モノ教材　入手と活用	阿部泉	2000円
新・公民の授業80時間　子ども・教材研究・資料と扱い方	大野一夫	2000円
新・公民授業プリント	加藤好一	2500円
新・世界地理授業プリント	加藤好一	2000円
新・日本地理授業プリント	加藤好一	2500円
地理授業シナリオ〔上〕謎解きプリント付き	春名政弘	2500円
新・モノでまなぶ世界地理／日本地理	小田忠市郎	各2000円
中学校の地理30テーマ＋地域学習の新展開	大谷猛夫＋春名政弘	2000円
やってみました地図活用授業　小学校から高校まで	加藤好一＋ゆい	1200円
〔授業中継〕最新世界の地理　国際感覚を育てる楽しい授業	川島孝郎	700円
徹底探究！世界史ノート〔上〕	鈴木法仁	1600円
地図を書いて学ぶ世界史　世界地図を5秒で書いて考える	千葉歴教協世界部会	2200円
世界史との対話〔上中下〕70時間の歴史批評	小川幸司	各2500円
世界史授業ライブ①〜⑥　使えるプリント付き	河原孝哲	各2000円
新しい歴史教育のパラダイムを拓く	加藤公明／和田悠	3000円

付録DVD▶PDF版『考える日本史授業1』『考える日本史授業2』授業記録映像付き